Mitt psykiatriska liv

JOHAN CULLBERG

Mitt psykiatriska liv

MEMOARER

Natur & Kultur

pocket@nok.se
nok.se/ilovepocket

Omslag Lars Paulsrud
Omslagsbild »Psykiatern« © Erland Cullberg/BUS 2007
Sättning Team Media Sweden AB, Falkenberg
Tryckning Norhaven, Danmark 2009
Första pocketutgåvan, första tryckningen

ISBN 978-91-27-41914-8

Till Jonna, Malin, Martin och Johannes

INNEHÅLL

Lucianatten 1956

I porten på Lundagatan 33 på Södermalm står min tre år äldre bror Erland och väntar. Det är snart midnatt och ganska kallt. Jag kommer ifrån en luciafest på Medicinska föreningen. Erland småskrattar och säger med otydlig röst att han haft kontakt med Mozart och Picasso under dagen. Båda har talat till honom. Vi går upp de tre trapporna, jag släpper in Erland i min lilla hyreslägenhet och tänder kokskaminen. Vad säger man när världen plötsligt inte är igenkännlig?

Jag letar upp lite sömnmedicin – har fått den som läkarprov – och försöker få Erland att ta en tablett. Han är inte fullt närvarande men foglig inför det jag säger. Då och då tittar han bort och fnissar åt något. Fastän det är sent ringer jag upp familjens vän psykiatern Gösta Odstedt. Kanske väcker jag honom. Då jag berättar vad som hänt, säger han att jag ska åka med Erland till psyket på Karolinska. Vagt känner jag en besvikelse över Gösta. Varför hjälper han mig inte bättre? Erland till sjukhus! Så allvarligt kan – får – det inte vara.

Erland följer med i min bil. Jag letar mig fram till akuten på psykiatriska kliniken. Väntan blir lång innan en läkare talar med oss. Erland har hittat ett anteckningsblock i väntrummet. Han ritar eller snarare kör med blyertspennan på pappret och stiftet bryts gång på gång. Så får han komma in. Efter en kort stund kommer läkaren ut igen. Hon säger vänligt att Erland lider av schizofreni. Tyvärr kan man inte behålla honom på Karolinska. Han ska tas in på Beckomberga Sjukhus och hon ber mig skriva på en ansökan om tvångsintagning.

Jag ska tvångsinta min egen bror! Erland sjuk?! Jag ser fortfarande för mig hur jag skriver under ansökan, besvarar frågor om Erlands bakgrund och »tidigare sjukhistoria« i ett formulär, tackar för hjälpen och leder honom ut till bilen. Utan att han frågar vart, söker jag i den svarta vinternatten den väg till Beckomberga som jag ska komma att hata. I en korridor i den stora centralbyggnaden med klocktorn sitter en ung rundhyllt doktor och väntar. Han frågar Erland om han förstår att han är på ett sinnessjukhus. Jag försöker teckna åt doktorn att inte tala om detta; det var ju som att be Erland att vägra eller bara försvinna. Men han har sjunkit ihop. Kanske har sömntabletten verkat.

Vi förs till en annan byggnad, mera sliten och med höga trappor, tills vi står framför en målad ståldörr. Doktorn ringer på samtidigt som han låser upp. En manlig vårdare i vit rock öppnar. Här ska jag säga adjö, det är ju besöksdag i morgon. Jag säger till vårdaren att jag hoppas att Erland ska få ett eget rum och att det kanske finns en blomma på avdelningen att ställa bredvid hans säng. »Jorå, det ska nog ordnas«, säger vårdaren och pekar åt mig att stiga ut. Erland försvinner bakom dörren som slår igen med en skräll. Jag far hem genom det lätta snöfallet utan att riktigt göra reda för vad som har hänt. Det har ju inte funnits något alternativ. Och nu ska han få vila sig och sova och få bra mat så att han snart blir frisk.

Dagen därpå är kylig och snöslaskig. Jag kommer tidigt till besökstiden. Då jag ringer på dröjer det en stund innan skramlet av nycklar förebådar att jag ska släppas in. Jag kommer direkt in i ett stort allrum där en mängd gråklädda patienter går fram och tillbaka eller hänger på sofforna. Jag presenterar mig för skötaren som är dörrvakt. Han känner tydligen till den nya patienten och ropar med stentorsstämma inåt mot avdelningens djup. »Det är besök till biskopssonen, kan nån komma!« Den turbulenta rörelsen av patienter stannar upp för några sekunder och det blir stilla. Allas blickar kommer på mig.

Så närmar sig en annan väldig, vitklädd man och för mig genom allrummet längst bort i en korridor. Väggarna är målade i en grönblek blank färg ungefär som i Varmbadhuset i Västerås. Erlands rum är stängt. Då jag kommer in till honom ligger han på en järnbrits mitt på golvet under en lampa. Han är bunden med remmar, fixerad till händer och fötter. Ansiktet är blankt av svett och han stirrar mot mig med skräck i ögonen. Mellan sina ben har han en urinflaska. Den är nerkletad med avföring. Jag söker kontakt med en skötare. Jo, Erland har varit stökig och inte velat stanna på rummet, så därför har man varit tvungen att binda honom på natten. Jag får träffa den nye underläkaren på avdelningen. Han vet inte så mycket, men överläkaren ska gå ronden senare. Det hela ska säkert ordna sig bra, det har ju kommit nya mediciner mot schizofreni och Erland ska få dessa på prov. Säkert släpps han från tvångsbältet bara han är lugn. När besökstiden är över säger Erland: »Du din jävel som lurade in mej, nu måste du ta mej härifrån också.« Sedan vill han inte tala mera.

Då jag kommer ut och sätter mig i bilen kommer för första gången tårarna. Jag kör inte till föreläsningarna på Karolinska utan till Sturebadet. Jag får en vit badrock och en egen hytt intill den lilla bassängen. Jag klär av mej, tvättar mig och duschar länge. Så kryper jag ihop i badrocken på den lilla britsen och onanerar mig till den korta tröst som det ger att drunkna i drömmen om varma kvinnobröst.

I

Uppväxtår

Prästgården

Jag ligger i Pappas säng i Balingsta prästgård, kan inte sova. Kanske har jag ont i magen. Pappa är den som tar upp mig, natt efter natt. Mamma är antingen borta eller också ska hon få vila. Möjligen är det tiden omkring Staffans födelse och hon är på Akademiska i Uppsala. Jag bör vara mellan tre och fyra år. Pappas vallika kropp är varm och luktar gott under täcket. För att få mig att somna berättar han sagor. Det är inte lätt att tvingas hitta på bra sagor när man väcks mitt i natten. En handlar om en älg. Den möter en bil i skogen och sätter sig på motorhuven. Sedan händer saker som jag inte minns.

Pappa föddes 1895 som yngsta barnet i en prästfamilj från Halland. Släkten är höljd i ett visst dunkel för mig, eftersom Pappa sällan berättade om den. Tidigare generationer hade varit handelsmän, men det fanns också en sjökapten. Min farmor hette Harriet Rabe. I den grenen fanns både musiker och präster. Jag minns hennes leende där hon låg i sin säng, det fanns något starkt i hennes blick.

Pappa hade lätt för sig och lärde sig tidigt skolämnena. Barnen hade informator, morbror Reinhold, som av någon anledning bodde i hemmet. Miljön var präglad av schartauansk knapphet, utan flärd och prål, men ändå enligt flera vittnen rik på värme. Pappa hade tre systrar och två bröder. Jag har ett bevarat brev som Pappa skrev till sina äldre syskon då han var sju år. Med otadlig piktur berättar han att »jag läser bra, skrifver utmärkt och räknar sjarmankt, om jag får säga det själf«. Farfar dog då Pappa var i tjugoårsåldern och farmor hann jag bara träffa ett par gånger i Göteborg.

Pappa hade ett gott självförtroende och under hans vuxna liv öppnades samhällets dörrar för honom. Han var en spirituell talare med stark och vacker röst. Förmågan att hålla tal bidrog till att han blev studentkårsordförande i Uppsala efter att ha meriterat som förste kurator på Göteborgs nation. Han disputerade först inom den filosofiska fakulteten på en avhandling om en uppsalafilosof som hette Samuel Grubbe; enligt Pappa var han ganska tråkig. Fem år senare skrev han ytterligare en avhandling, denna gång religionsfilosofisk. Titeln var »Das Du und die Wirklichkeit« och där undersökte han Erik Gustaf Geijers personlighetsfilosofi. Nu disputerade han inom den teologiska fakulteten. Under tiden hade han också hunnit prästvigas. Den filosofiska miljön i Uppsala dominerades av Axel Hägerströms rationalistiska filosofi. Den var inte positiv till religiöst tänkande. Pappa, som blivit docent, förstod att han inte hade någon chans till professur. Han sökte och fick 1933 kyrkoherdetjänsten i Balingsta, en liten landsförsamling två mil söder om Uppsala.

Kyrkan var från 1100-talet med Albertus Pictor-målningar i valvet. Prästgården låg nära och hade torrdass, kakelugnseldning och vatten på gården. På en bondgård intill kunde vi barn gömda följa både betäckning och slakt när vi inte upptäcktes och blev bortkörda. Jag var paniskt rädd för hästar och kor om det inte var långt avstånd och staket emellan. Mamma hade frigående pärlhöns, gäss och kalkoner i olika omgångar och skapade en vacker köksträdgård. Både kalkonerna och gässen jagade oss barn om vi kom för nära. I den här kontrollerade idyllen levde jag mina första sex år, fram till 1940.

På söndagarna predikade Pappa i kyrkan. »De stora barnen«, dit jag småningom räknades, gick med. Jag bad att få vara med Pappa uppe i predikstolen. Det fick jag också en gång vid tillkännagivandena, efter att predikan var avslutad. Då var jag klädd i en dalkarlsdräkt – gula knäbyxor och svart jacka – och fick prästkrage i form av en så kallad prästelva i halslinningen. Pappa hade klippt till den på söndagsmorgonen i samma styva A5-papper som han på lördagen skrev sina predikningar på, med bläck, utan ändringar. Menigheten log förtjust över det lilla gränsöverskridande som prosten uppvisade och jag kände mig stolt över min upphöjdhet.

Bakom lusten att få vara nära Pappa fanns också en mera oroande känsla. Det hade hänt att mina äldre syskon Carin och Erland blivit hämtade in på expeditionsrummet som låg på botten i prästgården och blivit bestraffade för något. Jag trodde det hette explosionsrummet, vilket de vuxna tyckte var lustigt. Inom Pappa fanns också något som kunde bli farligt, om man var ovän med honom. Han var stor och mörk och hans röst var stark. Men han visade sin vrede mycket kortvarigt.

Jag fick bara känna på explosionsrummet en gång. Till min fyraårsdag hade jag fått en liten sax med trubbiga skänklar. Jag satt på övervåningen och klippte papper med den. Mamma satt en bit därifrån och höll på med lagning av kläder. Det kändes helt självklart att jag skulle låta saxen klippa ett rejält jack i min ena strumpa. Vi hade ribbstickade bruna strumpor som satt fast i ett livstycke med hjälp av knappar på ett gummiband. Strumporna var stickiga och jag tyckte illa om dem. Jag minns hur Pappa kom fram ifrån ingenstans, liksom ögonblicket efter klippet. Han lyfte upp mig på axeln och sa att nu måste jag gå ner och ge dig smäll. Mamma ropade efter oss: »John, slå honom inte!« Jag vrålade i rädsla och vrede och tänkte varför lyssnar han inte på Mamma! Vi kom ner, han la upp mig på knäet och utan att dra ner byxorna gav han mig några måttligt hårda daskar på ändan. Det var allt, och efteråt sa Pappa att han inte alls tyckte om att slå oss barn, men att någon gång måste man. Jag förstod inte varför han tyckte illa om det. Jag hade klippt sönder strumpan på ren elakhet. Det fanns ett förhållande mellan min handling och det omedelbara straffet som hade en närmast metafysisk logik.

Mammas händer var vackra, utmejslade i ett slags mild förståndighet. De grep aldrig hårt. Då hon lyssnade, eller under andakt, låg de halvöppnade i hennes knä. Utan att tveka, men oändligt försiktigt, tvättade hon skadan ren på torparen i Balingsta som nästan kluvit långfingret på längden då han högg ved. Sedan skötte hon om såret tills det var läkt. Mamma hade en inofficiell sanktion från kirurgpolikliniken i Uppsala att ta hand om sådana sår och skador som hon trodde sig kunna sköta. Det fanns ingen distriktssköterska och det var två mil till staden. När vi barn fick varfyllda bobbor på armarna, benen eller på stjärten använde hon en smal och mycket vass skalpell. Det kunde dröja flera dagar tills bölden var mogen. Då tvättade hon med sprit, förde in skalpellen i det buktande gula skalet och öppnade med ett litet snitt åt sidan. Var och blod vällde ut och den korta smärtan överskuggades för mig av fascinationen över den mängd otyg som hade dolts under ytan.

Jag har svårt att förknippa detta djupa förtroende för hennes händer med den vaga obehagskänsla som jag minns inför hennes bröst. Då Staffan föddes var jag nästan fyra år. Mamma hade mjölkat ut överskottet ur brösten när hon ammade honom i sovrummet, och vi syskon stod runt omkring. Carin frågade om hon fick smaka på mjölken, Erland var också intresserad av att ta en klunk. Jag minns det äckel tanken väckte i mig att dricka Mammas mjölk och vägrade bestämt, trots att syskonen verkade tycka att det smakade gott.

Dåförtiden gosades inte med barnen som man gör idag. Vi hade ingen större fysisk närhet med Mamma efter spädbarnstiden, annat än då hon läste högt för oss om kvällarna. Det gällde för mig att komma närmast bakom henne där hon halvlåg i soffan, så att jag kunde trycka mig mot henne. Utan att hon skulle märka det försökte jag föra in mitt ena ben mellan hennes, tills hon lätt irriterat makade undan mig med ett »vad gör du Johan«.

Istället fick jag Marry att tillbe, vår sextonåriga guldlockiga barnflicka. Då jag var i fyra–femårsåldern reste familjen på sommarnöje till Grisslehamn. Jag följde med till det lokala kallbadhuset. Eftersom jag räknades som oskyldig fick jag vara med på damavdelningen. I mitt minne försvinner min oskuld i det ögonblick Marry klädde av sig. Hennes generösa bröst förundrade och lockade mig starkt och jag kunde inte se mig mätt på dem. Förmodligen var mitt beteende oroande för de vuxna. I vilket fall fick jag aldrig mera följa med henne på badhuset trots att jag bad om det. Men Marry tröstade mig då vi ensamma satt på min säng uppe i barnkammaren. Hon förde helt behändigt min hand under sin klänning och la den på sina underbyxor. Eller var det min hand som förde hennes? Var det jag, femåringen som förförde sextonåringen? Jag vet faktiskt inte. Men väl under hennes klänning lät hon min hand söka sig vidare under hennes allt häftigare suckar. En märklig lycka grep mig. Nu skulle jag få veta vad som fanns där inne. Men samtidigt förstod jag att det var något alldeles förbjudet vi gjorde. Eftersom min hand blev blöt och doftade påtagligt sköljde jag helt sonika av den i barnkammarens vattenkaraff – rinnande vatten hade vi inte.

Mera blev det ju inte och jag vet inte vad det skulle ha varit. Som med många synder är den något man inte vill ha varit utan. Kanske våndades Marry efteråt mera än jag?

Marrys föräldrahem låg inte långt ifrån Balingsta och en gång efter sommaren fick jag följa henne dit. Hennes pappa var bergsprängare och hon bad honom visa mig sina armmuskler. Hans biceps kunde bli som klot, som rullade upp och ner för överarmen. Något år senare fick Marry tuberkulösa rosknölar och blev inlagd på sanatorium. Jag såg henne aldrig efter den hösten.

För mig står detta halvt förbjudna men varma minne som en bild av hur tätt min tidigaste nyfikenhet var sammanvävd med sensualitet och med människokroppens hemligheter och frågor. Kanske trodde jag att det meriterade mig alldeles särskilt, när jag tjugo år senare på den psykoanalytiska soffan lyfte fram femåringens längtan till Marry och den starka känslan av äckel inför Mammas mjölk. Det var ju sådant psykoanalysen skulle handla om, trodde jag.

Min Mamma Eva föddes 1903 som äldsta dottern i en officersläkt som invandrat från Pommern på 1700-talet. Hennes far Jacques Virgin hade velat läsa medicin men tvangs i enlighet med släkttraditionen att söka officersbanan. Han blev senare chef för gevärsfaktoriet i Eskilstuna och avgick med överstes rang. Det sas att han uppfunnit kulsprutan. Senare förstod jag att han hade utvecklat någon detalj på avfyringsmekanismen. I den stora Djursholmsvilla som morföräldrarna skaffat efter pensioneringen var matsalsväggen behängd med målningar av bistra kraschanprydda militära förfäder. Hela släkten verkade bestå av män. Den mest namnkunnige var amiralen Christian

Adolf Virgin. Morfar visade oss en bok, som med vackra färglagda planscher berättade om fregatten Eugenies resa år 1850–1851. Morfars farfar var befälhavare, då örlogsskeppet för första gången seglade jorden runt via Magellans sund vid Eldslandet på Sydamerikas spets. Man lodade sig fram meter för meter genom det farliga sundet. Det är klart att han såg allvarlig ut.

Eftersom Morfar inte hade några bröder, och Mamma som första barn var flicka, fanns det risk att denna gren av ätten skulle dö ut. Moster Gullans ankomst två år senare hjälpte inte upp saken. Så föddes Hjalmar och successionen verkade säkrad. Men det visade sig att han blivit hjärnskadad vid födseln och hade epileptiska anfall. Troligen hade han fått ett ärr på hjärnbarken. Det sista barnet blev ännu en flicka, Anne-Marie. Bekymren omkring Hjalmars sjukdom gjorde honom till familjens centralperson under Mammas barndom.

Min mormor Carin var dotter till Christofer Carlander, en industriman i Göteborg, och det fanns pengar i familjen. Efter konsultationer hos en berömd hjärnkirurg i Tyskland beslöt familjen att Hjalmar skulle opereras i Tübingen. Han överlevde, men operationen blev ett misslyckande. Anfallen snarare ökade och dessutom blev halva kroppen paretisk, det vill säga mycket försvagad, och Hjalmar fick uttalade gångsvårigheter. Enligt vad Morfar detaljerat berättade för mig då jag börjat läsa medicin, bestod operationen i att en kanske fem centimeters rundel av skalltaket sågades ut för att göra hjärnbarken åtkomlig. Ärret i barken skars bort och hudfliken syddes ihop över den pulserande hjärnan, utan att skalltaket ersattes. Eftersom någon mera avancerad undersökningsmetod av hjärnan inte fanns på den tiden, bör det ha varit stora svårigheter att veta vad man gjorde. En efterblödning inträffade i operationssåret. Morbror Hjalmars handikapp ökade med åren, och så länge jag minns honom fick han ständig hjälp av en anställd diakon som också hade sin bostad i föräldravillan. Morbror Hjalmar fick fenemaltabletter mot sin epilepsi. Han var förmodligen ganska nedsatt av dem.

Jag motsåg alltid med förväntan att hälsa på hos honom i villans mörka äppeldoftande bottenvåning. Han satt med en käpp i sin rullstol och diakonen stod bakom. Vi barn fick titta på hans nerbuktande hål i huvudet under det glesa ljusbruna håret och känna lite hur det guppade under skinnet. Hjalmar var starkt intresserad av fjärilar och hade tidigt, trots sitt handikapp, skapat en väldig samling som han förvarade i specialgjorda lådskåp i hela rummet. Han hade också skrivit en artikel i en vetenskaplig tidskrift om fjärilar. Nu drog han fram sina fjärilslådor och visade dödskallespinnaren som han fångat på Öland. Men plötsligt då han pratade blev rösten grötig och talet stannade upp. Han ristade i golvet med käppens doppsko. Då hade han ett »litet« anfall som snart gick över. Det kändes oroande i början, men jag vande mig. Några stora anfall med kramper såg jag aldrig.

Hjalmar var svärmiskt religiös. Vid den gemensamma middagen bad han bordsbönen; hans starka känsla gjorde att rösten lät brusten. Man sa att benägenhet för känslosam religiositet ofta hörde till epilepsin. Senare tänkte jag mig att i Hjalmars fall var kombinationen av Mormor och diakonen, drogerna han stod på och behovet av tröst över att leva ett så nerklippt liv fullt tillräckliga förklaringar.

Det fanns ett förbud mot sorglöshet och glädje i Mammas barndom som jag bara delvis kan hänföra till Hjalmars sjukdom. Mormor hade i likhet med de flesta kvinnor i hennes klass varken utbildning eller yrke. Däremot var hennes pietistiska religiositet starkt utvecklad. Allt som handlade om stolthet och nöjdhet med sig själv skulle motarbetas. Pietismen var ganska spridd inom den göteborgska överklassen mot slutet av 1800-talet. Barnen skulle leva och tänka som hade de inte de förmåner den goda ekonomin kunde ha bestått med – maten var enkel, kläderna utan flärd. Den som lyckats med något fick inte i första hand glädjas, utan skulle fråga sig varför det inte hade gått ännu bättre. Under första världskrigets tid talades om de svältande barnen i Tyskland då syskonen åt något gott eller fantiserade om julklappar. Eva var i grunden en stark och självhävdande person och jag föreställer mig att Mormor tagit som sin uppgift att få bukt med hennes karaktär. Det bidrog till att Mammas självförtroende jämnades med marken. Hennes kön var också fel. Morfar stödde henne bara motvilligt då hon ville läsa medicin, trots att han själv velat gå den vägen. Då Mamma började studera i Uppsala gick hon i sin fars omsydda officersrock. Överhuvudtaget var det i Mormors tolkning av pietismen centralt att barnet hade en egen jantelag i sitt inre: »Jag ska inte tro att jag är något.« Mormors ambitioner lyckades med råge. Mamma vågade aldrig gå upp i någon tentamen av rädsla för att misslyckas. Hennes intresse och fallenhet för att läsa medicin och bli läkare var tveklöst – både när det gällde den medicinska delen och att möta människor. Men hon hade byggt in ett effektivt förbud mot att lyckas och att bli nöjd med sig själv – och såg till att leva upp till det.

Studievåndan löstes då hon förälskade sig i den studentkårsordförande som hon träffat i Uppsala. Pappa ansågs vara ett gott parti, prästvigd och i akademisk karriär. Mamma var inte sämre med den lilla förmögenhet hon förde in i boet. Jag vet inte med vilka känslor Mamma avbröt sina studier, hur mycket som var lättnad och hur mycket sorg. I vilket fall gick hon på hushållsskola och de gifte sig 1928. Hennes arvepengar förvaltade Pappa och behovet att göra något meningsfullt fick hon söka utlopp för som prästfru.

En gång i början av 1940-talet följde jag med föräldrarna på en utställning i Uppsala med Carl Kylbergs måleri. Mamma ville köpa en stor tavla, men Pappa tyckte det var för mycket pengar. Jag minns fortfarande hennes besvikelse, då hon fick ge sig inför Pappas beslut. Tanken att hon på allvar skulle opponera sig fanns inte på dagordningen. Då förstod väl ingen att det ekonomiskt hade varit en lysande affär. Hennes djupa otillfredsställelse övergick i allt tätare migränanfall och i »betryck«, som Pappa kallade det, då hon tidvis ifrågasatte meningen med sitt liv. Jag har hittat ett brev som hon skrev till Pappa då hon låg på Akademiska Sjukhuset i Uppsala och väntade Carin, sitt första barn. Lyckan över graviditeten hade plötsligt gått över i en skräckfylld förvissning om att hon skulle dö vid förlossningen. Brevet var ett avsked där hon också ville be om förlåtelse för att hon inte alltid varit en god hustru. Det andas övergivenhet och förtvivlan bortom tröst. Förlossningen gick emellertid bra och ett år senare var Mamma gravid med Erland.

Den förlossningen blev mera komplicerad. En livshotande blödning tillstötte men kunde till slut hävas. Smärtsamma sprickor på bröstvårtorna komplicerade amningen. Mormor hade lärt Mamma att man skulle borsta bröstvårtorna mot slutet av graviditeten för att härda den fina huden inför det glupska barnets attacker. Förmodligen ökade den behandlingen bröstvårtornas skörhet. Allt bidrog till att hennes första tid med Erland präglades av trötthet och rädsla inför amningen.

Jag betvivlar att Mamma skulle ha varit nöjd med sig själv ens om hon haft en läkarutbildning i ryggen. Hennes känsla av att inte duga var stark; de många bevis hon fick på att hon betydde mycket för många människor räckte aldrig till för att ge henne självaktning. En gång då jag stod med henne framför spegeln i hennes sovrum sträckte hon ut tungan mot sin spegelbild och sa »fy fan«. Men det skulle föra fel att säga att hon ständigt gick omkring i ett deprimerat tillstånd eller helt saknade förmåga att njuta av livet. Jag tror att de flesta som träffade henne upplevde en smittande vitalitet och inriktning mot samtal och att hon verkligen såg den hon talade med. Det var hennes inre bild av sig själv som var så mördande och att allt som hon längtade efter a priori var förbjudet och omöjligt att nå. Den förbannelsen vek undan i samtal med andra och, föreställer jag mig, ibland i hennes böneliv.

Från våra småbarnsår i prästgården i Balingsta minns jag bäst min fem år äldre syster Carin. Vi lekte med det som bjöds; gjorde lagårdar av träbitar, pinnar och kottar, blev jagade av gåskarlen, undersökte dvärghönstuppens märkvärdiga analöppning, som liksom tuggade då man höll tuppen och petade lite på anus med en pinne. Vad fanns innanför denna arbetande rundel? I min iver att få veta skar jag upp min kära Nalle, men fann bara krollsplint.

Erland minns jag sämre i denna värld av husdjur och mer eller mindre hemliga lekar. Han gick mera för sig själv och ansågs känslig. Julklappsutdelningen då Erland var tre år blev en anekdot i familjen – själv var jag inte ett år gammal. Tomten hade knackat på dörren och med grov stämma frågat om det fanns några snälla barn. Erland brast i gråt, klämde fram ett »jaaaa« och kissade på sig. Jag tänkte, då jag hörde det berättas, att jag var då inte rädd för tomten. I vilket fall skulle jag inte visat det.

Mamma läste högt för oss. Det var vi »stora barn« som deltog. De små barnen, Staffan och Göran, som föddes tre respektive

Balingsta 1939 vid biskopsutnämningen. Övre raden från vänster Mamma, Staffan, Margit, Göran, Marry. Nedre raden Carin, Pappa, Erland, Johan. Foto: Husmodern.

fem år efter mig togs om hand av någon av vår barndoms goda feer Margit, Marry eller tant Amy. Så småningom var förmodligen också de små barnen med på läsningen, men jag minns dem otydligt. Jag ville inte räknas som ett av dem. Mamma läste *Onkel Toms stuga*, *Kapten Grants barn*, *Lilla Heidi*, *Sotarpojken*. Men också *Engelbrekt Engelbrektsson* och *Karolinerna* kom med. Det mesta förstod jag inte där jag låg i soffan bakom Mamma. *Det susar i säven* läste hon flera gånger. Då vi hörde herr Mullvads kamprop »En Mullvad! En Mullvad!« inför slutstriden mot vesslorna, blev vi alla lockade att ropa som herr Mullvad. Vi försågs senare med färgkritor och papper för att kunna teckna och måla till läsningen – det innebar tyvärr att jag måste lämna soffan och sitta vid ett bord. Carin och Erland hade inga svårigheter med uppgiften; de visade tvärtom häpnadsväckande förmågor. Själv hade jag inga framgångar, ja, skillnaden mot mina äldre syskons alster var så nedslående att jag klagade för Mamma. »Men du Johan är ju så intresserad av människor!« sa hon. Jag tror att hon hade sett att medan mina äldre syskon smög undan då det kom gäster hem, så ville jag gärna vara med och prata. Det kändes inte som en tillräcklig kompensation för mina brister som tecknare.

Carins och Erlands tecknande gick åt olika håll. Carin visade tidigt förmåga att fånga människors utseende med sin blyertspenna liksom hon skickligt tecknade blommor och landskap. Hon kom senare att bli framgångsrik porträttmålare och akvarellist via utbildning på Konstfackskolan och i London. Erland gjorde klumpigare bilder, tyckte jag. Hans linjer var inte lika precisa som Carins och han la inte på akvarellfärgen med samma utsökta finess. Men det hände mycket i hans bildvärld. Där var riddare och hästar, borgar som låg på bergstoppar under stormslitna himlar.

Biskopsgården

Pappa utnämndes till biskop i Västerås och familjen flyttade dit 1940. Denna karriär passade honom väl och han gick med eftertryck in i sin nya roll som dignitär. I högtidligare kyrkosammanhang bar han en tung gyllene kåpa, huvudet pryddes av en mitra och i handen höll han en kraftig silverstav. Då han hade förrättning i domkyrkan eller ute i någon landsortskyrka tågade han uppför kyrkgången iförd denna stát, först eller sist i ett följe av mera obetydliga präster. Han avslutade alltid sin predikan med ett rungande »Amen«. I domkyrkan hade biskopsfamiljen en egen bänk nära predikstolen. Alltifrån halvvuxen ålder började jag känna genansen växa över det beskådande som vi utsattes för av menigheten. Genom att Mamma sällan blev färdig i tid kom vi ofta i sista minuten. Kyrkan var då full och vi gick fram mellan bänkarna, medan man bakom oss viskade om »bissskopens«. S-ljudet susade kraftigt. Väl i bänken återstod att fördriva högmässans en och en halv timme långa ökenvandring. Alla lustiga namn i registret över psalmboksförfattarna var en hjälp: Knoll, Marot, Klopstock. Alltid kunde de locka något av syskonen i skratt. Ett annat tidsfördriv var att knipa ihop ögonen och skela, så att ljusraden på altaret plötsligt fördubblades och man kunde få den att förflytta sig på märkliga sätt. Senare har jag hört av andra prästbarn att de upptäckt samma möjlighet att motverka tråkigheten.

Pappa hade en annan mindre officiell sida än den högtidliga. Tidigt på juldagsmorgnarna tände han ljus i alla biskopsgårdens fönster, som vette åt domkyrkoplanen. Första julottan började klockan fem och då skulle ljusen lysa. I början hade han pyjamas och morgonrock men upptäckte att folk redan hunnit samlas utanför kyrkan och stirrade upp mot honom. Han tog nu på sig en tomtemask, och var alltid lika förtjust när han berättade hur människor förundrat stått och pekat upp på honom och undrat över tomten i biskopsgården. Den sidan av honom kände jag mig mera befryndad med.

I biskopsgården fanns arton rum och dessutom kapellet, kolkällaren och en väldig, skrämmande vind med olika avdelningar och bjälkar i taket. Vi pojkar fick våra rum i undervåningen med eget badrum. Kamrater kunde oanmälda komma och gå. Carin bodde på övervåningen intill föräldrarnas sovavdelning i något som också var ett genomgångsrum. Kanske berodde hennes avskildhet från oss bröder på att hon närmade sig puberteten. I vilket fall innebar rummets belägenhet en återhållande faktor för hennes möjligheter att träffa kamrater. Carins liv blev mera kontrollerat än vårt.

I den stora trädgården, som avgränsades av Svartån på ena sidan och domkyrkans plan på den andra, fanns ett gammalt uthus där tidigare biskopar hade haft stall, hönshus och lider av olika slag. I ett av dem stod en utrangerad likvagn. Jag tävlade med mina kamrater om hur länge vi vågade sitta ensamma på kuskbocken i mörkret.

Husets många rum kom till pass under krigsåren då vi, som så många andra svenska familjer, tog emot finska krigsbarn under devisen »Finlands sak är vår«. En tid hade vi fem barn och en finsk barnsköterska boende. Jag minns inte om bakgrunden till invasionen i vårt hem förklarades för oss – men vi uppfattade dem som inkräktare. Särskilt retade jag mig på en jämnårig blek och rödhårig flicka som hette Kaino. Jag blev elak och vid ett tillfälle sparkade jag henne i baken så hon började gråta. Barnsköterskan rusade till och visade mig hur jag sparkat på en stor varböld som spruckit. Minnet av vad jag gjort återkom för mig genom åren. Mot slutet av 1990-talet fick jag ett brev från en Carina Nurmilehto. Hon skrev att hon var Kainos dotter och själv gift i Norberg. Carina hade skrivit en musikal om sin mammas sverigetid, så som hon hade hört den återberättas då hon var barn. Föreställningen hade med stor framgång turnerat i Finland och nu skulle man göra några framträdanden i Stockholm. Det var en gripande och rolig föreställning som handlade om Kainos olika möten och öden i Sverige. Tiden i vårt hem skildrades till min lättnad som en god period och som kontrast till hur hon och hennes syskon senare fick det hos en annan prästfamilj. Kanske hade inte min spark betytt så mycket.

Erlands rum hade murade vitmålade väggar. Mamma inhandlade oljefärger och uppmuntrade Erland att måla stora bilder på väggarna. Det växte fram olika motiv från högläsningsböckerna: Baron von Münchhausen sittande på en kanonkula i luften, herr Padda i sin sportbil där han kör av vägen ner i en damm, den svartmuskiga anden som stiger upp ur flaskan som gnids av Aladdin, Skattkammaröns Long John Silver med träben och ena ögat bakom svart lapp. Bilderna väckte ett visst uppseende hos de gäster som tog sig ner till våra regioner, men den biskop som efterträdde Pappa lät tapetsera över allt på 1960-talet.

Fram mot tolvårsåldern hade Erlands blyga undandragenhet

försvunnit. Nu var han den som kunde allt och jag hängde honom gärna i hälarna. Han hade tidvis tät kontakt med Swings sportdepå i Stockholm och beställde trolleriartiklar för sina veckopengar. Mycket metodiskt började han träna boll- och reptrick. Ur en enda boll trollade han fram nya röda träbollar. Tricket skapades med hjälp av ett träskal som från publiken såg ut som en boll och som omslöt en annan, riktig träboll. Med en snabb fingerrörelse rullade han den bollen ut ur skalet och höll den mellan pek- och långfingret. Ur luften hämtade han ytterligare två bollar som han klämde fast mellan de övriga fingrarna. Sedan försvann bollarna en efter en på ett lika märkvärdigt sätt.

Erland antog artistnamnet Kahn Momulla och hade föreställningar för familj, hembiträden och släktingar i salongen på biskopsgården. Han hade också lagt sig till med en svada som skulle förvirra åskådarna: »Mina damer och herrar, låt mig nu visa hur man palmerar den här lilla bollen utan att man blamerar sig.« Skratt från publiken följt av ett vinande »oooh« då Erland öppnade sin hand och den »palmerade« bollen var försvunnen. Jag var assistent med det magiska repet liksom vid tricket med pappersstruten som han snabbt snodde ihop av en servett. I struten förde han omärkligt in en genomskinlig behållare som han hällde vatten i ur en karaff, som jag höll fram. Behållaren med vatten häktades sedan lika omärkligt av bakom trolleribordet och så knycklade han ihop pappersstruten under publikens förfäran. Jag erfor hur en smula av dess beundran snuddade vid mig. Erland blamerade sig aldrig!

Men han arbetade också i husets gamla kolkällare där han upprättade ett kemiskt laboratorium, märkligt nog utan att föräldrarna hindrade honom. Det fanns flera handböcker med kemiska experiment för pojkar. Ständigt stod jag bredvid under experimenten. Burkar med syror och påsar med salter och kemiska reagenser köpte han i Greens färghandel. Ställ med provrör och några retorter som kunde värmas över en spritlåga rekvirerade han från Swings sportdepå. Det första som Erland tillverkade var bomullskrut på salpeter, svavel och kolpulver. Jag minns några måttliga puffar men ingen kraftigare smäll. De andra experimenten handlade mera om att frambringa häftiga färgförändringar i vätskor, liksom gasutveckling. En äcklig lukt av stinkgas, eller kolsvavla, vållade uppståndelse i hemmets övre regioner.

Vi hade hört att de äldsta delarna av biskopsgården var från 1400-talet. Den officiella delen hade pampiga rum. Golvet vid ingångsporten var av åttakantigt tegel och fortsatte i det som

Erland utför kemiska experiment. Johan är åskådare.

kallades kanikergången mot kapellet. Namnet hade den fått efter de prästkandidater, kaniker, som höll till där under biskop Rudbeckius tid på 1600-talet. Biskopsgårdens vaktmästare Gustaf Nyberg antydde möjligheten av en lönngång från kapellet ut till bakre trädgården. Den förra biskopinnan Gerda Billing hade gjort efterforskningar men ingenting funnit. Erland och jag gick metodiskt till väga och knackade på alla tegelstenar för att höra om det fanns luft under. Det lät så på flera ställen och där försökte vi få in mejslar för att lyfta på stenen. Då det gamla teglet började spricka upptäckte föräldrarna vad vi höll på med och avstyrde vidare letande. Fortfarande är gåtan om biskop Rudbeckius hemliga flyktväg olöst.

Erlands musiklärare i realskolan upptäckte att han var musikalisk. Från blockflöjt växlade han snart till fiol och fick privatlektioner. Fiolspelandet utvecklades snabbt. Då han kommit in i skolorkestern spelade han ganska avancerade stycken. Tillsammans med en kamrat blev han solist i Bachs dubbelkonsert för stråkar. Den har sedan dess haft en speciell plats inom mig. Nu fick Erland en vevgrammofon och han la alla sina pengar på att köpa klassisk musik, från början 33-varvs stenkakor men senare också de modernare LP. Ur sopranblockflöjten kunde han locka mjuka sorgmodiga eller lustiga melodier, alltid utan noter. Så småningom började också jag spela blockflöjt. Det var bara det att den aldrig blev ett instrument som lydde mina händer och min andning så som jag ville. Men jag kämpade ambitiöst i många år och skaffade mig tidvis spellärare. Jag kunde inte spela som på lek, därför la jag av. Då hade jag sedan länge spelat tvärflöjt men med samma otillfredsställande resultat i längden. Erland, som hade fått en ganska fin fiol, ville inte spela sedan han blev sjuk. Han stampade en gång sönder den och han har sedan dess aldrig tagit i en fiol. Men den lilla leksaksblockflöjten följde honom många år tills den blev alltför igenbeckad av oljefärg från hans fingrar. Målningen hade blivit hans medium och för musiken tappade han intresset. Eller väckte musiken för mycket känslor?

Erlands förmågor syntes mig obegränsade. Jag satt vid hans skrivbord och såg på hur en lång och spännande äventyrsserie som han döpte till *Lundboms äventyr* växte fram i en snabb följd av färglagda tuschteckningar. Lundbom var upptäcktsresande hos ett inkafolk i djungeln. Under svåra faror och med två ungdomar som ressällskap genomfördes trots allt expeditionen och hans flygplan lyfte på den sista bilden precis lagom för att nå räddningen ur svärmen av infödingsspjut. Serien hämtade en viss inspiration från vår favoritserie i Allers, *Willy och luftpiraterna*. Den är idag försvunnen.

Under tonåren hade Erland en hårvåg som han vårdade sig om och som djärvt sköt fram över pannan. Jag tyckte han var oövervinnerligt vacker. En gång hade han träffat en flicka som han lyckats locka med sig in i ett gästrum när föräldrarna var bortresta. Jag gick vakt i kanikergången. Mina ställföreträdande fantasier om Erlands kärlekslycka motsvarades knappast av det som blev hans lott, efter vad han långt senare berättade.

Under åren fram till gymnasiet misslyckades Erland i skolan. I realämnen var han under all kritik och på somrarna blev extraläsning i matte via Hermods korrespondensinstitut en vanligt förekommande plåga. Den drabbade även mig när jag kommit upp i realskolan. Om det för Erland handlade om en brist på motivation att anpassa sig, var jag ointresserad därför att det fanns så mycket annat att syssla med. Kontrollen från föräldrarna var i stort sett obefintlig. Vi levde våra liv i nedervåningen närmare till köksan, husan och barnsköterskan än till föräldrarna. Men klockan halv fem åt vi middag tillsammans med

Pappa och Mamma och klockan nio drack vi te, efter aftonbönen. Jag minns aldrig att vi tillfrågades om vi gjort läxorna.

Då kvarsittning hotade Erland inför gymnasiet konsulterade Pappa sin äldre bror Harry. Han var rektor för Sigtunaskolan, som var ett internat för pojkar. Där gick söner till utlandsstationerade diplomater, industrimän och andra förmögna familjer. Ibland var det pojkar som ansågs som odågor, men där min farbror vid samtal ändå fann ett »gott gry«. Farbror Harry hade levt ett något mindre städat liv än Pappa. Han engagerade sig framgångsrikt i många av dem. Erland antogs och kamraterna fick tidigt ett slags respekt för honom. Han drabbades aldrig av den pennalism som florerade i denna bisarra miljö av bortskickade och ibland oälskade överklasspojkar. Erland fick intellektuell upprättelse, bland andra genom svenskläraren Tuve Nyström som upptäckte och stimulerade hans intressen. Att få skriva uppsats utan småaktiga rättelser, studera filosofi, spela fiol för musikläraren Louis Condé och att läsa Gunnar Ekelöf, det var sådant som nu upptog honom. Kanske var det här hans lyckligaste tid. I vilket fall tog han så småningom studenten utan problem.

Biskopsämbetet omgavs med betydligt större vördnad än idag. Brev till Pappa adresserades med Hans Högvördighet, eller H.H. Biskopen. Det vantrivdes inte Pappa med. Jag tyckte, som lite äldre, att han var okänslig mot de prästkandidater som bjöds på middag och övernattning i vårt hem dagen före prästvigningen. Många var svårt nervösa och hade kalla och svettiga händer. Pappa förde ordet vid bordet, ställde frågor och skämtade. Stämningen minns jag som vanligtvis tryckt; kandidaterna var spända inför den examensliknande genomgång som väntade i domkapitlet. Deras fruar eller fästmör, som också var bjudna, muntrade inte heller upp vid bordet. Egentligen tror jag att Pappa irriterade sig på dessa bleka typer och försökte lösa situationen så gott han kunde. Han gillade mera dem som kunde skämta tillbaka. Exempelvis den prästkandidat, som på hans fråga om han hade körkort, svarade: »Jag kör vad som helst allt från barnvagn till tio tons pansarbil.« Det var riktiga tag; Bertil Ramnerö blev senare Pappas stiftsadjunkt och fungerade som chaufför vid visitationsresorna.

Under min uppväxt satt jag av många av Pappas i mina öron obegripliga och tråkiga predikningar. Men ibland om söndagarna berättade han för oss barn till bilderna i Dorés bibel. Det gjorde han levande och vi klängde i hans knä. Jag brukade försiktigt dra i hans svarta hårstrån på lillfingret. Vi delade middagsmåltiden och kvällsteet, men hans besök i barnens avdelning i huset var inte många. Jag kan inte erinra mig att han någon gång frågade oss vad vi tänkte på eller var intresserade av.

Pappa hade ett stort bibliotek med filosofi, teologi och en hel del skönlitteratur. Rummet, med inbyggda bokhyllor, var något av en centralpunkt i huset. På oklart sätt lockade det mig och jag bad honom att få bli hans bokhållare. Han förstod andemeningen, även om jag missuppfattat uttrycket. Jag började alltifrån 13–14-årsåldern få rekommendationer av honom för läsning. *Quo Vadis*, *Kristens resa* och *Gajus från Derbe* läste jag från pärm till pärm utan att lyckas förstå vad de egentligen handlade om. Jag längtade efter att komma närmare honom i hans bokvärld, även om mina naturliga preferenser var Bigglesböckerna och Jules Verne. I hans bokhylla fanns också andra, intressantare böcker som han inte rekommenderat. *Tusen och en natt* i sex band hade lockande illustrationer och i *Driver dagg, faller regn* fanns ett jäsande kärleksmöte i en äppelbod.

Långt senare, någon gång efter studenten, bad jag om ett teologiskt samtal med Pappa. Jag hade satt samman en rad punkter, numrerade, som var och en var ett argument mot Guds existens. Han var tydligt intresserad och började dialektiskt plocka sönder argumenten, ett efter ett, tills i princip ingenting återstod. Jag minns inte idag vilka punkterna var. De var väl de vanliga om varför Gud inte tog bort det onda om han var allsmäktig, och liknande. Något samtal uppstod knappast och jag återkom inte med mina frågor.

En gång – jag kan ha varit i småskoleåldern – följde jag med Mamma till Stockholm. Förmodligen skulle hon besöka en psykiater och vi bodde över i morföräldrarnas gästrum i Djursholm. Där fanns en dubbelsäng och jag minns min lycka över att få vara på egen hand med Mamma, utan att behöva dela henne med syskon eller finska barn. Då vi sa god natt frågade jag henne förväntansfullt vad hon skulle tycka om jag dog. Hon sa att då skulle hon inte få en glad stund mera. Det svaret passade ganska bra och jag vågade därför fortsätta och frågade hur hon skulle känna om Pappa dog. Oj, då skulle jag nog inte kunna leva längre sa hon. Det förstörde min tillfredsställelse över det förra svaret och jag erfor skillnaden mellan Mammas känsla för Pappa och för mig. Jag blev förvånad och kände mig kränkt. Hur kunde hon säga så, när det ju var hon och jag? Det fick jag aldrig svar på och jag försökte skjuta undan hennes ord som utan relevans. Men de låg kvar i mig tills jag i min andra psykoanalys insåg, om än motvilligt, att Mamma och Pappa faktiskt hade en relation som var äldre än Mammas relation till mig och dessutom sexuell. Jag kunde aldrig på allvar ersätta Pappa, även om jag försökte göra om verkligheten. Först tyckte jag också att min analytiker var oförstående om min plats i tillvaron, men så gick det upp för mig att jag faktiskt levat i en vanföreställning. Att tvingas släppa den specialposition som jag inbillat mig att jag hade var först en besvikelse men blev sedan en stor lättnad. Det var som om en skuld vek undan.

En gång följde jag med Mamma på ett möte i den parapsykologiska föreningen i Stockholm. Det var bara årsmötesförhandlingar och jag förvånade mig över att så många medlemmar såg så relativt vanliga ut. Några spiritistiska möten fick jag aldrig se. Jag tror också att Mammas erfarenheter av den rörelsen, eller spiritualismen som man ville att den skulle kallas, blev en besvikelse. Det gick en empirisk gräns mellan parapsykologi och spiritualism som jag fick bekräftad några år senare.

Eftersom Pappa med sin kärnsunda livsuppfattning tyckte illa om allt som kunde betecknas som vidskepelse - han uttryckte också tanken att det alternativt kunde handla om djävulstyg - blev Mammas ökande intresse för så kallade övernaturliga ting en kil mellan de båda. Jag ville gärna visa Mamma att hon kunde räkna mera med mig som bundsförvant än med Pappa och därför intresserade jag mig en tid i trettonårsåldern för övernaturliga ting. Då jag satt och tittade på en murstén i kapellväggen tyckte jag plötsligt att den rörde sig lite och jag såg allt tydligare ansiktsdragen framträda av biskop Billing, Pappas företrädare. Det fanns flera porträtt av honom i huset. Jag berättade det för Mamma som blev intresserad och bad mig rapportera vidare iakttagelser. Samtidigt minns jag en vag skam över att det nog inte kunde ha varit på riktigt, men den känslan sköt jag tillbaka för lyckan att ha en hemlig kontakt med Mamma.

Kapellet låg i bottenvåningen vid kanikergången. Det hade vackra murade valvbågar och ett tegelaltare. Där höll Pappa varje dag morgon- och aftonbön för dem som fanns i huset.

Morgonbönen slapp vanligen vi barn, eftersom vi gick i skolan, men aftonbönen var obligatorisk. Första versen på en psalm sjöngs, kanske »Till natt det åter lider…« följd av en kort betraktelse. Därefter kom välsignelsen och så sista versen på samma psalm. Fader Vår, som tog längre tid, lästes bara på morgonandakten. Pappa spelade på den lilla orgeln och sjöng med stark stämma. Erland fick börja spela till orgeln, först på blockflöjt och sedan på fiol. Andakterna var trots deras relativa korthet ständigt tråkiga, inte minst därför att de bröt av de väsentligare sysslor som upptog oss. De var Pappas och Mammas angelägenhet. Där hade de ett slags intimt samspel – det enda som var synligt för oss barn. Mamma blundande i djup koncentration, men inte med händerna knäppta som vi andra hade lärt oss, utan löst lagda bredvid varandra och lät sig föras av Pappas andakt. Alla skulle vi läsa med i välsignelsen. Jag kände obehag inför Mammas förändrade röst då hon läste. Det var som den bemäktigade sig mig och sipprade in under skinnet.

Högtidligheter skapade hos mig ett ibland oemotståndligt behov av att skratta. Snart drog jag med syskonen. Lockelsen att börja fnissa blev en vånda för mig vid varje högtidlig stund. Eftersom andakterna förstördes när jag inte lyckades styra det som kokande ville brista ut, blev Pappa ibland arg och gav mig en hurril efter slutpsalmen. Det var annars sällsynt med fysiska bestraffningar. Under domkyrkans högmässa blev min upphetsning alltför stark den gång jag såg hur det lila ljus som föll genom kyrkfönstret färgade den kala hjässan på en äldre man framför oss, som var han blodig. Carin och Erland började skaka av skratt då de såg det jag såg. Men även Mamma gick ur sin koncentration och nu skakade hela bänken, om än tyst. Det blev för mycket för Pappa. Vi satt ju mitt i kyrkan, synliga för alla.

Han tog tag i mitt lår och nöp hårt. Fnissets tårar övergick utan vidare i smärtans och förödmjukelsens tårar.

Risken att drabbas av en oemotståndlig, närmast tvångsmässig lust att fnissa vid olämpliga tillfällen – det som Freud kallade »begravningsskrattet« – följde mig upp genom åren, till en början på släktmiddagar och senare på offentliga tillställningar. Det som fångade min uppmärksamhet var ofta en detalj som bröt mot dekorum. Då vår morbror Hjalmar långrandigt och känslosamt höll tal vid Morfars födelsedagsmiddagar under de församlades pressade tystnad, blev jag svårt laddad av det förbjudna löjet. Syskon och kusiner började nu också röra på sig. Att krypa ihop och fumla med skosnöret och baklänges försöka krypa ut ur rummet blev några gånger en möjlighet att undvika att märkas vid bordet. Den fluga som kröp över min döda morfars näsa då vi samlats inför avskedstagandet skapade en annan prövostund. Ibland misslyckades jag, den återhållna laddningen bröt fram och jag blev föremål för offentlig vanära. Att sitta i kyrkan frestade många gånger svårt – ofta var det alltför lätt att finna något löjligt eller oväntat.

Jag har senare funderat över bristen på övergång mellan vardagen och det högtidliga i mitt hem; det var antingen det ena eller det andra. Jag såg aldrig mina föräldrar be till Gud om de inte satt i kapellet eller kyrkan. Samma gällde sexualiteten som omgavs av starka murar och inte hade någon naturlig grund i en fysisk vardagsnärhet. Eftersom våra föräldrar inte öppet och gärna tog i varandra blev det svårt att placera sexualiteten eller andra »barnsligheter«. Det kittlande och svårstyrbara skrattbehovet blev en övertrycksventil utan att jag förstod varför.

I Mammas bokhylla hittade jag van de Veldes stora handbok *Det fulländade äktenskapet* liksom *Äktenskapets sexualproblem* av E. Griffith, med omslagen ut och in. Det var inte särskilt lätt att krama något spännande ur de böckerna. Där fanns också hennes läroböcker i anatomi av Rauber-Kopsch i två band, samma verk som jag själv skulle studera några år senare. Mamma var modernt inriktad och ville ge sina barn sexualundervisning – hon hade fått skaffa sig kunskaperna själv då hon var ung. Nu kallade hon in Erland och mig i sitt sovrum. Hon hade lagt sin Rauber-Kopsch på sängen och slagit upp avsnittet om manliga genitalia. Där fanns en stor avbildning av bukens nedre del i genomskärning framifrån och bak. Mamma hade i sin nervositet en svag och darrande röst. Erland flydde omedelbart och vägrade komma tillbaka. Förmodligen skrämdes han också av bilden. Jag tyckte synd om Mamma och stannade, men försökte göra lektionen så kort som möjligt genom att säga att det där visste jag redan, till de olika ämnen som hon hade förberett sig att tala om. Mamma verkade lättad och det hela var snart över för att inte mera beröras.

Det går inte att berätta om min uppväxt utan att nämna om den ensamma lustans förbannelse. Den dag jag upptäckte förmågan att ge mig själv sexuell utlösning kände jag som att en era av hemliga lustar började. Men det var också en olyckans tid. Onanin blev ett tvång som tidvis drev mig flera gånger dagligen. Nattliga utlösningar var inte ett alternativ, de kändes nästan som att kissa i sängen. Det var mest kvinnobröstet som kom för mig i mina drömmar och fantasier. Aldrig skötet, det var otydligare och dessutom lite mera oroande. Näringen till fantasierna fick jag från skoldanserna där det alltid fanns några pålitliga bystiga flickor som man kunde trycka sig intill under dansen och som faktiskt själva verkade tycka det var skönt. Men för att ge mig själv rätt till en tryckare måste jag först avverka en dans med någon panelhöna. Och så måste jag mot slutet av kvällen bjuda upp någon flicka som inte fått dansa, för att mildra min känsla av egoism. Mamma brukade alltid uppmana oss att bjuda upp någon som satt mycket på danserna. Jag hade aldrig sällskap med någon flicka under skolåren, jag var kortast i klassen och alltför upptagen av tanken att inte vara tillräcklig på något plan. Det förstärktes av att jag börjat skolan då jag var sex år och utvecklingsmässigt alltid kom att ligga steget efter dem av mina klasskamrater som jag räknade med. Jag hade smala axlar och då det var flickor närvarande vågade jag aldrig visa mig utan kavaj med stadiga axelvaddar. Kavajkostym var den normala klädseln för pojkar, men under uppvisningarna i körsång skulle vi ha vit skjorta utan kavaj. Trots min litenhet såg jag till att komma i andra ledet för att inte synas. Ett annat handikapp var min handsvett. Den bröt fram så fort det var frågan om att hålla i en flicka. Det klarade jag hjälpligt genom att gnugga händerna mot byxorna just innan jag skulle bjuda upp.

Jag gick hela min skoltid i pojkklass och det kan ha bidragit till att flickor blev så känslomässigt avlägsna för mig. Mina kamrater var också ivriga onanister. Vi kunde sitta i cirkel om fem pojkar i mitt hem och tävla om vem det först gick för. En av kamraterna, Ove, bodde nära mitt hem. Han var lite i särklass och hade undulater, samlade på tangoskivor och bar ofta en djärv snusnäsduk i halsen. Att styra ut sig så var annars en dödssynd bland oss pojkar. Många år senare berättade Ove att han levde som homosexuell. Hans kropp var jag föga intresserad av, eller jag släppte inte fram något intresse, och han verkade ha lika lite känslor för min. Den gemensamma onanin handlade för mig om att befria mig från den olidliga sexuella spänningen utan att vara helt ensam. Onanidriften kände jag tidvis så plågsam att jag fantiserade om huruvida det var möjligt att kastrera mig själv. Men jag hoppades att den ständiga kättjan skulle vara något övergående. Om några år skulle allt vara normalt och sexualiteten skulle ske tillsammans med den flicka man gick stadigt med.

Det utvecklades inom mig en stark uppdelning mellan det synliga, sociala livet och det hemliga livet som var förbundet med en glupsk karaktärslöshet. I mitt inre pågick dessa två liv samtidigt. Ett var det synliga, det som var över matsalsbordet där vi åt våra måltider med eller utan tjänstefolket. Man betraktade och talade med varandra över bordskivan och iakttog hjälpligt de gällande reglerna. Det andra tilldrog sig under bordskivan, där allt var ett gytter av underliv och ben. Under bordet skedde allt det förbjudna, lustar kokade och allas enskildheter blandades samman i ett amoraliskt kollektiv. Men det var osynligt och därför kanske det heller inte var verkligt.

Våren då jag fyllde fjorton hade Mamma genom biskop Jonsson i Luleå fått kontakt med MRA, eller Moralisk Upprustning som den före detta Oxfordrörelsen hette i Sverige. Rörelsen utgick från den kristna amerikanska högern. Den avsåg att utgöra ett bålverk mot den moraliska ruttenhet som spred sig som en farsot genom världen. Kommunismen var sjukdomshärden och USA hade boten. Förvånande nog var Pappa som högerman i hjärtat föga entusiastisk inför den etik som MRA predikade. Mamma, som hade liberala ideal, blev däremot mera gripen – åtminstone till en början. De hade gjort studiebesök till Caux i Schweiz där huvudkvarteret låg. Hon arrangerade nu en resa för Erland och mig till en MRA-farm i England. Erland var arton år och jag femton när vi med båt reste från Göteborg via Harwich till London. Vi skulle bo och jobba på en lantgård i Suffolk i södra England.

Första natten på Nordsjön vaknade jag i mörkret i vår fyrabäddshytt av att någon trevade under mina pyjamasbyxor. Jag skrek till, jag hade drömt att jag hade en orm i byxan. Mannen mumlade med finsk brytning att han letade efter tändstickor men kommit fel. Nästa natt somnade jag med en tom ölbutelj i handen, fast besluten att slå den i huvudet på honom om han kom tillbaka. Lyckligtvis skedde det inte, men rädslan att åter bli utsatt höll mig länge vaken. På tåget mellan Harwich och London satt jag bredvid en fryntlig engelsman i brun tweedkostym som rökte pipa. Han visade mig hur han stoppade den med en påse av cigarettpapper runt en tobakskula. Den trevlige farbrorn var intresserad av vad jag skulle göra i London och bjöd mig att hälsa på honom i hans lägenhet – Erland verkade han inte märka. Jag blev förtjust, också över möjligheten att få träna engelska. Då vi närmade oss London la han handen på mitt lår. Jag makade mig undan, men snart var handen där igen. Då vi stigit av tåget lät jag lappen med adressen som han gett mig falla i en papperskorg. Som jag var fysiskt sent utvecklad, spädlemmad och kontaktinställd var jag kanske mera tilldragande än Erland. Integritetskränkningen som jag upplevde var väl inte så olik den som många unga flickor ständigt råkar ut för. Gubbar som ville göra närmanden hade jag inte stött på tidigare, därför kunde jag inte fullt begripa det som skedde på resan men kände besvikelse och rädsla.

Den gård som vi kom till hette Hill Farm och ägdes av Londonjournalisten Peter Howard. Han var aktuell som författare till boken *Ideas Have Legs,* som handlade om hur världskommunismen skulle hejdas genom kristen moral. Peter såg ut som Cary Grant och var relativt nyomvänd. Jag sökte fadersfigurer vart jag kom och kände omgående att jag var på rätt ställe. Vi var välkomna, inte minst därför att vi kom från ett land där kommunismen mer eller mindre hade tagit över. Erland skulle assistera som vaktare över ett femtiotal svin, inklusive kultingar, och jag fick hjälpa till med femtonhundra höns och femtio nykläckta kalkonkycklingar. Eftersom mitt intresse för djur var starkt, passade uppgiften mig väl. Erland var mera reserverad; grisskötsel var inte hans främsta prioritet. Peter tilldelade oss var sin handledare. Farmen drevs av en liten grupp omvända vuxna volontärer och några ungdomar. I vilken mån medhjälparna var betalda, förutom med kost och logi, vet jag inte. Inte heller vem som bestod dessa månskensbönder med fackkunskaper.

Varje morgon hade vi »sharing« med varandra. Då satt vi i ring, kanske tio personer av båda könen, mellan femton och trettiofem år gamla. Man skulle berätta lite om hur man hade det och hur man hade kunnat följa »de fyra absoluterna«, de moraliska regler som upphovsmannen för MRA hade formulerat: Absolut osjälviskhet, absolut sanning, absolut renhet och absolut kärlek. En av de första morgnarna ombads Erland att ha »sharing«, det vill säga dela med sig av sina tankar. Han sa att han drömt om flickor under natten. Så frågade han om han skulle berätta vad han drömt. Det uppstod en nervositet i gruppen; man försäkrade att det inte behövdes. Ordet gick omgående vidare till den som satt bredvid. Erland blev inte ombedd att dela med sig i fortsättningen. Jag skämdes över hans dumma uppriktighet - att han var den ende som följde absoluternas krav reagerade varken jag eller de andra för. Det fanns ju så mycket man kunde välja att ta upp och som inte var orent. Då det någon morgon senare blev min tur, talade jag om en tornuggla, en »barn owl«, som jag sett kvällen innan. Den synd jag »delade« på morgonmötet var att jag rökte cigaretter. Min handledare Frank sa att han skulle be för mig så att jag skulle kunna sluta röka. Jag kände mig som en av gruppen och flera log varmt mot mig. Efter sharing hade vi »guidance« som innebar att vi skulle ta emot Guds ledning under tyst bön. Det hela var över på tio minuter.

Jag levererade deltagarnas frukostägg och middagskycklingar. Frank visade mig hur avlivandet av hönsen gick till. Man tar hönan i knäet med dess huvud mot höger, stryker den över halsen så den blundar. Så letar man sig in mellan fjädrarna under huvudet så att halsen kommer att ligga mellan högra handens pek- och långfinger. Därefter rycker man till bestämt och lagom hårt. Rycker man för hårt kan huvudet lossna. Hönan ger till ett litet kackel och sprattlar häftigt med vingarna. Då ska man ta den i benen och svänga den runt i luften så att blodet går mot huvudet. Först därefter kommer yxan fram, huvudet kapas mot en kubbe och blodet får rinna ner i en hink. Jag ville aldrig pröva själv, eftersom jag var rädd att ta i för löst och göra hönan illa eller ta i för hårt. Framför allt vill jag inte känna kraset. Men den dagliga äggplockningen klarade jag desto bättre, utan att spräcka äggen. Ibland kunde jag försiktigt föra in handen under en värpande höna och känna det varma, fuktiga ägget komma. De nykläckta kalkonkycklingarna hade jag särskilt ansvar för. Då någon såg hängig ut matade jag den med färskt ägghack utrört med lite whisky som stod i en flaska. Ingen av de då ganska stora kycklingarna hade dött då jag lämnade farmen, vilket gav mig beröm.

Erland hade svårare att vänja sig men blev snart relativt orädd för grisarna. Han fick assistera med att gälla smågaltarna. Det skedde utan prut med slidkniv och sax, de små stenarna kastades i en hink. Grisarna skrek men lugnade sig snart. Jag förstod inte hur Erland kunde stå ut med att hålla fast kultingarna.

Frank hade varit mekaniker för Spitfireplan under kriget – för mig var han därför en av Biggles icke omskrivna kamrater. Flera gånger återkom han till att jag levde i synd om jag inte slutade röka. Jag skyllde på Pappas rökning, han var ju ändå biskop, men det imponerade inte. Han var säkert fördärvad av kommunismen. Jag visste för lite om kommunismen för att kunna argumentera emot. Annars gillade jag Frank som var skicklig med hönsen.

En av de sista dagarna sa Frank att han oroade sig för min själ. Han ville att vi skulle falla på knä tillsammans och be om Guds hjälp. Om jag inför Gud lovade att aldrig mera röka en cigarett skulle han, solidariskt, lova »never more to play with my body«. Jag blev förfärad. Höll han på och runka! Han var ju minst trettio år gammal! Biggles?!… Det gick runt i huvudet och jag sa snabbt, för att stoppa möjliga bekännelser, att jag ställde upp. Akten skedde bakom hönshuset dagen efter. Där föll vi på knä tillsammans. Frank lovade Gud att aldrig mera leka med sin kropp och jag att aldrig mera röka en cigarett. Men omgående flög tanken in i mig att om jag först rökte en halv cigarett och sedan ytterligare en hel cigarett, så skulle jag aldrig ha rökt en cigarett. Jag skämdes över min föga rakryggade moral, men jag praktiserade den redan under båten till Sverige.

Väl hemma var jag inte sen att tala om för Pappa att på Peter Howards farm hade man sagt att han som rökare var i kommunismens garn. Pappas ögon vidgades lätt och han mumlade något om dumheter. Jag berättade också om mitt löfte inför Gud och om hur jag hade gått runt det. Men jag nämnde inget om Franks motlöfte. Pappa sa att det här var allvarligt. Några dagar senare kallade han in mig på sitt väl inrökta ämbetsrum. Han sa att han hade tänkt på Martin Luthers förflugna löfte att gå i kloster. Det hade han avgett därför att han blivit rädd att drabbas av blixten vid ett åskväder. Naturligtvis ville Pappa inte att jag skulle röka men än mindre att jag var låst vid ett löfte till Gud, som inte varit frivilligt. Han frågade mig om jag ville bli löst från det. Det ville jag ju gärna - även om jag tyckte att jag redan delvis klarat av det. Pappa sa då högtidligt, att som präst löser jag dig nu från det löfte som inte var ditt eget. Så var det hela över och han tog fram sin silverask med biskopssigillet ingraverat, föreställande den Heliga Jungfrun och Jesusbarnet. Han frågade om jag ville ha en Philip Morris. Vi rökte varsin. Pappa förmodligen med den ambivalenta upplevelsen av att ha räddat mig från att hysa aversion mot kristendomen men till priset av fortsatt ohälsosam rökning. Själv hade jag en vag känsla av ohederlighet, att så lätt ha kommit undan, men också för att jag hjälpt Pappa att slippa fundera över sin egen rökning.

Pappa klagade flera gånger över att inget av hans barn ville bli präst. Redan i Balingsta deklarerade jag att jag skulle bli läkare. Det var den enda tillåtna möjligheten att få förstå mera av kroppens hemligheter. Att Mamma hade en obesvarad kärlek till att studera medicin var säkert en god draghjälp. Carin retade mig och påstod att jag bara ville bli doktor för nakna damer. Det var ett slag under bältet, men jag kunde inte motbevisa henne. Kanske bidrog till beslutet att de läkare som jag träffat hade bil. Men det hade å andra sidan Pappa också.

Eftersom mitt intresse för djur och särskilt fåglar var starkt, tänkte jag en period under pubertetsåren bli zoolog. I mitt rum hade jag en stor hemgjord voljär och dessutom friflygande fåglar som fick mat i öppna mindre burar. Akvarier och terrarier fullbordade känslan av att jag bodde i ett Skansen. Då jag hämtat en ovanligt utformad tallgren, som gav fåglarna en mera spännande livsmiljö till voljären, hade bytt till fräsch sand på bottnen och gett dem en ny hirschkolv att plocka frön ur var min belåtenhet stor. Senare har jag tänkt att samma belåtenhet kanske överläkarna på de gamla sinnessjukhusen kände då de gick sina ronder. Patienterna var »lugna och fina«, där de framlevde sina år innanför murarna. Personalens sorg över att de stora sjukhusen las ner på 1980-talet var helt genuin: »Där hade dom det bra!«

Min biologilärare hette Bertil Walldén. Han var småväxt och kallades Putte och förmådde i hög grad att entusiasmera oss skolelever för fågelskådning – det fanns flera fina Mälarvikar. Asköfjärden tog priset, den var berömd för bestånden av dvärgmås, svarttärna och rördrom. Exkursionerna tidigt på söndagsmorgnarna brukade ledas av en elektriker på Metallverken som hette Hasse Allgén. Hans förmåga att snabbt identifiera en fågel som flög förbi eller som lät höra en kort stump från ett snår var oslagbar. Flera av mina kamrater närmade sig så småningom hans nivå, men min egen förmåga att känna igen fåglar blev aldrig mer än medelmåttig. Kanske var jag för splittrad av andra intressen.

I Mammas bokhylla hittade jag en Verdandiskrift om genetik av Nils von Hofsten. Eftersom jag redan odlade bananflugelarver för att mata mina burfåglar och vattensköldpaddor, fick jag idén att göra ett mikroskopiskt preparat av larvernas spottkörtelkromosomer. Dessa kromosomer är mycket större än i andra organ och går därför lättare att studera.

Det var faktiskt ganska enkelt att med hjälp av två pincetter dra huvudet från den knappt centimeterlånga kroppen på larven; obehaget kom jag i vetenskapens namn snart över. Med lite tur hängde då de båda spottkörtlarna fast vid huvudet och kunde läggas på mikroskopets objektglas. Jag la ett annat glas över dem och tryckte lätt så att körtelkapslarna krossades utan att innehållet förstördes. Så lyfte jag bort det övre glaset och la en droppe karmosinrött (vill jag minnas) på den kladdiga resten på objektglaset. Färgämnet har egenskapen att tas upp av kromosomerna som nu blev synliga i mikroskopet. Sedan på med det tunna täckglaset, och jag kunde sätta det hela under immersionsobjektivet i Mammas gamla Leitz-mikroskop som hon övertagit från Morfar.

Känslan då jag första gången fick se de hur de randiga kromosombanden slingrade sig runt varandra förblir en av mina stora upplevelser. Det kändes helt osannolikt att jag kunnat framställa något som på pricken såg ut som på bilden i von Hofstens bok. Jag lyckades fotografera härligheten, om än inte kristallklart, genom att palla upp min spegelreflexkamera.

Jag beskrev proceduren i ett »enskilt arbete« i biologi. Vid ett senare studentjubileum försökte jag få tag på uppsatsboken. Jag visste att Putte tänkt bevara den inklusive fotografiet. Då var boken försvunnen – under ett ögonblick for det genom mitt huvud att jag kanske hade drömt allt.

Epifani är ett vackert grekiskt ord, som betyder uppenbarelse, omstörtande och plötslig upplevelse av mening och skönhet. Jag har två ungdomsminnen av samma intensitet som då jag första gången såg spottkörtelkromosomerna. Marry i dambadhuset, då jag var fem år, är det ena. Det andra inträffade då jag på en frukostrast såg en kungsfiskare i Svartån nedanför biskopsgården. Jag rusade upp till skolan, hittade Putte som omedelbart följde med mig hem – bara något sådant att läraren följer eleven! Tillsammans kunde vi så betrakta hur den lilla blågnistrande juvelen flög fram och tillbaka över åns mörka vatten. Den stannade flera dagar. För mig är dessa händelser min barndoms uppenbarelser. Kanske inte i den klassiska religionspsykologins mening men säkert med samma rötter.

Jag prenumererade på en tidskrift som hette *Fauna och Flora*. Den var för avancerad för mig, men trots att jag inte förstod mycket av det vetenskapliga innehållet var jag lycklig när de blågröna häftena kom med posten. Jag drömde om att få möta redaktören, en Göteborgszoolog som hette Bertil Hanström. Han hade redigerat ett fembandsverk som hette »Det vildas värld« som jag också prenumererat på häftesvis.

Kanske var det bananflugorna som förde mig tillbaka till att vilja bli läkare. Hittills hade mina betyg varit skrala. Jag hade aldrig förstått varför jag skulle anstränga mig i skolan. Det var så mycket annat som intresserade mig. Mina kamrater och jag hade utvecklat ett fusksystem i realskolan för att klara läxskrivningarna. Vi gjorde långa rullar med skrivna punkter som vi drog genom springan i pulpetens lock. Remsan puffades ner om läraren närmade sig. Vi skrev också på händerna och handlederna. Det här borde i och för sig ha varit ett bra sätt att lära sig, men jag hade ändå grovt försummat de basala kunskaperna i svensk språklära, historia, geografi, engelska och franska. Det har jag försökt hämta in senare men aldrig lyckats särskilt bra. Jag känner fortfarande luckorna då jag ska ta ut satsdelarna och fundera på om det heter hans eller sin, ser något historiskt minnesmärke eller reser utomlands. Men fusket var en sport för oss som gjorde de tråkiga lektionerna lättare att uthärda. Jag kan idag beklaga att jag inte hade mera tryck på mig hemifrån att lära mig läxorna.

I sista ringen i gymnasiet vaknade min studielust, jag började arbeta på allvar och lyckades höja betygen för att kunna söka läkarutbildningen. Samtidigt fick jag ett nytt intresse. Vi läste Stagnelius för vår modersmålslärare Nils Sjölund. Han bad oss att fundera över vad skalden hade tänkt på, då han skrev *Näcken* eller vad *En Ghasel* stod för hos Fröding. Det blev en spännande lek. Men i en litteraturhistorisk monografi av Fredrik Böök som jag hittade hemma, läste jag att Stagnelius dog en för tidig död genom erotiska utsvävningar och annat missbruk. Skulle det också kunna bli mitt öde? Det här oroade mig. Tegnér som trots att han var biskop uppvaktade alla vackra flickor han råkade på! Annars föreställde jag mig att sexualiteten var något som vuxna knappast besvärades av. Dikt kunde faktiskt säga något också till mig, men det gällde att närma sig diktarens liv för att bättre förstå vad dikten ville uttrycka. Vår lärare berömde oss då vi lyckades. Min studentuppsats hette »Året 1891 – ett betydelsefullt år för den svenska vitterheten«. Där skrev jag om Rydberg, Lagerlöf och Fröding, men uppsatsen fick inte högsta betyg, som jag hoppats.

Erland intresserade sig inte märkbart för diktarnas liv. Flera av mina skolkamrater hade också ett tydligare förhållande till Konsten än jag. De läste fyrtiotalisterna; Ekelöf, Lindegren, Dagerman, och började själva skriva poesi på inspiration av förlagorna. En elev som hette Lars Gustafsson, men kallades Gus, gick ett par klasser under mig. Han var originell på så sätt att han var en överdängare i filosofi och oförbränneligt kunde docera med en lustig, lite bräkande röst för den som ville höra. »Hörru Gus, vill du berätta lite om Platon«, frågade jag en dag på rasten för att få något att skratta åt med kamraterna. Det var som att trycka på en knapp och Gus satte igång utan att bry sig om vårt flin bakom ryggen. Själv intresserade jag mig varken för Platon eller för modernismen. Den delen av den intellektuella världen förblev sluten för mig under decennier framåt.

Mamma hade sömmerskor i Stockholm som sydde hennes kläder. Det var inte för att pråla utan för att minska rädslan att vara ful. Vetskapen att ha en snygg dräkt och en välskött frisyr gav henne tillfällig absolution från självkritiken och en känsla av att vara acceptabel. Hon hade börjat våga kosta på sig själv lite lyx.

Då jag efter Mammas död frågade Pappa hur de hade det i äktenskapet, sa han med sin halländska skorrning att Eva var mycket »ärrotisk«. Jag frågade inte mera. Pappa hade börjat förlora minnet och jag ville inte veta detaljerna. Det borde knappast ha varit en särskilt tillfredsställande erotik med Mammas trötthet och huvudvärk och med deras yttre problem och inbördes konflikter som ökade under åren. Men Staffan hade en gång sent på natten råkat på dem då de låg i badkaret och samtalade förtroligt med dämpade röster.

De officiella förväntningarna på Mamma var stora och representationskraven ständigt återkommande. Besökare, ofta med övernattning, var en del av vardagen. Gästerna togs väl om hand och det fanns två vackra gästrum. Prästmöten med över hundra gäster, prästvigningar liksom lokala bjudningar innebar att vi barn ofta fick servera och stå för disken mot ett pålägg till veckopengen. Jag bar med stolthet en vit mässjacka och fick hjälpa Gustaf Nyberg, vår fryntlige trädgårdsmästare som gärna kallade sig sergeant, att servera vinet. Vi var bland de första i staden som hade diskmaskin och den arbetade med mycket rammel. Diskningen kunde genomföras raskare om den organiserades effektivt. Samtidigt som en sats kördes i maskinen laddades en ny låda medan någon torkade den rena disken. Erland brukade med sitt ointresse passivt motverka mina försök till organisation och Staffan och Göran var under de första åren för små för att vara till nytta med den fart som jag önskade. Carin var städslad som servitris. Därför var det roligast att diska om någon vuxen, kanske herr Nyberg, ryckte in.

De som bodde över natt var ofta präster som hade ärende till Pappa eller som egentligen ville träffa Mamma för att få prata. Till henne kom de som var nedstämda eller alltför känsliga för att vara präster och de som hade troskriser. Hon var en god lyssnare med förståelse för det svåra i att förena en vacklande självkänsla med det omutliga kravet att ställa upp som församlingspräst och varje vecka leverera den fasta grunden till den kristna tron. Allt oftare kom också prästfruar och fick »vila upp sig« några dagar. Mamma satt på samma sätt som då hon deltog i bönen i kapellet, med händerna löst öppnade i knäet då hon koncentrerat lyssnade till någon.

Jag började förstå – Mamma antydde en del – att det kunde gå hett till i prästgårdarna, där fruarna många gånger tröttnade på att vara den av församlingens många damer beundrade makens oavlönade bihang. Deras protest koncentrerades ofta till den äktenskapliga sängen, och både otrohet och misshandel förekom. I sin vånda över att inte få utlopp för sina behov kunde prästen ibland ta till både mentalt och fysiskt våld. Jag förstod också att det fanns enstaka präster som var avancerade hustruplågare. Några äktenskap gick till skilsmässa, vilket då för tiden var en oerhörd chikan i församlingen.

Mamma hade populärpsykologiska böcker i sin bokhylla och var inspirerad av sådana psykoterapeutiska synsätt som förenade respekten för en religiös livssyn med psykoanalytiska idéer. Samhället var fortfarande på 1940-talet, oavsett partipolitisk ideologi, dominerande konservativt vad gällde frågor om barns behov, äktenskap och kvinnans och mannens ställning. Undan för undan fick frågor som sexualitet före äktenskapet, barnpsykologi, onani, psykoanalys och ungdomsbrottslighet mera plats och respekt i vårt hemorgan *Svenska Dagbladet*. Liknande tankegångar började märkas i den kyrkliga debatten under 1940-talet. De företräddes sedan länge av psykiatern och författaren Poul Bjerre. Metodistpastorn Göte Bergsten, som grundade S:t Lukasstiftelsen, var kanske den som gjorde den största inbrytningen i kyrkan med ett modernt psykologiskt tänkande. På S:t Lukas gav man både själavård och psykoterapi – man gjorde, eller försökte göra, en åtskillnad mellan dessa intressen. Lite senare blev också psykoanalytikern och humanisten Gösta Harding ett viktigt namn i den psykologiska upplysningen genom sina understreckare i *Svenska Dagbladet*.

Den nya välfärdspolitiken hade inte fått genomslag ännu på 1950-talet och många var utslagna ur arbetslivet. Det kom en jämn ström av »tiggare« som knackade på i biskopsgårdens köksingång, några hade just muckat från fängelset och saknade försörjning. De bad om en slant till mat och fick kupong till en bespisning i stan. Andra var återkommande luffare. Herr Möller bjöd oss barn på ett roligt taskspeleri. Genom att knäppa med en sena på handledens innersida lät han ett mynt hoppa och vända sig där vi fick gissa på krona eller klave. Herr Söderberg snidade de smäckraste träfåglar som han sålde. Han bodde i en lagård i Skultuna och hästdoften stod stark om den grönskimrande långrocken.

Mamma började regelbundet besöka Centralfängelset i Västerås. De som ville träffa henne fick anmäla sig till vakten. Hon hade fängelsechefens stöd för att samtala med fångarna – eller internerna som de nu började kallas. Det fanns ännu ingen sociallagstiftning värd namnet, ingen kurator och fångarna frigavs utan någon social planering. Då var de ofta arbetslösa och det frestade till återfall i kriminalitet. Mamma gick flera kvällar i veckan till fängelset och kom hem sent. Pappa och vi barn tjatade på henne att hon skulle dra ner på fängelsebesöken, men utan effekt. Många gånger hörde jag hur hon på bjudningar eller i telefon talade med ASEA-chefen eller andra inflytelserika personer, där hon la ut sig för någon som mist sitt

Herr Söderberg, fågelsnidare och luffare, ca 1948.

jobb då han kommit på kåken, och som hade hustru och barn hemma. De nekade henne aldrig att föra ärendet vidare inom sina organisationer, men jag antar att de knappast blev förtjusta när biskopinnan sökte dem i telefon då det gällde akuta insatser.

En midsommar på 1950-talet, några år före sin död, ville hon bjuda hem alla internerna på fest i biskopsgårdens trädgård. Med stöd av fängelsechefen i Västerås ringde hon upp generaldirektören Hardy Göransson i Stockholm. Inte utan vånda accepterade han idén. Bjudningen avlöpte utan incidenter, internerna vaktade på varandra så att inte de mindre pålitliga skulle hoppa över staketet och på det sättet sabotera. Mamma sågs, det förstod jag senare, som något av en ängel för de intagna. Då hon år 1953 fyllde femtio, uppvaktades hon av en delegation fångar under övervakning. De gav henne en stor, i trä snidad, försilvrad kofot som äreminne. Hon besatt i sin personlighet en auktoritet, som hon inte själv kunde uppfatta.

Sömnbristen, familjens gnäll och känslan av att försumma de officiella plikterna tog hårt på Mamma. Den ökande spänningen mellan Pappa och Mamma märkte vi särskilt vid frukosten på söndagsmorgnarna. Mamma hade »början till migrän« och hennes näsa var röd. Pappa ville att vi skulle följa med till domkyrkans högmässa, alternativt resa med bilen till någon landsortskyrka utanför Västerås. Vi barn vred oss och försökte hitta på ursäkter. Något formellt tvång fanns inte, men vi kände Pappas besvikelse över vår ovillighet. Till slut ställde någon av oss upp. Mamma fick alltid mycket att bestyra före avfärden. Pappa körde fram sin Volvo i trädgården och gasade den för att på det sättet skynda på henne. Till slut kom hon utspringande och bilen gjorde rivstart. Pappa led av att komma för sent till gudstjänsten och det var dödstyst mellan föräldrarna i framsätet. Det kändes som om Mamma tog hämnd på Pappa för något, och vi tyckte synd om honom.

Mamma konsulterade en rad läkare under dessa år. Hennes nedstämdhet minns jag inte som total och dominerande under hela dygn, utan mera som uttryck för trötthet och frustration. Då ett roligt besök kom piggnade hon ofta till. Eller kanske tvang hon sig. De allt vanligare migränanfallen förvärrade situationen. Sådana dagar låg hon med fördragna gardiner och man fick tassa fram till hennes säng – ljus och ljud tålde hon inte. En ny medicin som hette Gynergen gav hon sig själv i injektion. Det var ett mjöldrygepreparat med egenskapen att dra ihop de under migränattacken vidgade blodkärlen i hjärnan. Ofta var injektionen effektiv, men den kunde utlösa övergående illamående med kräkningar, något som hon föredrog framför smärtorna. Som följd av de sena kvällarna var Mamma trött och tung på förmiddagarna. Läkarna skrev ut en ny undermedicin som hette Fenedrin. Den gjorde att dagens tyngd lättade och hon blev företagsammare. Men nu kunde hon inte somna in på kvällarna. För det fick hon gula Nembutalkapslar. Så fortsatte hon år efter år, understödd av olika läkare. Det fanns också läkare bland familjens vänner som inte ville skriva ut dessa mediciner. Mamma tyckte att de var kalla och oförstående, och jag tänkte att när jag blir doktor ska jag minsann inte vara sådan.

Ännu på 1950-talet besatt läkaryrket en självklar auktoritet; läkare behövde sällan oroa sig för att bli anmälda för att förvandla en patient till läkemedelsmissbrukare. Läkarförbundet regerade starkt mot att samhället skulle reglera och kontrollera »medicinskt motiverade« åtgärder och förskrivningar. Här avgick slutligen förnuftet med segern. Det avspeglas också i att Medicinalstyrelsen gick upp i Socialstyrelsen år 1968.

Vissa år reste Mamma på vilohem: Skodsborg, Nyhyttan eller Mösseberg. Efter en vecka kom hon tillbaka med en försvarlig bunt nya recept på olika mediciner. Hyllorna i hennes garderob blev småningom fyllda av en oredig mängd burkar och flaskor. Jag brukade ordna dem åt henne. Inte i preparattyper, dem hade jag inget begrepp om, utan efter burkarnas utseende och färger. Det kändes lite upphetsande och utvalt att få syssla med hennes medicinskåp.

Carin och jag läste Allers kärleksnoveller tillsammans. Så småningom kom också följetongerna. *En mörk man blev mitt öde* var en dramatisering av Jane Eyre och vi diskuterade karaktärerna ingående. Erland hade utvecklat ett starkt intresse för Karl XII innan han flyttade till Sigtunaskolan. Nu tog han mig som elev och undervisade mig om hjältekonungen, så som han hade läst om honom i Carl Grimbergs *Svenska folkets underbara öden* eller i Frans G. Bengtssons *Karl XII*.

Ett par år senare började jag upptäcka att Staffan gick att umgås med. Tidigare hade jag haft svårt att fördra honom. Han hade lätt att gråta och sökte min kontakt på ett sätt som jag tyckte var klistrigt. Jag blev elak och spelade ut översittarfasoner och Pappa tog mig i enskilt samtal. Men då Erland försvann hemifrån tog jag den äldre broderns roll och började hjälpa Staffan. Han var också intresserad av litteraturhistoria och valde att skriva ett enskilt arbete om Dostojevskij. Vid det här laget hade jag börjat studera i Uppsala, men då jag kortvarigt kom hem på helger blev jag Staffans inofficielle mentor. Den funktionen passade mig – fortfarande idag känner jag en glädje när jag ombeds att undervisa och handleda yngre kolleger. Staffan blev konstvetare och så småningom chef för Statens konstråd.

Göran var två år yngre än Staffan, ljuslockig, pratglad och full av företagsamhet. För att finansiera sina olika intressen samlade han tidvis tidningar som han hämtade med en cykelkärra. Ett år vann han *Västmanlands Läns Tidnings* pris i pappersinsamling. Jag tyckte att han hade ett alltför starkt tanttycke och retade honom. Det var inte svårt att göra honom rasande och Pappa talade också nu allvar med mig. Även Göran fick gå på Sigtunaskolan under gymnasiet – han mobbades i Västeråsläroverket. Göran blev gynekolog, flyttade till Göteborg och disputerade. Jag kunde inte återknyta kontakten med honom förrän långt senare. Idag har han som pensionär utvecklat ett starkt intresse och fallenhet för silversmide.

Psykiatrerna i hemmet

Mamma »gick hos« flera terapeuter och psykiatrer, men hon sökte aldrig hjälp hos någon utbildad psykoanalytiker. Kanske stöttes hon bort av den klassiska psykoanalysens ointresse för religiösa problem liksom av behandlingens brist på känslomässigt stöd.

Säkert skulle hon haft stor nytta av att inte bara få stöd, utan också att granska sin uppväxt och återuppleva sin förbjudna självhävdelse, konkurrensen med sin sjuke bror Hjalmar, föräldrarnas stränghet och moralism – utan konventionella krav att vara snäll flicka. Jag skulle ha unnat henne att få konfrontera sitt ständiga krav på att godkännas av föräldrarna. Psykiatersamtalen handlade, som jag förstått det, mera om hennes svårigheter i äktenskapet och om trosfrågor än om att öka självförståelsen och förändra självbilden. Terapeuterna blev snart vänner i huset, något som ytterligare desarmerade deras potential. Senare har jag fått denna känsla bestyrkt av en av hennes terapeuter. Mamma var en intressant samtalspartner och kunde säkert konsten att leda samtalen in på områden där hon visserligen ville ha hjälp, men ändå var ganska trygg inför risken att utsättas för djupare konfrontationer.

Vad skulle ha varit den bästa behandlingen för henne? Det

finns som alltid en intrikat koppling mellan hur mycket patienten är beredd att satsa, kravet att det ska uppstå kontakt liksom att behandlaren har professionalitet och empati. Mamma led av en klassisk depressiv neuros, eller personlighetsstörning som man skulle säga idag, med starka rötter i barndomen och sådana tillstånd är ofta tacksamma att behandla med psykodynamisk metod. Idag hade hon förmodligen fått antidepressiv medicinering med osäkert resultat.

Den första psykiater som jag vet att Mamma konsulterade var Gerard Odencrantz. Jag minns honom sedan mitten av 1940-talet. Han var vänlig, talade lågmält och snabbt med hes stämma och en ädel skorrning. Hans familj hade eget sommarhus på en ödslig del av Gåsö utanför Lysekil, där också vi hyrde rum en månad på sommaren. I sin ungdom hade Gerard rest till Wien för att gå i psykoanalys hos en Freudlärjunge som hette Ludwig Jekels. Han hade varit förlovad med Agnes von Krusenstjerna och omnämns i lätt förklenande ordalag av Olof Lagercrantz i hans biografi över henne. Nu ägnade han sig särskilt åt hypnos som kom att bli hans huvudsakliga terapeutiska instrument och undervisade om hypnos på läkarkurserna i psykiatri. Mammas migrän blev inte bättre av behandlingen, men familjerna började umgås. Gerard var också spiritist; jag tror att han blev det efter att en son avlidit några decennier tidigare. Nu kunde han genom att koncentrera sig få kontakt med sonen och tala med honom. Den erfarenheten illustrerade senare för mig den svårdefinierade skillnaden mellan en vanföreställning hos en psykotisk person och en liknande föreställning hos någon som man inte skulle drömma om att kalla psykotisk. Mamma kände sig tidvis lockad av spiritismen och sökte sig till Stockholms spiritistiska kretsar men utan att någonsin bli fullt troende. Jag ska senare berätta om hur jag själv gick i hypnoslära hos Gerard.

Mamma talade med stor aktning om metodistpastorn Göte Bergsten som hon gick hos under något år. Han var en naturbegåvning och grundade, som jag tidigare nämnt, S:t Lukasstiftelsen, ett psykoterapeutiskt institut som allt sedan dess har vuxit i omfattning och betydelse över hela landet. Tydligare än Gerard Odencrantz hade Göte Bergsten en psykodynamisk grundsyn och erbjöd en mera kvalificerad behandling. Även han kom hem till oss och åt middag, förmodligen skulle han hålla en föreläsning i Västerås. Men då var han märkt av en cancersjukdom och dog kort därefter.

Gösta Odstedt arbetade som privatpraktiserande psykiater med avslappning och stödjande samtal. Hans mottagning och bostad låg på nuvarande Mariatorget i Stockholm. Hustrun Anne-Marie Odstedt var rektor för utbildningen på Ericastiftelsen, ett institut för behandling av psykiska störningar hos barn och ungdomar. Hon var en storväxt och rund, frustande och starkt allergisk värmländsk superblondin, medan Gösta var osedvanligt kortväxt och ofta lät höra ett ljust, högt skratt. De var barnlösa och besökte biskopsgården där de flera gånger låg över natt. Vi ungdomar tyckte de verkade omaka och fnissade till en början då Gösta sprang och öppnade dörrar och satte fram stolar för Anne-Marie och alla andra damer. Anne-Marie blev intresserad av Erlands målningar innan han hade börjat utbilda sig som konstnär. Hon skrev om honom i en bok som hette *I tonårsåldern,* som kom ut 1951. Hon pekade på det sökande och svårmodiga i hans bilder.

Då jag långt senare flyttat till Stockholm för att gå medicinkursen, tog jag kontakt med Gösta och Anne-Marie. Jag var flera gånger hembjuden på middag och jag rökte pipa med Gösta. Mitt behov av att få samtala om livet, om studierna och om läkaryrket var starkt. Men Gösta var kvällstrött och jag märkte att jag inte skulle dröja mig kvar för länge. Det var honom som jag telefonerade till för att få råd, den natt då Erland blivit akut sjuk. Jag tyckte att han drog sig undan efter det – eller var det jag som gjorde det?

Gösta hade öppnat privatpraktik i psykiatri då han var relativt ung. Men han tröttnade på det ensamma arbetet och sökte sig till sjukhuspsykiatrin. Han slutade som överläkare vid Säters Sjukhus. Förmodligen kände han också att hans bristande psykoterapeutiska utbildning hämmade honom. Anne-Marie gav också upp sin tjänst på Ericastiftelsen och förtidspensionerade sig. Exilen till Dalarna passade dem båda, men efter den sågs vi bara någon gång. Då Anne-Marie var död flyttade Gösta till pensionärshem i Filipstad. En gång ringde han upp mig och jag besökte honom. Då var han nittio år. Jag hade velat veta mera om Mamma, men det lyckades jag inte med. Gösta var varm och hjärtlig, men jag kom honom aldrig nära.

John Björkhem blev Mammas siste psykiater, hon gick hos honom från mitten av 1950-talet till sin död 1958. Han var privatpraktiserande i Saltsjö-Duvnäs men hade som Pappa doktorerat både vid teologiska och filosofiska fakulteten. Den religionspsykologiska handlade om en 1600-talskvinna som hette Antoinette Bourignon, som beskrevs som en klassisk hysterika som ivrigt försökte bli helgon men utan att lyckas. Hon drev med hänsynslös kraft en religiös sekt som bara hade manliga medlemmar. Den psykologiska avhandlingen var inte mindre intressant. Den handlade om hysteri och hypnos, där Björkhem delade in olika hysteriska personlighetstyper efter deras grad av hypnotiserbarhet.

Han var en märklig och högt begåvad präst och läkare med

djupt intresse också för parapsykologi och spiritism. Jag tror knappast han själv var spiritist, men personer med mediala egenskaper eller intressen sökte sig till honom för att få stöd och råd. Det var känsliga och ibland sköra människor, som hade svårt att finna sin livsväg och veta om de skulle våga lita på sin intuition. Ofta kände de sig oförstådda av sin omgivning.

Till honom kom kloka gummor från Småland och kända medier från hela landet, berättade Mamma. Hon gick regelbundet i behandling hos Björkhem under flera år. De samtalade och han gav i början hypnos. Enligt Mamma, som alltmera tog mig till förtrogen, talade de mycket om Pappas oförstående hållning till hennes nu allt starkare parapsykologiska intressen och dragning till mystik. Det var otvivelaktigt så att Mamma alltmera attraherades av extremare lösningar för sin upplevelse av disharmoni. Björkhem stödde hennes mystika kristna engagemang och stärkte hennes upplevelse av att hon också hade mediala gåvor. Jag förstod aldrig riktigt vad det innebar, annat än att hon kände starka krafter mellan sig och den hon talade med. Hon började öva sig i meditation. Det här höjde tidvis hennes självförtroende, även om det inte var särskilt hållbart inför vardagens påfrestningar.

Jag var vid det här laget medicine kandidat och tyckte att Mamma behövde mera stöd att minska sina åtaganden. På nära håll såg jag det inferno av uppiggande, lugnande, sömngivande och antimigränmediciner som hon alltmera blev ett offer för. Därför skrev jag ett brev till Björkhem och bad att få träffa honom för att berätta vad jag såg av Mammas olycka. Jag fick tid ganska sent en eftermiddag i hans villa. Björkhem minns jag som rätt storvuxen med vit rock med skärp om magen. Trots att han verkade trött efter dagen gav han mig god tid. Jag hade just läst hans avhandling om olika typer av hysteri och var lika nyfiken på att allmänt träffa honom som att tala om Mamma. Han berättade om hennes ovanliga personlighet. Troligen kom mina invändningar av sig därför att vi började tala om hypnos, som han bland annat menade var den främsta metoden att få alkoholister som ville sluta dricka att verkligen göra det. Jag har i alla fall inte några andra minnen av mötet.

En gång bjöd mina föräldrar hem John Björkhem till en parapsykologisk seans i biskopsgården. Möjligen var det på initiativ från Humanistiska föreningen i Västerås. Han hade med sig ett medium från Malmö som hette fru Braconnier. Gästerna utgjorde ett fyrtiotal världsliga och kyrkliga bekanta från Västerås med omnejd och jag kan ana att diskussionerna i stugorna gick varma efter den kvällen. Själv låg jag i sängen, sjukledig från kirurgikursen efter en gulsotsinfektion. Jag smög mig upp och kunde genom att glänta på dörren till stora matsalen följa övningarna på nära håll. Efter middagen bereddes plats för Björkhem och hans ganska voluminösa medium i mitten av salen. Han introducerade med några ord kvällens program. Det skulle börja med ett telepatiskt experiment där mediet, genom att hålla ett okänt föremål i handen, skulle berätta om dess historia. Så uppmanade han fru Braconnier att gå i trans och hon sjönk ihop utan några större åthävor. Pappa gav henne nu en handduk som var hoprullad omkring något man inte anade vad det var. Hon stack in händerna under tyget och efter några sekunder började hon oroligt skruva på sig. Hon sade att det var som om något förfärligt höll på att ske; det var ett stormande hav och undergångsstämning och människor skrek. Så bad hon att få avsluta, eftersom hon tyckte att det var så otäckt. Då handduken vecklades upp låg där några stora rostiga spikar. Pappa hade lånat dem från en person som berättat att de suttit i ett skepp som på 1700-

talet gått under i en storm i Öresund, men som sedermera bärgats. Det här väckte viss oro i församlingen, som hade väntat sig ett något enklare avslöjat båg.

Den andra demonstrationen innebar att Björkhem under hypnos förde mediet tillbaka till tiden före hennes egen födelse. Han gav henne suggestioner att slappna av och gå bakåt i tiden. Så frågade han var hon befann sig. På ljus och barnslig värmländska svarade hon att hon bodde i en liten torpstuga i Värmland. Det var omkring 1870, hon var tolv år och hette Elin. Hon hade just varit med mamma och pappa på marknaden i sin fina klänning och berättade om olika spännande saker som hon hade sett på marknaden. Nu förde Björkhem henne ytterligare tillbaka i tiden. Det gav inte något tydligt utslag och jag kan inte längre erinra mig vad det handlade om.

Naturligtvis var den andra seansen mera okontrollerbar än den första, där varken Björkhem eller mediet bör ha haft någon aning om spikarnas bakgrund. Något som fortfarande förvånar mig är att han ställde upp på detta experiment. Björkhem var en djupt seriös person och jag tror inte att han tidigare uppträtt inför en grupp som denna. Möjligen såg han en möjlighet att sprida kunskap och respekt för parapsykologin bland inflytelserika personer. Att Pappa ville stå bakom tillställningen kan jag också undra över. Den låg klart på andra sidan gränsen om vad han brukade engagera sig i. Kanske var det för att Mamma argumenterat och för att Björkhem faktiskt accepterat att komma.

Björkhem hade ett svårt hjärtfel och dog bara några och femtio år gammal. Enligt Mamma hade han sedan flera år tröttats av att behöva svara på återkommande skrivelser från Läkarförbundets jurister. Han hade anmälts av flera psykiaterkolleger därför att han utövat hypnos i något sammanhang som inte uppfattades som lagligt. Anmälningarna tyngde honom.

Pappa berättade långt senare att han en gång varit kallad till Björkhem för ett samtal om Mamma. Han försökte mildra Pappas oro över Mammas ökande avstånd från deras gemensamma trosgrund och öka hans förståelse för hennes ovanliga personlighet. Eva skulle nog ha varit ett helgon om tiderna hade varit annorlunda, hade han sagt. Tanken bör ha varit svår för Pappa att förhålla sig till. På sin ålderdom verkade han ändå ha tagit till sig den idén, och idealiseringen av Mamma minskade känslorna av bitterhet eller sorg. Tillvaron hade varit bister för Pappa de sista åren av Mammas liv. Hans arbetsbörda som stiftschef var mycket stor i sig. Till det kom att Erland blivit svårt och obegripligt sjuk och Mamma alltmera trött och frånvarande. En för Pappa totalt orimlig och chockerande JO-anmälan för ämbetsmissbruk upptog dessutom många av hans kvällar. Han hade varnat en präst som i ett kyrkoherdeval spred propaganda för sitt eget namn framför konkurrentens. *Västmanlands läns tidning* hade hört om detta och anmält Pappa för otillbörlig påtryckning. Jag ser framför mig hur han med sina pekfingrar hamrar ner försvarsskrifter och överklaganden på sin Halda. Han menade att i hans ämbetsplikt låg också en skyldighet att andligt vägleda sina underlydande. Till slut fälldes han ändå.

Mamma var djupt religiös och hungrade efter en kristen tro. Någon gång sa hon att om hon kunde tro på Gud skulle hon våga vad som helst. Det var som fortsatte hennes känsla av att inte vara mycket värd för sin egen Pappa i att inte heller Gud såg henne. Efter en prästmötesmiddag i Västerås föreslog hon att man i smågrupper skulle tala med varandra över ämnet: »Varför har jag så svårt att tro på Gud?« Pappa protesterade vagt, men blev snabbt nerröstad av de övriga som här såg en chans att

Pappa vid sin Halda. Blyertsteckning 1954 av Carin Adler f. Cullberg.

samtala om något som annars knappast kunde beröras på den tiden. Att inte vara fast i tron sågs bland många präster som tecken på svaghet. Idag är detta ämne vardagsmat för prästerna och människors tvivel ibland naturligare än tron.

Jag föreställer mig att tryggheten i Pappas gudstro var en tillflykt för Mamma då hon träffade Pappa. Då förälskelsen svalnade, och därmed Pappas auktoritet som trygghetsgivaren avtog, blev hon besviken. Hennes attacker mot Pappa och mot hans okomplicerade tro var ibland hårda. Hon protesterade mot hans självklara och grundmurade självförtroende, som hon inte kunde överta eller låna av. Flera gånger reste hon med en väninna till ett franskt kloster för att meditera och fördjupa sitt böneliv. Hon knackade, eller bankade, ständigt på hos Gud Fader, men jag tror att hon sällan eller aldrig upplevde att han lutade sig ner mot henne och sa att hon var hans älskade barn.

II

Studieår

Kroppen under lupp

Det kändes självklart att jag skulle studera i Uppsala efter studentexamen. Jag saknade en halv poäng för att komma in på medicinarutbildningen hösten 1952, och ville komplettera med att höja betyget i tyska. I LundeQ:s generösa bokhandel hittade jag den hösten Hermann Hesses *Narziss und Goldmund*. Den beskriver spänningen mellan två vänner, den ene vill bli ren och vis och den andre vill älska kvinnor och uppleva lust. Märkligt, tyckte jag då jag läste förlagspresentationen av boken, det är detsamma som jag känner mig sliten mellan. Jag köpte boken, stavade mig igenom den med lexikon och kunde sedan höja studentbetyget i tyska.

Samtidigt läste jag sociologi för Torgny Segerstedt tack vare den tidsfrist som mitt bristande studentbetyg gett mig. Han föreläste om hur världsbild och språk hänger samman och hur vår bild av oss själva formas av den kulturella miljön. Segerstedt talade om eskimåernas tjugo olika ord för snö och vi läste om fattigkulturer. Vad jag lärde mig under den hösten fick stora konsekvenser för mig i mitt senare psykiatriska synsätt – jag är tveksam om jag hade utvecklats i samma riktning om jag börjat läsa medicin direkt.

Ofta, då jag bromsats upp eller brutit av en mekanisk studieeller karriärgång, märker jag senare att det har öppnat väsentliga och förnyade perspektiv på tillvaron. Jag kan idag med viss undran inse hur mycket jag strävat efter att hålla det okontrollerade eller osäkra stången genom flit och regelbundenhet. Men den okontrollerade tillvaron har förr eller senare trängt sig på – genom sjukdomsavbrott, överraskande möten eller motgångar i yrkeskarriären. Ofta har jag senare känt hur de stora och oplanerade störningarna i mitt liv inneburit ett uppstannande och därmed möjlighet till reflektion. Dessa erfarenheter har stärkt min upplevelse av att det finns en korrigerande kraft inom oss. Man kan med psykoanalytikern Donald Winnicott kalla det för den »autentiska personligheten«. Också Jung har visat hur vårt välplanerade och rationellt inrutade liv, som i så hög utsträckning stöds av det sociala nätverk vi går in i, står i ett komplementärt förhållande till våra behov av känsla och drömmar. Känslodelen i oss väntar på tillfällen av »svaghet« eller öppenhet för att få komma till tals. Sällan välkomnas de särskilt varmt då de kommer. Dröjer man för länge med att ta kontakt med sin »nattsida«, som är ett annat av Jungs uttryck, eller om inget naturligt avbrott inträffar, är risken stor att det istället tar sig uttryck i depressionspräglade eller ångestliknande symtom. Dem möter vi om inte förr så under det som kallas medelålderskrisen.

En kristendomsdebatt rasade i landet efter att Ingemar Hedenius bok *Tro och vetande* hade kommit ut 1949. Själv hade jag inte läst boken, men Pappa tyckte att Hedenius, som talade om Svenska kyrkans biskopscirkus, var okunnig och fräck. Vid något tillfälle drabbade de samman i en debatt på universitetet. Jag höll på Pappa och hade svårt att förstå varför inte Hedenius ville ge med sig. Framför allt var det konstigt att flera av mina jämnåriga beundrade honom och inte insåg vilken skojare han var. Idag kan jag se vilken betydande tjänst Hedenius gjorde både kyrkan och samhället genom sina ibland ganska häftiga frontalangrepp mot hyckleri och intellektuell ohederlighet.

Att börja läsa medicin innebar slutet på en lång väntan. Professorn i anatomi hette David Holmdahl. Han var gift med min faster Ea. De hade besökt oss på jular och andra helger under hela min barndomstid. David var högväxt och hade ett tungt sinnelag, men ansiktet kunde ibland tändas i ett leende som kändes belönande. Vid besöken i Västerås brukade han ta över Pappas orgelspel under våra morgonandakter, men spelade något orytmiskt och under starka suckar som ibland överröstade orgeln. David var förtjust i stora bilar, körde hisnande fort och förevisade gärna sin nya Hudson eller väldiga, läderinredda Austin för oss barn. Ea var påfallande småväxt, pigg och glad och älskade, till skillnad från sin man, barn. Av okända skäl hade de förblivit barnlösa och då de kom på besök fick vi alla varsin godispåse. Mamma bävade inför deras ankomst, eftersom hon kände en outtalad kritik från Ea för att hon inte tog bättre hand om Pappa i sina plikter som prästfru. Många år senare fick jag klart för mig att bakom Eas och Davids förhållande dolde sig en lång och sönderslitande otrohetskonflikt samtidigt som de brukade uttala anatema över dem som skilde sig.

Jag flyttade in i mitt inackorderingsrum i god tid innan anatomikursen började. Då fick jag av David låna en låda full av skelettdelar som jag skulle lära mig genom Rauber-Kopsch lärobok i anatomi. Lyckligtvis startade kursen snart och de latinska namnen på skelettets alla små gropar och utbuktningar blev välkända för oss. Första dagen på Asis, som Anatomiska institutionen kallades, bjöds vi på rundvandring med vaktmästaren

Elof. Höjdpunkten, det var vi förberedda på, var demonstrationen av de lik som väntade. I den dåligt upplysta källaren stod ett väldigt cementkar med zinklock. Elof lyfte på locket, tog fram en ordinär båtshake och sa: »Nu ska vi få se om vi hittar nån uggla.« Då vi tittade ner i karet, som var fyllt av en vätska som luktade av formalin och sprit, skymtade vita gestalter som pådrivna av Elofs båtshake långsamt började välta om varandra. De flesta av oss hade aldrig tidigare sett någon död och vi var skakade men utan att visa det för varandra. Några av oss skrattade nervöst och inställsamt med Elof som hade sin stora dag. De som låg i karet var dårar från Umedalens Sjukhus och som saknade anhöriga.

Efter en tid fick vi i små grupper metodiskt börja dissekera kroppsdel efter kroppsdel – liken var så impregnerade av konserveringsvätskan att de inte ruttnade trots att de låg uppe en hel termin på dissektionsborden. Vi hörde att i Stockholm hade studenterna inga riktiga lik utan dissekerade döda foster, något som verkade pilligt och föga givande. Kunde det bli bra doktorer efter sådana studier? Många studenter rökte under dissektionerna och, i brist på askkopp, kunde cigaretten dödas mot någon färdigundersökt kroppsdel, exempelvis skalltakets insida.

Ingen diskuterade de känslor som de skändade kropparna väckte hos oss, eller att det faktiskt handlade om människor som hade levat. Snart grubblade vi inte heller över den saken. Detta var den perfekta introduktionen till den objektivering av människan som skulle följa våra studier. Samma inställning, att betrakta människan som ett visserligen komplicerat men dock föremål, fortsatte orubbad under den kliniska utbildningen med enstaka men desto viktigare undantag.

Ett år senare började vi läsa histologi som var intressantare

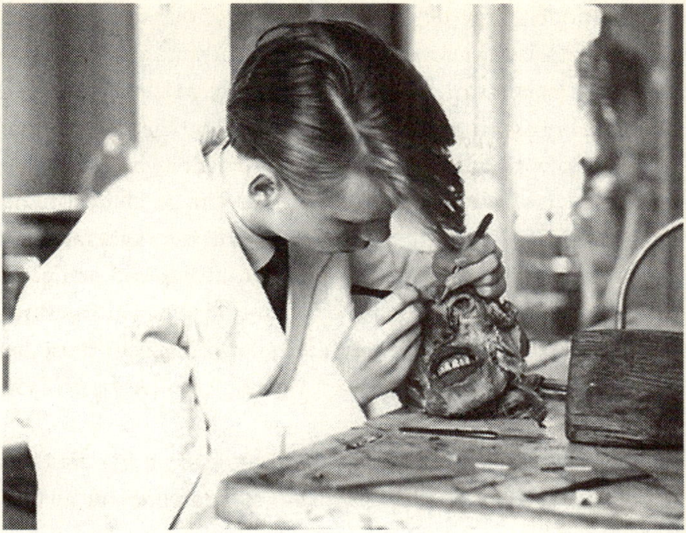

Författaren vid slutfasen av första terminens dissektioner 1953.

genom de mikroskopiska preparat vi fick ut. Det var snitt från alla kroppens organ och vi skulle lära oss att känna igen cellstrukturen i de olika organen i mikroskopet. Tentamen handlade bland annat om att identifiera ett antal kodnummerförsedda preparat. Det var som ett deckarpussel som kunde lösas om man iakttog allt tillräckligt noggrant.

Fysiologin handlar om hur alla organ fungerar och samverkar, kort sagt hur det kommer sig att livet upprätthålls under vila och ansträngning. Lärarna på fysiologen under professor Torsten Teorell var engagerade och inställda på att undervisa. Då jag tio år senare började studera de psykodynamiska teorierna med omedvetna strukturer, jagets försvarsmekanismer och dess inre representationer av verkligheten, fascinerades jag av parallellen med fysiologin och dess homeostastänkande, med balanserande krafter och motkrafter. Våra kroppar liksom våra psyken är sårbara system. Pålitliga och uthålliga i hälsa kan de bringas ur balans av krafter som den medicinska utbildningen skulle hjälpa oss att förstå och påverka.

Jag blev extra ordinarie amanuens på histologen och fysiologen efter avslutade kurser. Anledningen är lite oklar, eftersom flera hade bättre resultat än jag vid förhören. Kanske uppfattade lärarna mitt starka intresse, som jag genom mitt frågande var dålig på att dölja. Amanuensskapet innebar i praktiken att jag fick sköta läxförhören för kursen som kom efter oss och hjälpa deltagarna till rätta.

Före farmakologikursen för Ernst Bárány läste jag en nyutkommen bok av Aldous Huxley, *The Doors of Perception*, som handlar om hans experiment med meskalin. Redan i *Brave New World* hade Huxley talat om »somat«, en drog med underbara egenskaper som gör människan kontemplativ och god – utan några tillvänjande effekter. Hans senaste idé var att inkafolkets användning av *peyotl*, en kaktusfrukt som innehåller meskalin och som de tuggade för att höja den religiösa ritens extas, var ett soma för mänskligheten. Huxleys bok var ett långt lovprisande av hans upplevelser av fördjupat skådande då han prövade meskalin. Jag hade också läst en monografi om meskalinruset från 1929 av en schweizisk psykiater som hette Auguste Forel.

Efter min tentamen frågade jag Bárány om han ville hjälpa mig att pröva meskalin. Han gick genast in på det och lovade att skaffa hem en dos. En söndag några veckor senare möttes vi på hans laboratorium. Med mig hade jag min kurskamrat Jan Kugelberg, som jag bett vara med som skydd om jag skulle bli alltför påverkad. Jag hade ju tenterat nyligen och ville inte göra bort mig inför min beundrade professor. Bárány hade fått ett rosa meskalinpulver från Mercks läkemedelsindustrier i Tyskland – förhoppningsvis skulle 400 milligram vara lagom. Jag drack upp det i ett glas vatten.

Ernst mätte blodtryck och pupillvidd, men ingenting hände på över en timme. Eftersom pulvret föreföll verkningslöst beslöt vi att ta en tur med Jans bil till Báránys sommarstuga som var ganska närbelägen. Men då vi kom fram och Ernst hällde upp kaffe kände jag att något var på gång. Tack vare de anteckningar jag gjorde dagen efter har jag fortfarande ett klart minne av det som sedan hände.

I kafferesten på den vita koppens botten uppstod plötsligt små röda och gröna bollar som utvidgades och sprack. Det var vackert och fascinerande. Vid något plötsligt ljud rann små grällt färgade ormar från kanten nerför koppens insida; man kunde locka fram dem genom att slå ihop händerna. Så kände jag behov av lugn och ro och tände en cigarett. Då jag satt med cigaretten i handen och stirrade på röken, som steg rakt upp, kände jag plötsligt att tiden stod stilla. Det var en mycket tydlig känsla – den bröts av att någon av de två andra rörde sig i rummet eller av att röken virvlade till. Varje rörelse drog kortvarigt i gång tidsupplevelsen. På så sätt kunde den slås av och på vid varje förändring i omgivningen. Om allt var stilla försvann tiden och ett slags evighetsupplevelse inträdde. Var det den stillheten som inkaindianerna eftersträvade?

Jag känner nu hur en oro som övergår till ångest smyger sig på. Är Ernst och Jan i maskopi mot mig och tänker utnyttja situationen på ett oklart sätt? Jag ber dem gå ut ur rummet och, för att säkra bevis om något skulle hände, börjar jag tala i den bandspelare som vi har med oss. Då de återkommer känner jag hur en växande vrede mot Ernst oemotståndligt väller upp inom mig. I våndan över att behöva säga något som jag kommer att ångra ställer jag mig upp. Vreden ökar och blir omöjlig att hålla tillbaka. Så säger jag med någorlunda behärskad röst att jag sett hur nyfiket han tittat på flickorna på kursen; var han intresserad av att få ihop det med någon? Alltmera fylld av raseri pressar jag fram ett »prostatagubbe« och fyller sedan i med den värsta grovhet jag kan tänka mig: »Judejävel.« Samtidigt är jag närmast gråtfärdig över att såra honom med mina tarvligheter. Efter utbrottet minskar ångesten och jag kan slappna av. Ernst säger nu: »Johan, du kommer säkert att må illa av att du sagt det här, men du ska veta att jag klarar det för att jag har gått i psykoanalys.« Det kommer ännu några vågor av vrede och behov av att göra illa, men nu kan jag behärska mig. Så småningom klingar all upprördhet av men jag är mycket trött.

Efteråt mindes jag upplevelsen som plågsam och jag kände att jag aldrig skulle vilja göra om den. Huxley fick själv pröva på de negativa aspekterna av meskalinruset, något som han redovisade i en senare bok *Heaven and Hell.* Där var det inte längre tal om det goda somat. Men trots det ångestskapande inslaget blev erfarenheten något jag inte ångrade. Jag grubblade över varför jag uppträtt så rått och kränkande mot min lärare, som jag ju tyckte om och respekterade. Att jag bar på konkurrerande behov på liv och död gentemot dem som symboliserade auktoriteten insåg jag inte vid denna tid. Jag var ju en hygglig tjugoåring som i princip inte ville göra en fluga förnär. Att meskalinmolekylen, ganska lik adrenalinet, verkat som en nyckel till mitt omedvetna insåg jag långt senare. Det var ungefär som att vrida lite på en stängd persienn och plötsligt bli varse något där bakom, som tidigare varit osynligt.

Upplevelsen banade väg hos mig för en insikt om vikten av att samtidigt arbeta med biologiska och psykologiska modeller om man vill förstå mera om psykiska störningar. Den har sedan inte lämnat mig. Men utan Ernst Báránys i djupaste mening empatiska tröst, hade jag haft svårare att efteråt ta till mig erfarenhetens goda innehåll. Jag visste då inte att Ernsts far, som var nobelpristagare i medicin, upprepade gånger utan framgång hade föreslagit Vetenskapsakademien att ge Sigmund Freud nobelpriset. Några år senare köpte jag en liten skrift av Igor Stravinskij på bokrean, *Musikalisk poetik*, där han bland annat talar om den ontologiska respektive psykologiska tiden. I musiken löper den grundläggande, ontologiska, upplevelsen av tidens flöde, men den kontrasteras av rörelse, rytmik och synkopering som ger variation och därmed liv. Jag förstod plötsligt att det var min ontologiska tidsupplevelse som släckts ut under meskalinruset. Kvar blev den tid som drivs igång och registreras genom yttre förändring. Det här förklarade för mig varför meskalin var så användbart vid meditation. Om dess biologiska effekt bland annat var att eliminera en ontologisk tidsupplevelse fick verkligheten mindre betydelse. Man brydde sig helt enkelt inte.

En stor del av de första studieåren bodde jag inackorderad i en villa som professorn i invärtesmedicin Jan Waldenström och hans hustru Elisabet skaffat då de ännu var gifta. De var gamla vänner till mina föräldrar. Jan hade efter skilsmässan flyttat till Malmö, medan Elisabet rest till Paris för att måla. Nu bodde bara några av barnen kvar. Johan var något år yngre än jag. Han läste också medicin och vi blev goda vänner. Hemmet var utsökt, på en vägg hängde Edvard Munchs självporträtt i en stor etsning och en äkta Rodinbyst stod i matsalen. Vi hade en dam som städade och lagade vår mat och tillvaron var överklassigt behaglig.

Jan hade under min gymnasietid lånat mig populära böcker om hormoner och jag besökte honom flera gånger på hans professorsrum i Malmö. Han var ett av de stora namnen inom svensk invärtesmedicin och min beundran för honom var djup. Den intellektuella elegans som han uppvisade på sina föreläsningar var oöverträffad. Då han efter sin pensionering blev ordförande för Läkaresällskapet och min specialistutbildning var klar, bjöd han en gång ut mig för att höra lite om vad som hände inom psykiatrin. Vi kom in på ämnet politik – det här var på 1970-talets början. Jan blottade då ett Palmehat som chockerade mig, därför att det var så oförblommerat i allt det onda han önskade skulle drabba Palme. Min besvikelse blev stark enligt talesättet att ingen kan falla så djupt som den forne idolen. Jag träffade honom aldrig mera.

Uppsalaåren dominerades av studierna. Jag upplevde mig ständigt för ung i de flesta sammanhang och alltid i korsvägen mellan olika inriktningar och behov. Min inre kompass gav otydliga och motstridiga utslag; jag hade ingen egentlig närvarokänsla. Samtidigt kan jag inte säga att jag led av det. Jag ville få ihop det med en flicka men var osäker inför att närma mig dem som intresserade mig – tanken att hon skulle känna sig besvärad hämmade mig. Att sträva mot en djupare relation med dem jag mötte var närmast skrämmande. Det var samma sak som att behöva gifta sig och förlora all handlingsfrihet i framtiden. De som jag fascinerades av hade heller inte ögon för mig. Så uppfattade jag det i vilket fall.

Efter medicine kandidatexamen flyttade jag till Stockholm via en höst i Paris. Beslutet att göra ett avbrott i studierna underlättades av att mina närmaste kamrater försvann till Lund. Liksom Mamma som reste till Paris några månader i sin ungdom ville jag nu hinna i kapp mig själv. Här kom mitt morföräldraarv till pass – det hette att jag skulle lära mig franska under en termin.

Jag bodde i Paris under hösten 1955. Den första månaden var en ensam tid; de enda samtalen skänktes mig av någon kypare eller på Alliance Française, som den franska skolan hette. Jag kunde gå på gatorna och inbilla mig att jag skulle träffa en viss person bakom nästa hörn. Tanken var så intensiv att jag blev förvånad över att mötet inte inträffade. Min känsla av overklighet ökade och samtidigt ifrågasatte jag den inte – det var väl så jag skulle ha det. Så småningom sökte jag mig, i likhet med många andra svenska ungdomar, till Svenska kyrkan på Rue Médéric. Där mötte jag Ulf Björlin som var något år äldre och gick på musikkonservatorium. Han var intresserad av att bilda en kör för att träna in Hallelujakören ur Händels Messiasoratorium. Vi skulle sjunga den på första advent. Efter repetitionerna åt vi gemensam middag på en restaurang i närheten. Jag fick nya vänner och min tidigare ganska melankoliska tillvaro vände radikalt. Ambitionen att lära mig franska smalt snabbt bort och jag kan fortfarande knappast säga en vettig mening på det språket.

I Svenska kyrkans hus bodde en sångstuderande som hette Henry. Han hade rummet betalt mot att han spelade orgel under gudstjänsterna. En gång bjöd han mig att ligga över i hans rum, eftersom det blivit en del vin och sent på kvällen. Det kändes okomplicerat att somna i hans säng och störta upp på morgonen för att resa till fransklektionerna. Då vi träffades några kvällar senare ville han tala enskilt med mig. Han sa att jag väl hade förstått att han var homosexuell? Han hade inte velat närma sig mig på natten, eftersom jag somnat så snabbt, men jag hade inte dragit undan min hand då han höll den. Jag kände en förskräckelse över att ha varit så nära något som jag värjde mig starkt emot och samtidigt kände en vag nyfikenhet inför. Vad betydde det att jag hade hållit honom i handen? Jag sa att jag inte var homosexuell, men Henry svarade att alla män är mer eller mindre homosexuella och att jag hållit hans hand var tecken nog på att jag också var det. Jag visste överhuvudtaget mycket lite om vem jag var eller vad jag säkert kände i den ena eller andra situationen. Att min fantiserade lust helt var inriktad på kvinnor visste jag, men samtidigt eftersträvade jag ju ständigt samtal med män. Hade Henry rätt? Var jag egentligen homosexuell utan att veta det? Men något behov av att närmare undersöka om det var så kändes jag inte vid. Tvärtom drog jag mig fegt undan Henrys sällskap, något som sårade honom.

Före avresan till Paris hade jag träffat författaren Gunnel Vallqvist i vårt hem. Gunnel var vacker, det lyste om henne och jag blev lite betagen – hon hörde till dem jag fåfängt hoppades att få möta i något parisiskt gathörn. Vi talade om gregoriansk sång och hon berättade om en svensk benediktinermunk (senare förstod jag att hon varit förlovad med honom) som levde i ett litet kloster i Paris. Där kunde man höra den vackraste gregorianska sången. Han hette Arne Rask men kallades nu Père André. En dag sökte jag mig till 5 Rue de la Source, där klostret ligger. Jag kom under en mässa och greps av de milda stämmorna som böljade och blandade sig. Père André inbjöd mig att äta lunch med alla munkarna. En broder stod vid en pulpet och läste högt ur en uppbygglig skrift medan de övriga, det var väl ett trettiotal, tysta åt den enkla men goda köttstuvningen och drack ett glas rödvin. Jag återvände flera gånger till Rue de la Source och talade mera med den livlige och intresserade Père André. Bland annat kom vi in på min religiösa uppväxt. Trots att jag var berörd av de kristna frågorna tyckte jag mest att jag stördes av religionen – hur skulle jag komma vidare? Père André tog då ett originellt själavårdande grepp som jag senare har hållit honom räkning för. Han tyckte att jag skulle kasta den religiösa bråte, som jag bar med mig hemifrån, överbord. Jag undrade i mitt stilla sinne om sådant gick för sig, men det gjorde det faktiskt, märkte jag efteråt. Inte förrän flera decennier senare började det bli dags att göra en inventering av vad som var bråte och vad som var mina egna behov då det gällde de religiösa frågorna. Jag kan inte säga att jag är klar med det, men arbete pågår.

Jag träffade aldrig mera Père André. Han flyttade till Tyskland där han avled i början av 2000-talet. För några år sedan återvände jag till klostret vid 5 Rue de la Source. Det var nästan tomt på munkar. En gammal man släppte in mig och jag kunde sätta mig en stund i kyrkan där valven tidigare fyllts av den mäktiga sången. Det kändes sorgligt; jag vet inte om det var genom bristande nyrekrytering eller av andra skäl som klostret nästan tömts.

En kväll under min Parisvistelse satt jag på ett kafé och talade med en ung fransman som jag tidigare träffat i Sverige. Vi kom in på frågan om flickor och han föreslog att vi skulle gå på ett ställe där de inte var särskilt dyra. Jag slog förfärad ifrån mig och sa att jag inte var intresserad. Det tog inte lång stund innan han tagit reda på att jag hade min svendom i behåll. Det tyckte han var för starkt. Nu ville han ändå bjuda mig på en drink på en musikbar i närheten. Väl framme ställde han sig och viskade lite med ägaren. Snart dök det upp en snäll ljus flicka i artonårsåldern. Hennes mage visade tecken på att hon var gravid. Hon frågade om jag vill dansa med henne i undervåningen, dit en spiraltrappa ledde. Först nu förstod jag vart jag kommit, men ville inte såra henne genom att tacka nej. Eftersom hon var gravid kände jag heller ingen risk att lockas in i någon oönskad situation.

Hon tryckte sig intill mig och frågade om jag vill »couchera«, ligga, med henne. Då jag tackade nej, undrade hon om jag inte var intresserad av flickor. Jag pekade på hennes mage och sa att det inte var aktuellt att couchera. Då började hon gråta och berättade att hon kommit till Paris ifrån landet för att hitta ett jobb. I stället fann hon en pojke som hon blev gravid med och som sedan försvann. Hon hade inga pengar, ingenstans att bo och hade inte ätit på hela dagen. Nu gick det upp ett kristligt ljus i mig och jag frågade om jag fick bjuda henne på något att äta. Jag sa hej till min förtjust leende vän och vi avvek från baren till ett nattöppet brasserie i närheten där man serverade biff med pommes frites. Sedan hittade vi ett enkelt hotell i Montparnasse. Jag skrev av en impuls in mig under namnet Robinson Crusoe och betalade för natten. Nu hade jag gjort mitt, skulle säga god natt och ta mig hem till studentstaden med mitt goda samvete som bagage. Det ville inte flickan. Hon var mörkrädd; bevekande bad hon mig att följa henne de fem trapporna upp till rummet.

Väl uppe tänkte jag vända, men då sa hon att hon skulle skrika om jag lämnade henne nu. Jag gick med på att sitta på en stol och vänta tills hon somnat, bara hon var tyst. Hon klädde av sig medan jag diskret tittade bort, kröp så ner i den breda sängen och jag släckte. Det var tyst en stund, men så lyfte hon på täcket och frågade om jag inte bara ville värma henne lite för hon frös. Nu hade det onekligen blivit kyligt och jag tog av mig och kröp ner till henne. Plötsligt var allt som jag tidigare känt och tyckt irrelevant och i stället var det bara hennes varma kropp och bedjande stämma som betydde något.

Efteråt låg jag och väntade tills hennes andhämtning tydde på att hon somnat. Jag smög mig oändligt försiktigt upp, klädde mig, la en sedel till frukosten på bordet och tog mig ner för trappan. Väl nere öppnade jag dörren mot porten, lät den falla igen bakom mig och gjorde mig beredd att fly till friheten. Men ytterporten var låst, liksom innerdörren som hade gått igen, varför jag var innestängd och fick sitta fyra timmar på golvet tills Madame öppnade på morgonen. Jag började vid det här laget uppleva något av panik. Flickan hade inte verkat alldeles renlig och jag var rädd att ha blivit smittad. Nu kostade jag på mig en taxi till mitt studentrum. Väl där ställde jag mig länge i en varm dusch. Det kändes som om jag aldrig skulle bli ren.

Då jag en månad senare var på väg hem till Sverige började jag känna värk i en av mina bitestiklar. Det blev en plågsam tågresa, och väl hemma sökte jag upp kirurgöverläkaren i Västerås, som tidigare tagit min blindtarm. Han tog ett prov, gav mig en kraftig dos penicillin, blinkade kamratligt och sa att det här nog skulle gå bra. Något provsvar fick jag aldrig och det spelade kanske ingen roll – det viktiga var att jag snabbt blev återställd. Vad flickan hette kan jag inte erinra mig, men hennes barn bör idag vara i femtioårsåldern.

Efter min hemkomst flyttade jag till Stockholm där jag började den kliniska utbildningen. Medicinkursen på Karolinska Sjukhuset leddes av professor Nanna Svartz, Sveriges första kvinnliga medicinprofessor. Hon hade en specialsydd vit rock med knytskärp och en virkad slips i halsen. Vi var båda västeråsare, och vid mottagningen för nybörjarna förhörde hon sig om min bakgrund. Vid den tiden var namnen på de svenska biskoparna kända av »den bildade allmänheten« och jag red ibland lite på mitt efternamn. Någon ytterligare kontakt hade vi inte, förutom att hon föreläste om sin forskning omkring reumatiska sjukdomar och om sulfabehandlingen vid ulcerös colit.

Tanken att jag i framtiden skulle ägna mig åt invärtesmedicin låg nära, som tidigare var jag högt motiverad för biologin. Då docent Olhagen under medicinkursen frågade oss om någon i forskningssyfte mot sjuttiofem kronor ville ta emot blodserum från en patient som inte kunde bryta ner sina blodfetter ordentligt, svarade jag ja direkt. Det var mera intresse som drev mig än behov av inkomster. I ett laboratorium fick jag en transfusion med ett gulvitt ogenomskinligt serum. Efteråt undersökte man genom upprepade venösa blodprover hur fort patientens serum försvann ur mitt blod, något som skedde på en dag. Men vad som inte försvann var det hepatitvirus som man inte visste att patienten också bar på, och som bröt ut i en akut gulsot efter att ha inkuberats i min lever under sex veckor. Vid det laget hade jag börjat kirurgikursen. Under en operation där jag assisterade sa kirurgen plötsligt: »Du har ju gula ögonvitor!« Det hade jag verkligen – kanariegula.

För mig blev det en befriande förklaring till den förlamande trötthet och nedstämdhet som jag hade känt veckan innan. Jag hyrde en enrummare med kokskamin i andra hand på Lundagatan. Genom min trötthet hade jag inte orkat elda i kaminen – det var i februari – brödrosten var min enda värmekälla. Jag hade också blivit orimligt känslig inför bråk och skäll. Då bussföraren hojtade på mig för att jag inte klev på snabbt nog, brast jag till min genans i gråt. Jag blev akut inlagd och vårdad på Karolinska Sjukhuset. Min konvalescens varade i flera månader och under den tiden började jag läsa August Strindberg. En vän ropade in hans samlade verk åt mig för 400 kronor på Stadsauktionskammaren. Jag hade inte en tanke på att anklaga forskarna för vad jag åsamkats – jag hade ju gått ur hepatiten med en nettovinst! Lärdomen att en kroppslig sjukdom kan ge sig till känna genom rent psykiska symtom glömde jag inte.

Patologistudierna, som nu följde, leddes av en finlandssvensk prosektor som hette Alf Lindberg. Han var en lysande personlighet, klassiskt bildad. Obduktionerna var föreställningar som grep oss, alltsedan första gången när han demonstrerade liket av en ung man som tagit sitt liv med gas. Den döde var vacker där han låg, rosig i hyn som man blir då man dött av gasförgiftning. Synen väckte förstämning, men Lindberg grep situationen. Innan han påbörjade obduktionen bjöd han tystnad. Så sa han på sin sjungande finlandssvenska: »Den gudarna älskar dör ung.« Med det visade vår prosektor att också han var gripen av det tragiska i detta livsöde. Det var nog för att känna obduktionen som en värdig akt och att hjärtat inte behövde ställas i skamvrån för att det medicinska arbetet skulle utföras.

Patologin är den kliniska tillämpningen av histologin och mikroskopi är en central del av utbildningen. Denna gång skulle vi i tentamen mikroskopiskt kunna identifiera vilken sjukdom som vävnaderna drabbats av. Jag erbjöds att under ett halvår vara amanuens på patologen, vilket var föga betungande och mest innebar att jag assisterade vid obduktioner och fick dricka kaffe med Alf Lindberg.

Sommaren efter att jag tenterat kirurgi tjänstgjorde jag som kirurgassistent i Visby. Efter det fick jag vikariera en månad som underläkare och själv operera blindtarmar och laga ljumskbråck. På hösten, när jag besökte morföräldrarna i Djursholm ville Morfar att jag skulle sitta ner med honom efter middagen. Han tände sin Havanna nr 2, lutade sig tillbaka och rökslingor steg uppåt, ljusblå genom kvällssolen. Så bad han mig berätta om någon operation som jag varit med om. Kliniskt utförligt berättade jag om en blindtarmsoperation. När jag gick lite för snabbt fram bad han mig att ta om det. Lager efter lager frilades i bukväggen och då till slut den inflammerade lilla gynnaren skulle brännas av var hans nöjdhet stor. Han visste att min egen torkade blindtarm hängde ifrån taket i ett snöre i mitt rum i biskopsgården. Den opererades ut när jag var i fjortonårsåldern – jag fick den efter viss tvekan lagd i en spritburk av doktor Bergenfeldt. När Morfar några år senare fick höra att jag skulle ägna mig åt psykiatri fnyste han och undrade varför jag inte ville bli en riktig doktor.

Erlands målarutbildning och sammanbrott

Erland inkallades 1950 till Svea livgarde i Solna. Det var ännu näst intill omöjligt att slippa undan militärtjänsten och odugligförklaras, som den nakna beteckningen löd. Den som »o-förklarats« genom sjukdom eller på grund av »nervösa besvär« fick därmed en skamstämpel, som inte minst var kännbar då han sökte arbete. För Erland betydde militärtjänsten början på en tröstlös tid. Han kom sällan ihåg att knäppa alla knappar i uniformen, glömde geväret i logementskåpet, exercerade dåligt. Hans bristande behov av att anpassa sig till krav på uniformering och hans absoluta avsaknad av förmåga och lust att ryta och stå i givakt, gjorde att några korpraler och en sergeant beslöt sig för att ta sig an honom för att få bort latmasken. Han utsattes för nästan daglig straffexercis och måste under hösten och vintern straffgräva gropar efter avslutad dag, då de övriga rekryterna vilade. Då han var färdig skulle han tvätta sina leriga kläder. Det här hade till följd att han var konstant trött och outsövd. Många gånger kom han grå i ansiktet hem på lördagspermissionen, stupade i säng och sov till söndagen. Militärtiden blev ett trauma för Erland som han senare inte gärna talade om.

Jag är oklar över om Erland gjorde sina minimala tio månader eller om värnplikten trots allt avbröts i förtid – han svävar själv på målet. Emellertid vidtog i Pappas efterföljd filosofistudier, men inte i Uppsala utan i Lund. Lärare var Elof Åkesson och Hans Ruin – båda gamla vänner till Pappa. Jag minns en gång då Erland var på besök hemma, hur Pappa, lite skämtsamt men ändå med den äldres utmaning till den yngre, bad honom lägga ut texten om Kants syn på immanensen av det transcendenta. Jag hoppades i mitt hjärta att Erland skulle visa hur väl han behärskade ämnet; Pappa skulle mysa belåtet och säga att det var bra. De skulle vara de bästa vänner och familjen skulle inte gå sönder. Men Erland började säga något osammanhängande och vagt. Pappa tog snart över resonemanget och Erland fick därmed bakläxa.

Han hade börjat få nog av filosofi. Någon filosofie kandidatexamen blev det aldrig. Målarbehovet tog över och Erland reste till Stockholm för att via Signe Barths målarskola och en längre vistelse på Ibiza börja på Konstakademin 1953. Under åren fram till dess att jag efter min medicine kandidatexamen 1955 flyttade till Stockholm hade vi inte mycket kontakt. Erland bodde nu i ett kyffe i Hagalund där han kunde måla. Han förlorade ständigt sina pengar och föräldrarna bad mig därför att jag skulle förvalta dem och förse honom då han behövde. På så sätt skulle han inte gå omkring med för stora summor som han kunde tappa eller bli bestulen på. Erland retade sig på att jag skulle vara hans »förmyndare«. Själv var jag kluven inför uppgiften. Men Erland var verkligen mycket slarvig med pengar och jag bestämde mig för att den var nödvändig. Jag kände också en beskäftig stolthet över att jag tilldelats ansvaret för hans ekonomi. Hur han hade det för övrigt visste jag inte mycket om. Vi saknade gemensamma intressen och Erland räknade inte med mig. Han markerade alltmer öppet avstånd till Pappas person

Erland spelar på Akademiska föreningens konsert i Lund 1950.

och borgerlighetens livsstil. Jag oroades över hans hållning, som jag inte förstod. Visst var Pappa ibland trubbig och någon gång översittaraktig. Men han var ju ändå en hygglig person och alls inte den djävul och potentiella våldtäktsman som Erland allt oftare talade om. Det kunde helt enkelt inte vara som han sa. För att övertyga Erland skrev jag ett långt brev där jag påtalade det orimliga i hans hållning och bad honom att han skulle ta hemmet till nåder igen. Men jag fick inget svar. Hans outsiderval oroade mig samtidigt som jag dunkelt kände det som suveränt.

Erland var inte intresserad av Konstakademiens föreläsningar. I förhoppningen att slippa sådant sökte han också till Valands konstskola i Göteborg, där bland andra Ragnar Sandberg var lärare. Enligt Erland var det en liten målning som heter »Den blå åsnan« som fick Valand att anta honom som elev. Han följde den teoretiska utbildningen på Valand lika sporadiskt som på Konstakademien och återvände snart till Stockholm där han kunde måla i skrubben i Hagalund. Som lärare hade han Hugo Zuhr och Olle Nyman, men framför andra betydde Evert Lundquist mycket för honom. Måleriet ockuperade alltmera hans liv och värld. Mathållningen blev sporadisk, han sov ofta i sina gångkläder som förföll och blev nermålade – att använda målarrock har Erland varken förr eller senare kunnat förmås till. Våra föräldrar stödde hans måleri, men Mamma var tilltagande oroad över Erlands tillstånd. Han misskötte sin hygien och borstade inte tänderna. Själv var jag tjugotvå år, gick kirurgikursen på Karolinska och hade inte ett ögonblick reflekterat över att Erland sedan flera år var på väg in ett djupt psykiskt sjukdomstillstånd.

Psykosvård på 1950-talet

Jag ska nu berätta om Erlands behandling efter det att jag kört honom till Beckomberga. Jag gick ännu medicinkursen på Karolinska Sjukhuset och hade inga som helst psykiatriska kunskaper. Erlands journaler som jag lyckades rekvirera från Beckomberga och Sundby Sjukhus är en smärtsam och bisarr läsning. Vårddiagnosen var schizofreni. Den innebär en allvarlig, ofta livslång psykossjukdom med hörselhallucinationer, vanföreställningar, ångest och stört beteende. Man brukar säga att en tredjedel av psykospatienterna klarar sig bra efter att ha insjuknat en första gång, en tredjedel får långvariga störningar men kan vanligen leva utanför sjukhus och en tredjedel blir institutionsberoende. Idag har andelen institutionsvårdade minskat markant tack vare att man insett att patienterna efter den mest akuta fasen i längden mår bättre av att leva med stöd utanför sjukhus. Några avgörande nya behandlingsmetoder har inte tillkommit sedan 1950-talet.

Erland var med kortare försöksutskrivningar intagen under fyra år. Sjukdomstecknen ökade markant efter inläggningen. Dittills hade han kunnat hålla viss kontroll på sin psykos, men nu tillkom isoleringen på sjukhuset och förbudet att måla. Han led tidvis av skrämmande och intensiva rösthallucinationer.

Ångesten var svår och ibland försökte han skada sig själv genom att dunka huvudet i betongväggen på avdelningen. I veckor låg han ensam i sin cell, i tvångsbälte under en tänd taklampa, ofta var han också bunden till händer och fötter. En anledning till tvångsbehandlingen var att skydda honom mot att skada sig själv, en annan var att hålla honom kvar på rummet. Nattetid var han än mera utlämnad till sina inre föreställningar. En underläkare som tjänstgjorde på avdelningen berättade senare för mig hur Erland sökte upp personalen på nätterna och störde dem i deras kortspel och kaffedrickning. Det som normalt inträffade, om en patient inte försvann efter skarpa tillsägelser, var att han »bältades« på rummet och gavs en stadig hibernalinjektion. En dag hade Erland en kraftig bula på hakan. Han berättade att en skötare slagit honom. Pappa anmälde det till överläkaren som uppbragt frågade om vi ville klaga på vården. Eftersom det inte fanns någon oberoende instans dit sådana klagomål kunde föras, var det meningslöst att säga ja.

Journalen beskriver hur han gång på gång kastade sin mat på golvet eller »utan förvarning« slog till någon av personalen. Säkert upplevde personalen att Erland var opålitlig och visst var han mycket sjuk. I sitt tillstånd av konstant skräck och kränkning, som förstärktes av akutavdelningens totala frånvaro av möjlighet till tröst eller trygghet, hade han en närhet till »impulshandlingar«. Utbrotten var kopplade till desperation över den långa instängningen och över den benhårda omöjligheten att påverka eller minska de medicinska behandlingar som han kände höll på att förstöra honom.

Läkarna hade snart satt in de tre behandlingsmetoder man förlitade sig på, mediciner, insulinkoma och »elektrochocker«. Insulinkoma och elbehandling gavs ibland i kombination med varandra, allt efter överläkarens ingivelser. Några år tidigare hade de nya mediciner som kallades neuroleptika introducerats. Hibernal och Nozinan gavs i höga doser och biverkningarna gjorde honom olustig och trött. De gav starka obehag med myrkrypningar i benen och oro i muskulaturen. Någon tydlig positiv effekt på psykostillståndet hade de inte i Erlands fall, varken kort- eller långsiktigt.

Erland överfördes efter några veckor till den så kallade insulinavdelningen. Här fick han, ofta under fysiskt tvång, ökande doser insulin tills man kommit upp till 400–500 IE dagligen – på den nivån lade man sig. Då komat hade varat »tillräckligt länge« avbröts det genom att glykoslösning tillfördes genom en magsond. I Erlands fall innebar det en och en halv timme, enligt daganteckningarna. Han väcktes varje gång med 400 gram glykos i lösning, det vill säga nästan ett halvt kilo. Då behandlingsserien var avslutad gick Erland knappt att känna igen; han var sjukligt tjock med sprickfärdiga kläder. Kepsen en liten knapp över ansiktet, som antagit en hög färgton. Enligt journalen tvangs Erland ta emot etthundrafyrtionio komabehandlingar – utan den minsta positiva effekt. I vilken utsträckning de skadat honom står öppet.

Det var Wienläkaren Manfred Sakel, som på 1930-talet hade infört metoden att ge insulin till patienter med schizofreni, i doser upp till medvetslöshet. Han rapporterade att åttio procent förbättrades. Det väckte hopp inom psykiatrin och insulinkoma blev snart normalbehandling vid akut schizofreni. Insulinets fysiologiska effekt är att sockret försvinner ur blodet och hjärnan får mindre näring. Då detta inträffar reagerar patienten med intensiva och tröttande svettningsanfall och upplever stigande ångestkänslor inför den annalkande medvetslösheten. När blodsockernivån sjunker under en viss nivå inträffar ett epileptiskt anfall. Den läkande effekten var störst i de fallen, ansåg man. För att hjälpa naturen på traven gav man Erland därför »potentierande« elbehandling under pågående insulinkoma. Vid flera världskongresser i psykiatri hade man rapporterat om goda resultat av den kombinationen.

En journalanteckning den 18 mars 1958 lyder: »Pat. har av och till uttryckt en önskan att få slippa insulinbehandlingen, som han inte förstår varför den instituerats. Tror att han ska kunna bli lugn och harmonisk om han blott finge måla.« Enligt en annan läkaranteckning »tror pat. att behandlingen kommer att förändra honom på ett deletärt sätt«. Den tron var helt rimlig – det var faktiskt läkarna och inte Erland som bar på föreställningen att detta experimenterande med hans hjärna var nyttig behandling. Idag, femtio år senare, skulle ingen komma på idén att rekommendera komabehandling ens för patienter där mediciner inte har någon verkan.

Naturligtvis hade möjligheten att måla inte kunnat återställa Erlands hälsa, men den skulle ha bidragit till att göra honom lugnare. Arbetsterapeuten, som såg Erlands predikament, erbjöd ett rum att måla i, men detta kunde inte förverkligas då »man inte lyckades detachera personal«.

Jag bad att få träffa docent Ekblad, den behandlingsansvarige överläkaren, och fick företräde på hans expedition. Det var ett kort samtal. Otåligt tittade han på klockan då jag inte tillräckligt snabbt kunde precisera min frågeställning. Jag insåg snart att jag bara tog upp hans tid – han var helt utan intresse för min situation som Erlands bror. Närmast ville jag fråga om insulinbehandlingen var nödvändig, eftersom den hittills varit utan effekt och Erland var så plågad av den. Naturligtvis fanns det kritik i min enkla fråga, liksom i mina föräldrars tidigare förfrågningar om man inte också kunde finna någon psykologiskt inriktad vård. I journalen antecknades, utan närmare diskussion, att:

»överläkaren bestämmer att såväl insulin- som el-chocks-behandlingen skall avbrytas med hänsyn till de anhörigas dåliga förståelse för och mer eller mindre uttalade motstånd mot somatisk behandling (de anhöriga äro av allt att döma i stor utsträckning psykoanalytiskt inriktade).«

Det var en dålig motivering för avbrytandet av behandlingen och vittnar mera om de affekter som vårt lekmannamässiga ifrågasättande väckte. Jag var medicinstuderande och hade ännu inte gått psykiatrikursen. Docent Ekblad blev sedermera professor i Stockholm med huvudansvaret för medicinarundervisningen om de så kallade tunga psykiska sjukdomarna.

Drygt en vecka senare, då Erland enligt journalen fått »frigång« och fick röra sig inom sjukhusområdet, avvek han utan att be om lov. Han tog sig hem till mig, men jag vågade inte ha honom hemma och kände mig tvungen att köra honom tillbaka på kvällen. Man drog nu in hans frigång. Journalen berättar att:

»pat. visar tendenser till impulsivitet och oberäknelighet. Han har sålunda stött till en skötare i bröstet och kastat en fylld portfölj mot en annan. Efter meddelandet att behandlingarna skall återupptagas uppvisat en ganska höggradig opålitlighet och emotionell spänning med lättare våldshandlingar, som tvingade till att evakuera pat:s rum på lösa föremål. Insulinbehandlingen påbörjas idag åter och en el-behandlingsserie inledes.«

Triumfen över att anhöriga visats på plats lyser mellan raderna. Det är också nu man går upp till de extremt höga insulindoserna.

Elbehandling hade man vid denna tid börjat ge under narkos. Tidigare bestod narkosen av den medvetslöshet som utlöstes av själva strömstöten. Någon särskild avdelning för elbehandling hade man inte. Vagnen med elektroder drogs från sal till sal och de som väntade på behandling kunde höra skriken från de medpatienter som gick i kramp. Det finns inga tillförlitliga studier som visar vinster av elbehandling vid schizofreni. Däremot är effekten obestridlig vid djupa depressioner och vissa andra tillstånd.

I familjen upplevde vi också elbehandlingarna som terapeutiskt meningslösa och destruktiva. Vår maktlöshet var lika total som Erlands lidande – vi kunde ju inte ta hem honom i detta skick och någon alternativ eller modifierad behandling erbjöds inte. Konflikten mellan Erland och vår familj å ena sidan och läkarna å den andra trappades upp. Till slut gav läkarna upp och »på grund av framställning från patienten och hans anhöriga har flera elbehandlingar ej givits«.

I stället försöksutskrevs Erland abrupt och utan planering. Han klarade det naturligtvis inte och kom tillbaka efter några dar. Han hade rest till Väsby där vår syster Carin som var nygift bodde, uppträtt aggressivt och slagit till hennes man. Den tillkallade polispatrullen förde Erland tillbaka till avdelningen. »Patienten berättar att han blev aggressiv mot sin svåger därför att denne gift sig med hans syster. Är i övrigt oklar i sin framställning.« Erland fick omgående nya elbehandlingar. Man beslutade att »insulinbehandlingen skall fortsätta till 90 koma« i denna serie.

Han var nu, som följd både av den fysiologiska hjärnretning som behandlingarna gav och av sin utsatthet och skräck för de aggressiva behandlingarna, i ett avsevärt sämre skick än vid inkomsten. Han talade enligt journalen hackigt och osammanhängande. Hans »impulshandlingar« tilltog, han fick »raptus« och kastade en tallrik med filmjölk in i avdelningsköket och senare en tallrik med kalops mot »matsalens plafondtapet«. Han var »synnerligen spänd och opålitlig« och fick därför extra elbehandlingar. Sammanlagt redovisas sextiosex elbehandlingar. Enligt journalen hade:

> »pat. önskat samtal med docent Ekblad, men uppträder hämmat och splittrat. Egentligt samtal ej möjligt. Gör vaga försök att diskutera men det hela utmynnar i ingenting.« [Han är] »störande om nätterna och uttalat opålitlig, slagit i pannan mot sängen. Kastat mat omkring sig. Talat osammanhängande.« [Han flyttas nu till »stormavdelningen«. Där är han] »mycket orolig. Man får tidvis lov att ha honom i bälte, under spänntäcke och med handskar. Slår ofta den han kan komma åt. Slagit sig själv så han är rätt blå i ansiktet, inga påtagliga tecken till fraktur. Får Mopazin i stigande doser.«

I detta läge tog vi hem Erland till Västerås och lät honom, utan att be om lov, stanna hemma. Journalens inte fullt sanningsenliga slutanteckning är: »Efter överenskommelse med anhöriga utskrivs patienten till hemmet.« Utanpå journalen antecknas: »def utskr oförbättrad« – det borde ha stått försämrad. Han anses av sjukhuset inte längre vara vårdberättigad i Stockholm och hänvisas vid behov av fortsatt hjälp till Västerås psykiatriska klinik, som är nyöppnad, alternativt till Sundby sinnessjukhus.

Erland vistades på Beckomberga Sjukhus under knappt två år, inkluderande ett par försöksutskrivningar. Den enda behandling man inte försökte med Erland var lobotomi. På Sidsjöns Sjukhus i Sundsvall lobotomerades enligt en officiell rapport de flesta nyinsjuknade med schizofrenidiagnos under 1940-talet, många gånger med ödesdigra följder. På Beckomberga hade metoden kommit ur bruk inte minst sedan konstnären Sigrid Hjertén några år tidigare avlidit i de omedelbara följderna av en lobotomi. Även hon hade diagnosen schizofreni.

Det var de mest meriterade av den akademiska psykiatrins företrädare som skötte Erland. Säkert ville de bedriva sin behandling enligt god läkaretisk praxis. Men utan systematisk och sträng kontroll utifrån urartar den psykiatriska vården lätt genom de nästan obegränsade maktmedel den har till sitt förfogande, hur höga etiska ideal man än anser sig följa. Mycket tack vare klientrörelsen har den kontrollen ökat under de senaste decennierna med strängare lagstiftning och bättre insyn.

En av personalen, som Erland omnämnde med respekt, var överskötaren »herr Hersing« som förestod insulinavdelningen. Det faktum att han gjorde sitt arbete med aktning för patienterna var så avvikande från normen, att man som anhörig omedelbart kom att notera det. Över fyrtio år senare skrev jag om honom i ett efterord till min lärobok om psykoser. Då boken kommit ut fann jag hans adress i telefonkatalogen och kunde ge ett exemplar till honom. Med stolthet berättade han att han var Sveriges första skötare som efterutbildat sig till sjuksköterska. Erland mindes han mycket väl och det gladde honom påtagligt att han hade det hyggligt nu och över att själv vara omnämnd i boken. Två månader senare såg jag hans dödsannons.

I familjen letade vi efter namn på någon klinik med mera psykoterapeutisk inriktning, som skulle kunna ta sig an Erland. Vi skrev till Schweiz, England och USA, men fick vaga eller avböjande svar. Docent Torsten Herner i Lund skrev dock ett engagerat brev och det gjorde också doktor Martti Siirala i Helsingfors, som jag fått tips om. Men de kunde inte ta emot Erland då de saknade egna vårdmöjligheter. Jag lärde senare känna båda.

De tillämpade personliga varianter av existentiell psykoterapi. Som jag senare förstått det, skulle deras metoder inte ha stått sig som behandling för andra än enstaka utvalda psykospatienter, där Erland inte skulle ha varit aktuell.

Gunnar Nycander var en av den tidens föregångsmän inom det psykoanalytiska området. Han hade tidigare varit överläkare på Ericastiftelsen, vårt lands första institution för psykoterapi för barn och ungdomar, men hade nu privatpraktik. Mamma tog kontakt med honom. Nycander var intresserad av att pröva »direct analysis«, en metod som just lanserats av en dr Rosen i USA. Genom en serie »djupa tolkningar« av patienternas symtom, det vill säga hallucinationerna och vanföreställningarna, skulle man terapeutiskt komma åt de bortträngda upplevelser och föreställningar som man menade låg bakom sjukdomen. Enligt Rosen själv hade denna metod gett utmärkta resultat och han redovisade ett antal lyckade fall. (Senare visade man att Rosens efterundersökning hade allvarliga brister då uppföljningen var alltför kort och det saknades kontrollgrupp). Gunnar Nycander ledde en elevgrupp som han utbildade utan godkännande från Psykoanalytiska föreningen. Därför hade han blivit utesluten och arbetade nu som så kallad »vild analytiker«. Hans hustru Aina, som var en av hans elever, utsågs att bli Erlands terapeut under Gunnars handledning. Under en försöksutskrivning hösten 1958 fick han tider för behandling, men försöket var dömt att misslyckas. Erland ville inte gå till Aina och flydde behandlingsrummet då han kommit dit – vanligtvis hade jag hämtat honom i hans bostad. Han hade aldrig det ringaste behov av att tala med Aina.

Den psykoterapeutiska metoden var konstruerad efter dåtidens psykoanalytiska driftteori med en starkt förenklad syn på schizofrenins komplexa, och även idag till största delen okända psykobiologiska natur. Psykoanalysen var en ung vetenskap. Vid den tiden rådde ett dualistiskt synsätt, där man såg de psykologiska fenomenen som radikalt omöjliga att hänföra till hjärnans funktioner och vice versa. Den akademiska psykiatrin och psykoanalysen kom därför lätt i konflikt och utkämpade ofruktbara ideologiska strider om vilken lära som var den rätta. Någon användbar teori för samberoendet mellan hjärnan och upplevelsevärlden hade inte lanserats och man letade desperat efter en teoretisk förklaring till schizofrenin liksom efter den radikala metod som kunde bota sjukdomen. Ett vanligt psykoanalytiskt synsätt (som Freud aldrig omfattade) var att schizofreni orsakades av brister i den tidiga känslomässiga kontakten med modern. Enligt Rosen skulle analytikerns kraftfullt framförda djupa tolkningar av den sjukes omedvetna modersambivalens tränga igenom försvarsmekanismerna. Det skulle väcka den tidigt frustrerade moderslängtan till liv och därmed det förbjudna modershatet. Det skulle sedan terapeuten komma till rätta med genom nya tolkningar och genom att erbjuda sig själv som tillfälligt moderssubstitut.

En etisk fördel jämfört med insulinkoma och lobotomi var att behandlingen inte kunde ges under tvång, liksom att eventuella skador efter Rosens psykoterapi inte skulle ha varit av lika permanent natur. Mamma fick känna på Ainas kritiska undringar om hennes otillräckliga moderlighet då Erland var spädbarn. Den förtäckta anklagelsen att vara orsaken till Erlands lidande gjorde henne olycklig och arg. Hon visste med sig att hon gjort så gott hon kunnat, men klandrade sig ändå som alla mödrar gör som har ett sjukt barn. Därför ansträngde hon sig för att Erland inte skulle bryta kontakten med Aina – det fanns ju inget alternativ och makarna Nycanders engagemang för Erland kändes trots allt som ett stöd för oss. Då han några månader senare åter insjuknade, försökte Gunnar Nycander att få docent Ekblads tillstånd att besöka honom på sjukhuset, något som han förvägrades.

Jag har grubblat mycket över varför just Erland blev sjuk och inte jag själv. Något klart svar har jag inte. Jag hade aldrig känt någon större oro för att själv råka ut för psykisk sjukdom. Den experimentella meskalinpsykos som jag tidigare skaffade mig i Uppsala blev en viktig erfarenhet för att förstå hur nära vi alla ligger galenskapens möjlighet. De flesta inom psykiatrin ser idag de långvariga och djupa psykoserna som uttryck för en mångbottnad sårbarhet, delvis på ärftlig grund. Det som man ärver är en ökad känslighet som kan vara på gott och ont, men förmodligen inte sjukdomen. En del, men inte flertalet av dem som reagerar med psykos, är skadade av traumatiserande upplevelser under småbarnsåren. Sårbarheten kan också, så tänker man idag, öka hos vissa genom små skador i hjärnans utveckling under graviditeten eller vid förlossningen. Själva sjukdomsutbrottet sker ofta under ingången till vuxenlivet med de ökade yttre och inre krav som individen nu möter.

Men dessa förklaringar känns knappast tillräckliga då det gäller Erland. Det finns ingen annan i vår närmare släkt som har psykossjukdom. Visserligen blev hans förlossning komplicerad i efterförloppet, men knappast till den grad som skulle kunna förklara denna utveckling. Men redan som barn visade han ett annorlundaskap också i sin djupa kreativa begåvning.

Erlands tillstånd var starkt försämrat efter de dryga två åren på Beckomberga och han kunde i längden inte stanna hemma. Han ville själv inte ha vård och rymde från den nyöppnade kliniken i Västerås, som inte hade möjlighet till tvångsvård. Västerås saknade mentalsjukhus, men staden hyrde vårdplatser på Sundby Sjukhus, som ligger mycket vackert vid Mälaren utanför Strängnäs. Idag är sjukhuset nedlagt och har blivit ett konferenshotell. Då var byggnaderna hierarkiskt ordnade efter det kanske tusentalet patienternas kön, kronicitet och övervakningsbehov. Utanför några hus fanns stora ståltrådsburar, så kallade rastgårdar, där besökare kunde se hur patienterna gick runt med osalig hastighet eller stod och stirrade framför sig. Inne på Erlands avdelning passerade man först förbi flera salar där kronikerpatienter satt tjudrade i sina sängar. Många var uppenbart hjärnskadade. (Det var först något decennium senare som man började skilja mellan vården av psykiskt sjuka och utvecklingsstörda eller hjärnskadade.) Erland placerades i en enkelcell med grågrönmålat cementgolv och väggar, med säkerhetsfönster utåt. Dörren hade kikhål. Grannen var en gravt hjärnskadad man som satt på golvet utanför sitt rum. Han kunde inte äta själv utan matades genom en grov magsond. Näringen pumpades in under hans långdragna och häftiga kräkningsljud. En annan granne var en ung, ungersk flykting som snart fattade hat till Erland. I journalen finns flera gånger antecknat om slagsmål mellan de båda. Dryck serverades i plåtmugg och man åt med plåtsked. Här levde Erland under nästan två år. Vi besökte honom på helgerna, och ibland kunde vi hämta hem honom för permission.

Det goda med denna anstalt var att man inte trodde på de »somatiska behandlingar« som universitetskliniken hävdat var oundgängliga. I stället gav man måttliga doser av neuroleptika. Så småningom tilläts Erland också måla i sin cell. Han hade som tidigare svårt att hålla gränsen mellan duken och inventarierna, och för vårdarna var det han gjorde bara kladd. De ljög för Erland och sa att de tog hand om målningarna. I själva verket kastade de dem. Pappa skrev slutligen till överläkaren och protesterade mot förfarandet. Det ödmjukt formulerade brevet med dess tuktade upprördhet var karakteristiskt för den rädsla som vi anhöriga kände för att stöta oss med läkare eller personal, eftersom det kunde förvärra Erlands sak. Brevet är påstämplat »Till journalen«. Men efter detta kastades tavlorna inte längre.

Erlands permissioner slutade ibland i katastrof. En lördagsnatt kom Erland upp till Mammas sovrum och kastade ett par skridskor på henne, men utan att hon kom till skada. Dagen efter sprang han plötsligt naken upp till övervåningen. Pappa kom just ut från sitt arbetsrum. Erland jagade honom och Pappa sprang förfärad in i sitt sovrum och låste dörren. Han kunde inte bära hand på sin egen son, sa han senare. Chocken gav Pappa långvariga sömnproblem - tidigare hade han alltid somnat så fort han lade huvudet på kudden. Mamma var till det yttre mera fattad. Jag minns hur jag, bakom mitt medlidande med Pappa, kände en vag besvikelse över hans oförmåga att försvara sig. Jag fick för mig att jag delade denna outtalade känsla med Mamma. Pappa, den orubbligt nytert friske, som alltid visste vad som var rätt, hade abdikerat och satt bakom låst dörr på sitt rum. Mamma sa, där vi stod uppe i diskrummet att nu, Johan, orkar inte Pappa längre utan nu får du och jag klara av det. Mamma som så ofta var den migränsjuka, hon som inte tålde drag och var »dödstrött« av alla husets krav - inför denna absurda situation var hon stark! Jag kände vagt att jag fått en ny position i familjen, som jag inte var berättigad till och som jag skulle få betala för i framtiden.

Staffan och jag fick med lämpor föra Erland i bilen till Sundby Sjukhus. Han ville sitta bredvid mig i framsätet medan Staffan satt i baksätet. Flera gånger gjorde han blixtutfall och ryckte växelspaken ur läge. Men han gjorde inga andra försök att hindra återfärden.

Att Erland skulle tillbringa de stora helgerna hemma kändes självklart. Men det innebar samtidigt att minnen väcktes hos honom om livet före sjukdomen, känslor han ibland fick svårt att manövrera. Flera jular måste vi föra honom tillbaka till sjukhuset därför att han blivit akut försämrad efter hemkomsten. Det är troligt att det känslomässiga mötet med oss alla var mera än han kunde härbärgera. Inte minst Mamma ville skapa en nära kontakt då han besökte oss. Med Staffan gjorde Erland och jag en gång ett besök till vår barndomskyrka i Balingsta. Då jag stod framme vid koret kände jag plötsligt ett hårt slag i bakhuvudet och det svartnade ett ögonblick för ögonen. Det som träffat mig var en psalmbok som Erland kastat ifrån orgelläktaren längst bak i kyrkan. Efteråt kunde han inte förklara sin handling.

Erlands tillstånd förbättrades emellertid undan för undan. Efter långt sökande hade Mamma fått kontakt med en lantbrukarfamilj i Nora som gärna ville ta emot Erland som inackordering. Med några kortare undantag klarade han sig utan sjukhusvård efter detta. 1961 deltog han i sin första samlingsutställning tillsammans med några andra unga konstnärer på Lilla Paviljongen på Södermalm i Stockholm. Den drevs av den legendariska fröken Petra. 1963 hade han sin första separatutställning på Gummessons konstgalleri på Strandvägen. Hans måleri började uppmärksammas.

I en intervju med filmaren och konstnären Anders Widoff långt senare sa Erland på sitt karaktäristiska, lätt hisnande sätt att han »blivit spritt språngande… fått en psykisk förkylning«. Han visste mycket väl vad det handlade om, men ville inte tillfredsställa andra med någon bekännelse.

Kropp och själ

Efter kirurgin gick jag kursen i obstetrik och gynekologi på Sabbatsbergs Sjukhus. Samtidigt sökte jag upp Gerard Odencrantz, som jag träffat i min barndom. Jag bad honom lära mig hypnos, vilket han sa ja till. Men först skulle jag få egen erfarenhet av hypnos. Det skedde emellertid inte något med mig som kunde betecknas som hypnos, hur mycket jag än önskade det. Jag kunde inte slappna av tillräckligt. Kanske var jag rädd för att komma in i en okontrollerad underkastelsesituation. Men jag började läsa hypnoslitteratur och under kursen på Sabbatsbergs Sjukhus tillämpade jag olika avslappningstekniker på patienterna. Läkarstudenterna hade då en betydligt centralare roll i förlossningsvården än idag och fick på så sätt ganska stor praktik – själv hade jag tillsammans med barnmorskorna ansvaret för trettiofem förlossningar under kursen.

En del av kvinnorna fick sekundär värksvaghet. Det innebär att värkarbetet blir utdraget och till slut helt ineffektivt. Orsaken varierar, men en väsentlig faktor är ofta den blivande mammans psykiska och fysiska uttröttning och spänning. Tillståndet innebär en ökad risk för barnet och man bryter det vanligen med lugnande mediciner, värkstimulerande medel eller genom att lägga sugklocka. Jag bad överläkaren att få pröva avslappningsbehandling – till en början ville jag inte använda ordet hypnos. Patienterna var glada över att få hjälp att slappna av. Jag började med att ge suggestioner om avslappning följt av nerräkning mot sömn. Det gick bättre än jag vågat hoppas. Kvinnorna var uttröttade och påverkade av olika lugnande medel vars verkan de i sin vånda kämpat emot. De kunde nu slappna av och sova en stund. Så väckte jag dem långsamt och gav »suggestioner« om att ta emot sammandragningarna då de kom och att lita på kroppen. Det räckte i samtliga fall där jag kunde pröva metoden. Säkert hade jag tur med att ingenting komplicerades. Efteråt fick jag gåvor av de tacksamma nyblivna föräldrarna: whiskyflaskor och cigarettändare.

Framgången väckte ett intresse bland barnmorskorna och läkarna, och jag vågade nu använda ordet hypnos. Flera av läkarna skaffade sig egen hypnosutbildning och metoden började användas regelmässigt på kliniken. Det handlade väl inte så mycket om klassisk hypnos som att auktoritativt bryta ett långt och kontraproduktivt spänningstillstånd, och givetvis var de positiva suggestionerna viktiga. För mig var det första gången jag fick uppleva den stora potentialen för påverkan när en patient i förlitan på den medicinska auktoriteten ger upp sin integritetsbarriär. Jag förstod då knappast hur lätt den auktoriteten kan missbrukas.

En gång assisterade jag vid en sen abortoperation. Jag minns inte vilken indikationen var men den var säkert hög, eftersom abortlagen var hård då för tiden. Upplevelsen skakade mig och efteråt såg jag länge inom mig det dödade fostret i rondskålen. Efter en del grubbel skrev jag en artikel för *Medicinska föreningens tidskrift* under titeln »Så får man inte göra mot en människa«. Det var ett Dostojevskijcitat och artikeln pläderade allmänt mot den liberalisering av abortlagen som många önskade.

Jag hade aldrig tidigare skrivit en artikel och jag träffade ingen som yppade någon annan syn på saken än den jag själv hade. Mina åsikter var allmänt och oreflekterat konservativa, i likhet med de flesta av mina kurskamraters. Några år senare gjorde jag på konsultbasis abortutredningar på den dåvarande Mentalvårdsbyrån. Jag plågas fortfarande då jag tänker på hur jag som ung och socialt oerfaren skulle avgöra om kvinnornas livssituation var tillräckligt omöjlig för att motivera abort. En kvinna i tjugoårsåldern bad mig gråtande att förstå att hon inte ville ha sitt barn, men det hjälpte inte. Hon fick avslag, visserligen inte av mig utan av Socialstyrelsen, men på grundval av mitt intyg.

Under Paristiden, ett par år tidigare, hade jag läst en bok om psykoanalys av Clara Thompson. Jag hade också läst understreckare i *Svenska Dagbladet* som var skrivna av barnpsykiatern och psykoanalytikern Gösta Harding. Tanken att själv gå i psykoanalys var då fjärran från mig och mitt eget själsliv kändes inte särskilt intressant, som om jag var ständigt ofullgången. Då jag fick höra att en kvinnlig vän hade tagit sitt liv tänkte jag att nu ska jag känna fasa och sorg. Men känslorna kom mig inte riktigt nära. Jag hade ingen resonansbotten av verklighet. Sorg och ängslan var okända för mig annat än i teorin, även om jag naturligtvis kunde känna oro inför tentamensprov eller annat som inträffade. Utåt fungerade jag utmärkt och ingen människa anade den otydlighet som jag bar på. Jag levde »som om« jag var med i livet och trodde det skulle vara så.

Jag såg länge mycket yngre ut än min ålder. Också psykiskt var jag partiellt sent mognad. Jag hyste starka och motstridiga känslor för båda mina föräldrar. Mamma beundrade jag, men kände samtidigt ett stigande avstånd till allt hon stod för. Jag föraktade det gap jag upplevde mellan Pappas biskopliga ståt och hans kristna förkunnelse, men jag kände samtidigt en närhet till honom som jag inte ville låtsas om. Genom min förmåga att leva i otydlighet behövde jag aldrig ta ställning eller engagera mig på allvar. Det här var ett handikapp, som jag inte förstod vidden av förrän betydligt senare, eftersom det också drabbade min kapacitet för nära relationer.

Då Erland insjuknade året efter jag kommit hem från Paris, skedde ett ras inom mig. För första gången trängde sig en obönhörlig verklighet in i mitt tjugotvååriga liv. Efter något år började jag tänka på att söka psykoanalys – händelserna hade väckt mig på ett oklart sätt. Trots att jag hade finansierat mina studier genom ett kapital som min morfar satte av då jag föddes, fanns det tillräckligt kvar och jag kontaktade nu Gösta Harding. Han var erkänd och hans antytt positiva känsla för religionen innebar samtidigt en garant för att jag inte skulle genomgå någon allt för genomgripande förändring. Bara lite omstuvning och stagning så skulle allt fungera. Förmodligen var det ett liknande val Mamma tidigare stått inför, och avvisat – att göra en allvarlig omprövning av sitt liv. Jag hade en kamrat som börjat i analys för en mera radikal analytiker. Hans sexuella utlevande och allmänt skrytsamma beteende oroade mig mera än det lockade.

Harding sa först nej därför att han inte hade tid men jag uppfattade tvekan i rösten. Jag ringde igen och fick tid för en konsultation i hans hem i Bromma. Vi gjorde upp att träffas, till en början veckovis och sedan fyra gånger i veckan. För några år sedan fick jag klart för mig att Gösta Hardings patientjournaler finns bevarade på Stadsarkivet. Där låg också mitt kort med några korta anteckningar, åtkomligt för alla. Han hade noterat att jag sökte för identitetsproblem och att jag var rädd för att väcka homosexuella tankar hos andra män. Jag kan tänka mig att erfarenheterna från Paris spökade.

Jag trivdes i hans arbetsrum. Freud, Kierkegaard och Ibsen kunde jag från dyschan se i bokhyllan. Gösta satt i en länstol bakom mig. Han var kortvuxen med vänliga ögon och mustasch och kort svart hår. Öronen var påtagligt stora och han hade ett sätt att liksom ett marsvin kort fnysa några gånger i mustaschen då han blev berörd eller arg. Då jag hörde ljudet visste jag att något var på gång. Inte sällan hade jag då talat om något som rörde Psykoanalytiska föreningen. Där pågick lärostrider och det fanns en dogmatism som han avskydde. Med mig, som förmodligen skulle bli utbildningskandidat, hade han nu låst sig ett okänt antal år framåt.

Under femtio minuter låg jag på dyschan och talade om det som var på gång i mitt liv, om mina fantasier, minnen och tillkortakommanden. Det var under de första månaderna en underbar känsla av att äntligen få ha en välvilligt lyssnande fadersgestalt för mig själv, av att ingen fick lägga sig i detta. Gösta satt mestadels tyst under analysen, förutom de små lätena av och till. Jag hade emellertid kommit på ett sätt att öka min kontakt med honom. Då timmen var slut satte jag mig på dyschkanten och nämnde om något som jag visste intresserade också honom. Kanske handlade det om den amerikanske psykoanalytikern Erik Homburger Erikson, som vi båda uppskattade och som Gösta nyligen träffat. Då började omedelbart ett intressant samspråk som höll på i kanske tio minuter. På detta sätt förlöpte de första åren av min analys, och det jag längtade mest till var efterpratet.

Jag minns två »interventioner« som Gösta gjorde. Efter ett halvår sa han att jag hade oidipalproblem, det vill säga att jag bar starka och ambivalenta bindningar till mina föräldrar. Det gjorde mig glad och lite stolt. Jag kände att jag ändå var någon, att vi var något på spåret. Precis vad det gick ut på i just mitt fall eller vilka konsekvenserna var förstod jag inte. En betydelsefullare tolkning gav mig Gösta då jag berättat om en plågsam dröm: Jag befinner mig i ett fängelse och är tvungen att bevittna hur en bödel hugger huvudet av Erland. Blodet sprutar över mig och på mina kläder och jag känner en stor vånda. Gösta kommenterade att Erlands blod som kommer över mig uttrycker en skuld jag bär. Det stämde långt in i märgen och jag såg i vilken utsträckning jag hyste en irrationell känsla av delaktighet i att Erland blivit sjuk. Varför skulle han vara sjuk och jag frisk? Han var den lysande och jag den vanlige, men ändå var jag vinnaren.

Gösta berättade för mig att då han själv gick i analys hos »lektor Ekman«, en av grundarna av den svenska föreningen, förväntades alla utbildningskandidater gå tre hundra timmar. Efter det var man färdiganalyserad. Ekman hade i princip varit dödstyst under hela analysen och gav överhuvudtaget inte någon känslomässig kontakt. Gösta uttalade sig starkt kritiskt om honom, och den dåliga ramhållningen gentemot mig var säkert en reaktion mot hans upplevelse av Ekmans rigiditet. Han ville ge mig något annat.

Då jag bestämde mig för att sluta, kände nog både Gösta och jag att analysen gått i stå – det sista halvåret hade varit ökande olustigt. Jag hade dessutom lyckats dra igång en konflikt omkring betalningen. Man kunde få skatteavdrag för psykoanalyskostnader om man var psykiater. Flera psykiatrer hade inför skattemyndigheten lyckats hävda sin personliga psykoanalys som ett nödvändigt medel för inkomsters förvärvande. Jag begärde nu kvitto för att i deklarationen försöka dra av det arvode som jag betalat in sista året. Gösta hade från början med rätta uppfattat att jag inte ville ha kvitto.

Dittills hade jag i mina ögon varit en välanpassad idealanalysand. Om Gösta tagit konsekvensen av att jag hade en »oidipalproblematik«, hade frågan nog kunnat hanteras mera konstruktivt. Jag försökte begå ett fadersmord. Gösta hanterade frågan helt på realplanet och blev arg över de nya villkor som jag hävdade. Kanske hade jag annars kunnat bli mera medveten om min konkurrens och aggressivitet mot auktoriteter, något som mina tidigare erfarenheter med meskalinet också pekat på. Men samtidigt, om Gösta satt hårt mot hårt och krävt en djupare uppriktighet av mig, hade jag möjligen slutat analysen i känslan av att vara oförstådd. Jag använde analysen mera till att tanka stödjande faderskontakt än till att bättre begripa min egen del i de relationsproblem jag upplevde. Då mina djupare auktoritetskonflikter började aktualiseras agerade jag ut dem. Det här är de svåraste punkterna i varje psykoanalys och vår insikt som behandlare kan brista om vi har egna obearbetade problem som aktualiseras. Jag vet att Gösta hade en gammal fadersproblematik som han inte kunnat bearbeta i sin analys – som liten hade han blivit slagen och inlåst i garderoben som straff för förseelser.

Gösta dog något decennium senare i hjärtinfarkt under en resa i Norge. Hans son, poeten Gunnar Harding, publicerade en dikt om Göstas död på intensivvårdavdelningen. Jag upplevde då jag läste den en intensiv saknad. Gösta hade lyssnat på mig, även om det inte kunde kallas för psykoanalys.

Vad är det som händer när en tidigare »normal« person blir psykiskt sjuk? Och hur blir man frisk igen? Om detta stod det ingenting i de psykiatriska läroböckerna. Det psykiskt friska och det sjuka var som två världar utan samband. Under mina tjänstgöringar på somatiska avdelningar använde jag mycket av tiden till att samtala med patienterna. Många patienter hade själva märkt att deras kroppsliga besvär också hängde samman med hur de hade det i livet. Kriser i deras liv påverkade ofta den fysiska hälsan. Sambandet mellan kropp och själ upptog mig och jag märkte att jag alltmera intresserade mig för den psykologiska sidan. Jag hade på allvar börjat få smak för psykiatrin och en psykoanalytisk utbildning hoppades jag skulle öka min kompetens som psykiater. Därför ansökte jag om att komma med på de psykoanalytiska seminarierna.

Två korta intervjuer med äldre analytiker räckte för att jag skulle bli godkänd. Jag blev nöjd över att vara antagen, men kände mig samtidigt avsevärt kort i rocken. Kanske hade jag hoppats att de skulle ha sett vad som låg bakom min skenbara anpassning och låtit mig stå på tillväxt. Det fanns hos medlemmarna av den dåvarande yngre generationen ett starkt behov av att föreningen skulle växa och förnyas och man ville modernisera utbildningen. Men ännu utövade den gamle lektor Ekman sin styrning – inte minst via sina före detta analysander. Han var min förste lärare på seminarierna och mötet med honom var nervöst. Föreningslokalen låg i ett källarvalv i Gamla stan och jag hörde min röst eka då jag presenterade mig och hade svårt att uppfatta vad som sades. Ekman skulle under en termin gå igenom en Freudtext med oss; jag tror det var *Drei Abhandlungen zur Sexualtheorie*. Det gick så till att vi fick läsa ett par meningar var, och översätta från tyskan. Han var en gammal clartéist och hade bott i Berlin några år före kriget där han gått i analys. Sedan hade han varit med om att bilda Svenska psykoanalytiska föreningen. För mig kändes han som en förbenad skolfux som inte gav en millimeter av klinisk eller psykologisk mening åt texterna. Det enda viktiga var att vi skulle översätta korrekt. Vi kom knappt ett par sidor per gång.

Men utbildningen hade andra, mera spännande innehåll under de två år som den varade. Flera yngre föreningsmedlemmar höll på att göra en tyst revolt mot den traditionella undervisningen. Det moderna jagpsykoanalytiska tänkandet med texter av Anna Freud och de nya amerikanska psykoanalytikerna började göra sig gällande. Det kändes som en lisa att få del av kliniska erfarenheter och att lärarna strävade efter en större precision i definitionerna.

Den praktiska delen av den psykoanalytiska utbildningen innebar tre psykoanalyspatienter under handledning, vilket tillsammans med de teoretiska seminarierna krävde en mycket stor tidsinsats. Jag var underläkare på S:t Görans psykiatriska klinik då jag skulle börja ta emot min första psykoanalyspatient. Det var en kvinna, något yngre än jag själv och gift med en man som var kolostomiopererad för ulcerös colit. De hade ett barn. Hennes besvär var en fobisk rädsla för knivar och för att gå ut. Analysen tilldrog sig, med min överläkares tillstånd, utanför arbetstiden på mitt mottagningsrum på sjukhuset. Som utbildningsfall var hon lågbetalande. Jag blev under den första tiden stigande spänd inför hennes besök och den förargliga gamla handsvetten återkom då jag, som ritualet föreskrev, hälsade genom att ta i hand. Det blev inte lättare av att patienten fladdrade med ögonfransarna och talade om för mig hur mycket hon uppskattade riktiga karlar. Maken var inte någon riktig karl, till skillnad från hennes pappa och en vän på jobbet. Vad jag var förblev oklart. Min handledare fick ta del av hennes drömmar och vi diskuterade mina tolkningar av hennes omedvetna problem. Jag kunde inte märka några tydliga framsteg med att insikterna skulle göra hennes fobiska och andra ångestsymtom onödiga.

Vid det här laget hade jag börjat i en ny personlig analys. Det föreskrevs att man måste gå i analys då man hade egna utbildningsfall. Klockan sju på morgnarna, eller tidigare, låg jag åter själv på soffan. Min skamliga och oprofessionella handsvett före patientbesöken hade jag under lång tid inte mod att tala om. Men till slut bekände jag. Min analytiker ställde några frågor om patientens bakgrund och så sa hon att det verkade som om jag omedvetet ställt mig på patientens spelplan som en av de män som hon i sin fantasi lät konkurrera med varandra om sin gunst. Var det möjligen patientens strategi för att få en känsla av kontroll över mig? Det räckte med dessa minuter för att min oro för patientens möjliga förakt för mig skulle smälta bort. Jag visste att jag nu kunde ta det nödvändiga steget från att vara en medaktör i hennes neuros till att i stället bli hennes analytiker. Det här vände på analysens förlopp. Tyvärr måste patienten avbryta den i förtid av praktiska skäl, jag vet därför inte i vilken mån de tre årens analys hjälpte henne. Det var också klart uttalat att man inte skulle kontakta sin patient efter avslutningen.

För mig kom min respekt för handledningens potentialer och, inte mindre, för dess risker att öka. Varför hade inte timmarna hos min ordinarie handledare hjälpt mig att utveckla analysen när en kort stund hos min egen analytiker kunde bli så avgörande? Min ordinarie handledare var klassiskt utbildad. På den tiden menade man att frågor om motöverföring, det vill säga de mer eller mindre obekväma känslor som patienten väcker hos analytikern, skulle elimineras genom självanalys.

Att känna rädsla för, vrede mot eller attraktion för patienten tydde på otillräcklig analys av analytikerns infantila behov. Jag var generad över att berätta om mina tillkortakommanden i handledningen. I stället objektiverade jag patienten och tittade med lupp efter möjligheterna att sätta in »den korrekta tolkningen«. I den korta bihandledningen i min personliga analys lyftes interaktionsaspekten fram och handsvetten framstod som mitt oreflekterade svar på patientens överföring av sitt gamla och låsta relationsmönster mot män. Idag är behovet att granska motöverföringen självklart för varje psykoanalytiker och en viktig möjlighet till att förstå relationens sammansatta karaktär.

Sett med dagens kunskap tror jag att kognitiv terapi hade varit en betydligt effektivare metod än psykoanalys för att bryta just denna patients symtom. Men den metoden hade inte uppfunnits än, och »symtombehandling« såg man ner på som alltför ytlig.

Psykoanalytiska föreningen hade bestämt att kandidaterna skulle betala in en avgift för varje analystimme vi presterade. Patienterna betalade efter en starkt reducerad taxa och våra egna utgifter för psykoanalys, de teoretiska seminarierna och handledningarna var redan tidigare mycket kännbara. Det här var ett utnyttjande av kandidaternas beroendeställning - vi hade inte rösträtt i föreningen. Bo Larsson, Clarence Crafoord och jag själv skrev ett brev till styrelsen och bad om en förklaring. Då det inte hade någon effekt utan betraktades som ett oanalyserat behov av att göra fadersuppror, startade vi en kandidatförening som skulle ta tillvara våra intressen. Uppslutningen blev god. Även utomlands började upproret sprida sig – utbildningsinstitutens auktoritära strukturer var ett känt faktum. På Romkongressen 1971 bildades den europeiska kandidatföreningen där Clarence, som talade bra franska, fick en central post. Detta hade effekt; de yngre medlemmarna i vår egen förening stödde oss och höll med om att avgiften innebar att vi utnyttjades för att hålla nere föreningens årsavgift. Vid nästa årsmöte gjordes stadgarna om. Det kändes som en stor seger, men visst handlade det också om ett fadersuppror.

Det finns goda uppror som sker mot yttre förtryck av olika slag. Det finns också neurotiska uppror, där förtryckaren bor i vårt eget inre men som spelas ut i omvärlden. Ofta ser man inga tydliga gränser eller yttre skillnader. Vi kände att det patriarkala samhället hade tjänat ut, dess skadliga effekter blev alltmera uppenbara. Det stora studentupproret stod för dörren vid slutet av 1960-talet och många, som inte längre var purunga, kände sig kallade att gå in i den relativt ofarliga kampen. Själv var jag över trettio år gammal och kände mig som nyvaknad. Det handlade om att kasta en auktoritär livssyn över ända.

De som idag är unga kan ha svårt att föreställa sig det ibland förkrossande avståndet mellan barn- och vuxenvärlden liksom borgarklassens förmåner gentemot de mindre privilegierade. Upproret var säkerligen livsviktigt för samhällets utveckling mot sundare förhållanden. Men många av oss borgarbarn skilde dåligt mellan våra privata inre demoner och det reala samhälleliga förtryckssystemet. Inget är så stärkande för sammanhållningen inom en grupp, som upplevelsen av att ha en gemensam fiende. Relativt oskyldiga lärare, chefer eller vuxna i största allmänhet fick nu känna på den ungdomliga protestrevolt som svepte över samhället. En del äldre drogs med och upplevde sig unga på nytt. Andra stod oförberedda och kände oförståelse och avsmak. Gösta Harding sa i en radiointervju att många av de unga revolutionärerna skulle ha haft nytta av barnpsykologisk rådgivning. Detta lite onyanserade uttalande fångade bland andra Jan Myrdal upp. Han vred om det till att bli en sinnebild för psykiatrins förtryck och förbundenhet med borgerlig ideologi. Det smärtade Gösta som själv inte saknade ett upproriskt sinnelag.

Jag kommer senare att diskutera hur min syn på psykoanalysen har förändrats under åren som gått.

Mammas och Pappas sista år

Mina läkarstudier och Erlands sjukdom förde mig närmare Mamma. Jag betraktade Pappa med medlidande, men han blev samtidigt alltmera reducerad i mina ögon när han inte orkade stå upp mot Erlands attacker. Staffan och jag såg genast att Erland inte var farlig, han var bara rädd och förtvivlad. Mamma började ge mig förtroenden som jag inte var sen att lyssna till. Hon visste inte hur hon skulle stå ut med att vara gift med Pappa, som inte förstod henne. Tanken oroade henne att hon skulle flytta med Pappa och bo i en lägenhet i Uppsala efter hans pensionering. Hon funderade på att skilja sig. Istället för att be henne ta upp dessa tankar med doktor Björkhem, understödde jag beskäftigt skilsmässoplanerna vid mina besök hemma.

Att vara biskopinna pressade henne – då jag såg föräldrarna tillsammans märkte jag ständigt undertryckta och sipprande konflikter. Vad skulle kunna vara bra för Erland? Hur skulle Mamma orka med den kommande prästvigningen med prästkandidaterna boende i huset? Pappa tyckte att hon levde för slösaktigt med dyrbart hushåll och höga sömmerskeräkningar. Mamma anklagade honom för att han isolerade sig i arbetsrummet, inte stödde henne tillräckligt och inte engagerade sig i Erlands vård. Då Mamma blev alltför orättvis kunde Pappa sammanbitet resa sig från söndagsfrukosten, gå ut och slå igen dörren efter sig. Snart kom han tillbaka och bad om ursäkt. Behärskning var en dygd som han inte ville göra avkall på. Men man anade diskussionernas fortsättning bakom stängda dörrar. Hur Pappa kände det var jag inte klar över. Det enda bekymmer han luftade var att inte något av hans barn ville bli präst. Mamma, som gått in i folkpartiet, försökte utan framgång få honom att ta tydligare ställning för kvinnliga präster. Vid den stora kvinnoprästdebatten 1957 stödde han inte helhjärtat att prästämbetet skulle öppnas för kvinnor. Han tyckte inte att »tiden var mogen«.

Mamma sa hur glad hon var över att ha mig att tala med och jag kände mig utvald med min nya, om än skakiga medicinarkompetens. Då jag kom hem någon månad efter att Mamma första gången talat om skilsmässa, frågade jag henne om hon tänkte genomföra den. Mamma väjde undan och sa att det var så mycket omkring henne att hon just nu inte orkade tänka på det. Då det här upprepats några gånger kände jag irritation över att hon inte tog sina problem på allvar. Först senare förstod jag att hon också hade andra villiga lyssnare omkring sig, där hon kunde berätta om sina svårigheter med Pappa. Jag tänkte att hennes omdöme började svikta genom slitenheten och den ständiga sömnbristen. Men det fanns också andra orsaker.

Under 1960 började Mamma visa tecken på att mentalt bryta samman. Det kändes inte obegripligt med tanke på hennes pressade livssituation och farmakologiska missbruk. Hon började på sena kvällar ringa hem till mig i Saltsjöbaden, där jag nu bodde som gift. Det var en ångest som drev henne, sa hon, något katastrofalt var på gång. Jag var tjugosju år gammal, underläkare i psykiatri och hörde i telefonen hur hon skakade i kroppen. Jag reflekterade inte över annat än att hon med sin ångest gav uttryck för sin omöjliga livssituation. Hon ringde också till mina syskon. Pappa och vi kom överens om att söka läkarhjälp för Mamma. Också han hade märkt att hon ibland fick krampaktiga skakningar. Jag tyckte telefonsamtalen var plågsamma och de slutade ibland med jag blev irriterad då hon inte kunde eller, som jag uppfattade det, ville lägga på luren.

Vi kontaktade överläkaren Rudolf Schlaug som tidigare utan framgång försökt ta hand om Erland på den psykiatriska kliniken i Västerås. Genom en överenskommelse med den medicinska kliniken skulle Mamma vårdas där men skötas psykiatriskt av dr Schlaug. Skvallret om att biskopinnan var inlagd på psyket ville vi undvika – Västerås var ännu en småstad. Diagnosen var till en början »överansträngning«, men medicinöverläkaren trodde hon var förgiftad av de gynergeninjektioner som hon tog allt tätare mot sin migrän. Mamma själv hade ovanligt nog inte så mycket synpunkter och var mest upptagen av sin ängslan. Jag ringde Jan Waldenström, hennes vän sedan ungdomsåren. Han besökte henne på sjukhuset sedan jag berättat för honom att ingen visste vad hon led av. Waldenström hade teorier om sällsynta vitaminbristsyndrom och ville att man skulle göra nya undersökningar.

Medicinöverläkaren surnade till alltmera över att vi tillkallade en superexpert och inte kunde nöja oss med hans diagnostik. Ett EEG visade egendomliga förändringar i hjärnan som han tolkade som tecken på en diffus arterioskleros. Då hon till slut fick ett epileptiskt anfall gjorde man en luftskalleundersökning och upptäckte en stor tumör i hjärnans balk mitt mellan de båda halvorna. Dess belägenhet förklarade varför hon visat så lite specifika symtom och att tumören kunnat växa till sig så kraftigt. Den var inoperabel och skulle förmodligen ha varit det även om man upptäckt den tidigare. Många år senare använde jag, utan att nämna bakgrunden, detta exempel i min lärobok

Dynamisk psykiatri på hur lätt man kan förväxla psykiska och somatiska orsaker bakom symtom.

Mammas tillstånd försämrades allt snabbare, men hon verkade plågas mindre. Undan för undan blev hon oklar i sitt medvetande. Att sitta ensam hos henne på sjukhuset innebar en ny intimitet. En dag hade hon inte längre sina kraftiga glasögonbågar på sig och jag kunde smeka hennes kind. Då jag gick tvingade jag mig att kyssa henne. Det hade jag aldrig tidigare gjort. Den fysiska närheten kändes overklig. Hon hade en persikofjunig hy och jag kände en lätt doft av frukt som överraskade mig och jag tänkte att nu har jag kysst Mamma. Så gick jag därifrån. Hon dog några dagar senare. Då var jag i Stockholm, men Pappa och Staffan var hos henne. Att hon var död kändes opåtagligt och stumt inom mig. Mamma balsamerades och fick ligga i en öppen kista under flera dygn i kapellet i biskopsgården. Jag satt på kvällarna en stund bredvid kistan och försökte utan större framgång tänka på henne där hon låg. Det var inte enkelt att känna igen hennes ansikte utan glasögonen, men jag slogs av hur starka och vackra drag hon hade.

Begravningen skedde i Västerås domkyrka, som var fullsatt. Den förrättades av föreståndaren på stiftsgården i Rättvik Nils-Hugo Ahlstedt, som stått Mamma nära under många år. Vid mottagningen i biskopsgården efteråt var jag fortfarande liksom frånvarande och kände ingen sorg. Då en väninna till Mamma kramade om mig kom några explosionsartade snyftningar som gjorde mig generad; jag drog djupt efter andan och behärskade mig sedan.

Mamma dog i februari 1961. Ett knappt år senare ville jag ge henne en chans, om det var så att hon mot allt förnuft levde vidare efter döden. Ett medium som jag hört Mamma tala om hette fru Röklander. Jag ringde upp henne, men ville inte säga mitt namn för att inte påverka henne. Fru Röklander vägrade bestämt att ge mig en seans; hon undrade om jag var journalist. Då tog jag fram mitt trumfkort och sa att jag kände doktor Björkhem. Hon svängde utan vidare om och gav mig tid klockan tretton kommande lördag.

Vid den tiden vikarierade jag som underläkare på S:t Eriks Sjukhus medicinska klinik. Celsiusgatan, där fru Röklander bodde, ligger alldeles bredvid sjukhuset. Jag hade haft jour natten innan, var trött och hade lätt huvudvärk. Det var i mars och snöflingor singlade genom luften. Fru Röklander bjöd mig sitta ner i ett rum med fördragna gardiner. Där fanns ett altare med en gipsjesus och två stolar framför. Hon begärde trettio kronor för seansen, tände ljus och satte sig på den andra stolen. Så bad hon en kort bön om kontakt, sjönk plötsligt ihop, suckade och började tala med kraftigt förändrad basröst. Hon ser en äldre man med mustasch bakom min stol.

– Han har betytt mycket för dej och han tänker på dej. Allt ska nog gå bra, säger han.

Mamma hade tidigare berättat att man ofta hade någon skyddsperson bakom sig som medier kunde mana fram.

– Vet du vem det är?

Det visste jag inte – fortfarande förvånar det mig att jag inte tänkte på Gösta Harding, min psykoanalytiker, som konkret suttit bakom mig fyra eftermiddagar i veckan några år tidigare och som dessutom hade mustasch. Men han hörde liksom inte till Mammas värld – det var ju den som jag väntade på.

– Så ser jag bekymmer. Din far är inte över än [på andra sidan].

– Jag ser mycket människor omkring dej. De sträcker ut sina händer efter dej. Det är som om du är läkare, men inte riktigt.

Jag svarade att jag var läkare men nämnde ingenting om min psykiateridentitet.

– Du har pendlat fram och tillbaka. Du ska tro på det du ska göra. Det är viktigt...

– Nu hör jag tydligt namnet Karl eller Mauritz. Finns det några sådana?

Nej, jag kunde inte komma på någon.

– Det är en engelsktalande man. Du ska fara dit och genomföra något du tänker på.

Jag frågade om det kunde vara Herbert?

– Ja, ja det är det.

Herbert Hendin var suicidolog på Columbiauniversitetet. Jag hade träffat honom på Södersjukhuset något år tidigare. Ett år efter mötet med fru Röklander reste jag till New York på inbjudan av Herbert för att studera psykiatrisk intervjuteknik.

Så blev det tyst en liten stund. Jag tänkte på att Mamma inte dykt upp än. Fru Röklander sa i samma stund:

– Nu är det en kvinna här. Hon har gått över, hon ler så varmt. Hon heter Eva. Jag ser ett stort hus, en gård, trädgårdsgångar. Hon är cirka sextio år, du är helt liten. Det är också en man bredvid henne. Inte hennes man.

– Vad heter han? frågade jag.

– Svårt att höra. Sune?... Göte? hör jag. Och Lukas... Känner du någon Lukas? Eller Lyckas? Du ska lyckas?

(Då Mamma en gång varit på besök hos ett medium, berättade hon för mig att hon brukade få sin förra terapeut Göte Bergsten på S:t Lukasstiftelsen som skyddsperson bakom sig.)

– Kvinnan håller sig för hjärtat. Det var hjärtat som krånglade, som hon dog av. Stämmer det?

– Det vet jag inte, sa jag.

– Hon säger ett namn, Astrid eller Astor.

Jag föreslog Asta, som min dåvarande fru hette.

– Hon är så glad över Asta, och hon säger att hon önskar er stor lycka.

Jag frågade hur Eva hade det, om hon ville säga något.

– Hon har det bra. Hon säger att du ska syssla med det du vill syssla med.

Här erfor jag ett slags besvikelse blandad med lättnad. Det var inte Mamma som svarade så. Hon hade säkert passat på att ge mig en vänlig släng för att jag varit så misstrogen mot det spiritistiska.

Nu blev fru Röklander ivrig. Hon knackade på mitt knä.

– Fråga, fråga! Det är snart slut!

Jag hittade ingen fråga och var trött.

Då jag efteråt antecknade mötets innehåll tänkte jag att dessa torftiga meddelanden inte gav mig någon känsla av att Mammas eller någon annans ande hade uppträtt. Det var naturligtvis en lättnad och besparade mig mödan att behöva rucka på min världsbild. Samtidigt hade det framkommit för många exakta eller nästan exakta detaljer som jag knappast kunde förklara utan antagandet om något slags tankeöverföring. Än idag kan jag inte förstå det jag var med om på annat sätt.

Man kunde tycka att den här erfarenheten skulle ha väckt ett starkt intresse hos mig att ägna mig mera åt det parapsykologiska. Men den »vanliga« psykologiska världen har varit mer än tillräckligt rik, okänd och intressant. Om närvaron av det parapsykiska åter skulle tränga in i mitt »normala« upplevande kanske jag ändrar min inställning. Möjligheten eller risken att det ska inträffa börjar bli ganska liten. Men visst känns det rimligt att man nu inrättar en donationsprofessur i parapsykologi i Lund. Ingen kan säga att vi vet tillräckligt om verkligheten.

Det är med tvekan som jag berättar om hur jag fick kontakt med sorgen efter Mamma. Men eftersom denna bok handlar om min personliga utveckling som psykiater och om vad psykoterapi är och inte är, ser jag det som nödvändigt. Jag gör därför ett tillfälligt språng tjugo år framåt i tiden. Då hade jag försatt mig i en svår äktenskaplig kris och fruktade att bli övergiven. Det gick plötsligt upp för mig att Mamma var död på riktigt, att hon inte längre fanns. Tomrummet kändes svåruthärdligt. Det var första gången i mitt liv som jag vecka efter vecka erfor så stark ångest att jag hade svårt att äta och gick ner i vikt. Många år tidigare hade jag gått hos psykologen Annastina Rilton i klassisk analys. Men den analysen hade inte varit mycket mera genomgripande än åren hos Gösta Harding, något som både hon och jag hade varit medvetna om.

Jag sökte nu upp henne igen och fick till en början strötider. Snart fick jag gå två gånger i veckan, då jag låg på dyschan. Denna terapi, som varade något år, skulle bli betydligt mera genomgripande än mina tidigare erfarenheter av psykoanalys fyra gånger i veckan. Jag översvämmades av en sorg, som jag inte kunde sätta ord på. Tårarna rann timme efter timme på analyssoffan. Det var inte bara en smärta utan också en stark lättnad att äntligen få gråta, gråta utan hejd och krav på att ta mig samman. Då timmarna var över drog jag några djupa andetag, satte mig upp och gick tillbaka till mitt klinikchefskap utan att någon kunde ana min belägenhet. Min analytikers tysta lyssnande var en lisa; en gång sa hon bara att jag hade många ogråtna tårar. Det legitimerade för mig att våga släppa efter. Jag kände det som en ren och skär nåd att få ligga där i djupaste förtroende.

Jag hade hållit på att lägga krokben för mitt liv och visste inte varför. Föreställningen om mitt obrutna förbund med Mamma hade blivit riskabel för min känslomässiga utveckling. Den idén, som jag aldrig skulle ha accepterat om någon pådyvlat mig den, vilade på att jag förnekade Pappas kärlek till mig liksom jag inte ville se min närhet till honom. Vagt hade jag sett mig som den känslige och gode sonen, som förstod mig bättre på Mammas (och andra kvinnors) själsliga behov än vad Pappa (och andra män) gjorde. Att vara en god man innebar att vara inkännande och mjuk och framför allt att inte vara auktoritär. Också inför mig själv förnekade jag mina hävdelsebehov och beviljade mig därmed ett slags ansvarsfrihet. Jag höll på att operera bort min inre legitimitet som man. Något som inte underlättade avslöjandet av denna föreställning om mig själv, var att en liknande bild av Den gode mannen hade börjat göra insteg i media. Den viktiga antipatriarkala revolten höll på att hamna i en abdikation av manligheten. Det skapar förvirring att inte göra någon klar åtskillnad mellan ifrågasättandet av den auktoritära manligheten och den som handlar om en trygghet i det kön som man tillhör.

Det blev en smärtsam process att släppa tron på min fantiserade makt över Mamma. En långvarig känsla av ensamhet och sorg bröt sig in. Annastina var en lyssnande och mottagande person. Jag kunde inte »förföra« henne till att bli en ny mamma; det var inte det jag behövde. Men hon visade mig hur jag förnekat min närhet till Pappa. Nu hjälpte hon mig att ta tillbaka Pappa i min inre värld, och genom det få en tryggare bas för min självkänsla och mognad. Jag hade tidigare inte varit förmögen att ta till mig analysens möjligheter fullt ut. Det banade krisen vägen för.

Pappa hade vid det här laget bara några år kvar att leva, men de åren kunde vi mötas förtroligt och i närhet.

Han pensionerades ett halvår efter Mammas död 1961 och

flyttade till en lägenhet i Uppsala. Tidigare hade han med ett visst skämtsamt allvar berättat för mig att han bara haft en troskris; det var i tioårsåldern. Jag minns inte vad den gick ut på, men efteråt återfick han tron på Gud. Jag tänker mig att det var en Gud som var ungefär som han, intelligent, humoristisk, hygglig och rättvis och som inte gillade svordomar, sexuellt slarv och allmän velighet. I samband med Mammas död, Erlands sjukdom och JO-anmälningen kände sig Pappa skakad i sin trygga barnatro, det förstod jag av att han återkom till talet om »den fördolde Guden« - senare skrev han en liten bok med den titeln.

De första åren i lägenheten i Uppsala blev produktiva. Pappa samlade en grupp teologiska akademiker i regelbundna seminarieliknande samtal om aktuella teologiska problem. Där avnjöt han en respekterad men ändå kamratlig position. Han skrev en förkortad och populariserad version av sin avhandling från 1931, *Tro och verklighet,* som handlade om gudsrelationen som ett duförhållande. Analogt med andra duförhållanden är den relationen svårgripbar med ett objektifierande språkbruk. Han menade att i det lika förtroendefulla förhållandet till Gud som till våra närmaste får vi kunskapen om den andliga verkligheten bestyrkt i en upplevelse av evidens, som går utöver de rationella vetenskapliga bevisen.

Det var inte förrän under Pappas sista år som jag insåg att våra intresseinriktningar legat närmare varandra än jag tidigare velat se. Det som blev särskilt viktigt för mig var att Pappa introducerat Martin Bubers tänkande i Sverige flera decennier innan denne började bli mera allmänt känd här. Pappa såg stora likheter mellan Erik Gustaf Geijers personlighetstänkande från 1800-talets första hälft och Bubers Jag–Du-filosofi som formulerades under 1920-talet. Jag försökte läsa Pappas svårtillgängliga religionsfilosofiska avhandling från 1931. John Landqvists Geijerbiografi från 1954 förtydligade Geijergestalten för mig. Citatet »Intet Du – intet Jag« uttrycker hur jagupplevelsen oupplösligt hänger samman med att vi lever i relation till andra. Samma idé har kommit till uttryck i den riktning inom psykoanalysen som började dominera på 1970-talet, nämligen objektrelationsteorin. Där lärde vi oss hur jagupplevelsen grundas i de tidiga relationerna till andra; i minnet bygger man in föreställningarna av de nära människorna som – på gott och på ont – kommer att utgöra basen och referenssystemet i ens inre värld. En skillnad var att dufilosofin handlade om just filosofi och inte om psykologi. Pappa var bestämd på den punkten, han visste ganska lite om psykologi och höll på gränserna. Under det senaste decenniet har Pappas religionsfilosofi tagits upp och analyserats i flera utländska avhandlingar. Jag hade unnat honom att få uppleva att hans idéer fortfarande hade kraft.

Jag använde Geijercitatet i min lärobok *Dynamisk psykiatri* från 1984. Det kändes som en försenad hälsning till Pappa, som varit död ett år då boken kom ut. Han hade aldrig försökt berätta om sin filosofi för mig och jag hade aldrig tänkt på att fråga honom förrän hans åldrande gått för långt. Den möjligheten att hans tankevärld var något som angick mig hade tidigare varit totalt främmande.

Pappa drabbades under sina senare år av Parkinsons sjukdom. I början kunde muskelstelheten hjälpligt motverkas med medicinering. Som barn hade han med sin bror Harry byggt en tennisbana vid prästgården. Han spelade efter det tennis regelbundet fram tills han var närmare åttio år. Nu avtog hans förmåga; undan för undan blev musklerna motsträvigare och han fick svårt att gå. Pappa sökte själavårdande samtal hos en kvinnlig präst. Så småningom blev han tvungen att flytta till ålderdomshem och fick ett rum på stiftelsen Andreas Ands Minne i Uppsala.

Den kristliga ödmjukheten infann sig inte riktigt pålitligt för Pappa, även om han blivit svårt tuktad under sina senare år. En gång då jag tog ut honom i hans rullstol sa han att han kände sig »nästan som en krympling«. Att han själv faktisk blivit en krympling tror jag aldrig han insåg; hans starka självbild dominerade fortfarande. Krympling stod för svaghet och underlägsenhet, sådant som bara evangeliernas Jesus kunde göra något åt. En gång sa han till mig att det svåra med att bli gammal inte är att man känner sig mindre älskad. Det är att man själv har svårare att älska. Kanske talade han om den känslomässiga inre stelhet som en del äldre ger uttryck för, och som accentuerades av hans Parkinson? Det han sa kom att ligga kvar inom mig – kunde den ökade självmordsrisken hos gamla ha med en känsla av en krypande kärlekslöshet att göra?

Då Pappa till slut inte kunde komma ur sängen utan hjälp måste han bo på sjukhem. Jag lyckades få honom förflyttad till Sköndals Sjukhus i Farsta för att vi syskon lättare skulle kunna besöka honom. Här levde han något år innan han dog 1983. Vanligen kunde personalen dra ut honom på en balkong för att han skulle få njuta sin middagscigarett. Men en dag hann man tydligen inte med det. Pappa berättade senare för mig hur han tjuvrökt på sitt rum. Men strax hade ett ungt biträde kommit in, vädrat i luften och strängt sagt: »John, du har rökt!« Pappa bejakade det skamset. Efter några snubbor fick han lova henne att det var sista gången. Hade han inte fått lära sig ödmjukhet förr så fick han det nu.

Pappa hade ett stort intresse för idrott och följde alla landskamper på TV. Att idrotten skulle konkurrera ut söndagsgudstjänsten i TV hade tidigare varit otänkbart. Men en dag kom jag på besök till honom klockan tolv en söndag. Då pågick Wimbledonmästerskapet i tennis för fullt. Inför konkurrensen med Björn Borg hade Vår Herre fått finna sig i att senareläggas till aftongudstjänsten.

III

Psykiatri

Mellanstick om memoarskrivande

Kommen så här långt i mina memoarer får jag problem. Jag har velat berätta om de tidiga åren så öppet jag förmått. Tidsavståndet gör att konventionella hänsyn – både mot andra och mot mig själv – inte är lika giltiga som då jag ska skriva om nuet.

Fortsättningen på boken handlar om mitt vuxna liv som psykiater. Jag kommer inte att kunna berätta om mina äktenskap, mina barn och barnbarn eller mina syskon, förutom om Erland. Det beror inte på att det skulle sakna betydelse, bara att det inte är möjligt om man vill skriva med någon grad av uppriktighet. Våra vuxna liv är så oerhört komplexa att bristen på distans medför att de inte kan skildras utan att vara mera redovisande och tydligare fokuserade. Alternativet är att litterärt fiktionalisera erfarenheterna, men det ligger inte för mig.

Varför blir man psykiater? Varför blev jag psykiater? Det är en fråga som jag bara kan besvara på ett relativt ytligt plan. Mitt förhållande till psykiatrin har alltid haft ett inslag av passion. Den psykiatri som jag strävat efter är en syntes mellan mina tidiga naturvetenskapliga och humanistiska intressen. Samtidigt tror jag att min starka nyfikenhet – och den speciella kultur jag växte upp i – har betytt mycket. Därför har jag hittills berättat om sådant som inte omedelbart har med mitt senare yrkesval att göra. En del kan i backspegeln te sig slumpartat, men jag känner mig ändå ganska viss på att min utveckling både som människa och yrkesman haft en tidig inre styrning som inneburit att »slumphändelserna« kommit att infoga sig i ett slags mönster. Några skulle kanske säga att den känslan mera är ett uttryck för återblickandets självbedrägeri. Att det är »minnena som ser mig«. Ändå är minnena »mina«.

Jag har en annan avsikt med den följande berättelsen: att försöka spegla ett halvt sekels psykiatri genom mina erfarenheter som både maktlös anhörig och potent aktör. Min egen professionella historia blir en fallstudie som speglar ett större skeende. Utveckling närs genom den kompost som utgörs av tidigare generationers förbrukade och bortglömda idéer; det har blivit alltmera uppenbart för mig. Man kan ha olika åsikter om vad som är »rätt« eller »fel« i den psykiatriska praktiken. Hur vi handlar som psykiatrer har både att göra med vetenskapligt »belagda« föreställningar och med den livskunskap vi erövrat. Båda måste få komma till tals i mötet med patienten. Det som ibland benämns som läkekonst.

Men jag kan beklaga att jag inte får vara med om hur psykiatrin kommer att förvalta de utmaningar som de accelererande kunskaperna om hjärnan och medvetandet redan börjat innebära.

Underläkarår

Åter till 1950-talets slut. Erland vårdades fortfarande på Beckomberga då jag gick psykiatrikursen på Södersjukhuset. Det hade en modern psykiatrisk klinik och jag förflyttade mig mellan två olika världar. Den psykiatriska kliniken på SÖS var öppen för psykodynamiskt tänkande. Många av läkarna gick själva i psykoanalys. Vi träffade knappast några akut schizofrena patienter, eftersom de överfördes till Långbro sinnessjukhus så snart psykosdiagnosen ställts. I ett försök att höja statusen på psykiatrin hade sinnessjukhusen på 1940-talet börjat kompletteras med de sjukhusanslutna psykiatriska klinikerna. Lägre socialgrupper kom att överväga på sinnessjukhusen som fortsatte att vara den ofta livslånga förvaringsplatsen för »den tunga psykiatrin«, det vill säga i huvudsak patienter med schizofrena psykoser. Eftersom den akademiskt bundna forskningen i huvudsak låg vid de sjukhusanslutna klinikerna på Karolinska Sjukhuset och Södersjukhuset, förekom praktiskt taget ingen forskning på denna stora grupp sjukdomar; läkarnas kunskap om dem var klen. Den statusskillnaden upphörde drastiskt i och med sektoriseringen av psykiatrin under början av 1980-talet. Under Karolinska Institutets protester tvingade politikerna alla psykiatriska kliniker att dela upp befolkningen i så kallade sektorer om ca 100 000 invånare eller mindre. Klinikerna skulle ta ansvar för att allt behov av psykiatrisk service inom sektorn täcktes. Mentalsjukhusen, som den nya beteckningen löd, las ner under decenniet efter. Psykosforskningen sköt därmed snabbt fart. Jag kommer senare att gå närmare in på denna process.

Efter det att jag 1959 hade avslutat psykiatrikursen på Södersjukhuset fick jag vikariera som underläkare och blev kursamanuens. Vi hade regelbundna teoretiska seminarier; genom klinikchefen professor Snorre Wohlfahrt hölls fanan högt också vad gällde den klassiska psykiatriska kunskapen. Den som handlar om symtombilder, medicinska frågor och hjärnskadekomplikationer och inte intresserade sig så mycket för att förstå »vad som låg bakom« patientens symtom. Det var en positiv stämning och teoretisk bredd i likhet med den jag senare också mötte på S:t Görans Sjukhus och på Karolinska Sjukhuset. Snorre var en kunnig och god fadersgestalt på klinken, men genom sin blyghet hade han svårigheter som pedagog. Han hade ett slags tics – då han satt på en stol och talade gjorde han gång på gång intryck av att vilja resa sig, men satte sig igen. Det distraherade åhörarna.

Att Snorre var fostrad i den gamla psykiatrins människosyn framstod inte minst vid föreläsningarna. En gång hade jag lagt in en nittonårig pojke från jouren trots att det gick emot reglerna, eftersom han företedde alla tecken på ett första insjuknande i schizofreni. Snorre skulle föreläsa om psykoser och därför var det lämpligt att demonstrera, som termen lydde, pojken för medicinarna. Han låg i sin säng och jag rullade in honom på föreläsningssalen. Det var inte tal om att be patienten om tillstånd. Mera handlade det om att se till att han inte flydde fältet. Snorre gick fram till pojken, lyfte utan förvarning upp filten och bad honom att ställa sig på golvet. Han drog av honom nattskjortan så att han stod i sjukhuskalsongerna. Vände så på honom för att den skarpa profilen mellan näsan och hakan skulle framträda tydligt. Det stämde med Kretschmers leptosoma kroppstyp, som han just föreläst om som typisk för det schizoida temperamentet. Därefter vände han pojken mot auditoriet och ritade med sitt finger utmed den nedre revbenskanten. Även där såg man en skarp vinkel under »det insjunkna bröstet«. Jag upplevde en stigande förfäran inför demonstrationens förlopp och kände mig ansvarig i min medverkan. Ynglingen höll sina ögon slutna där han stod och verkade mentalt ha avlägsnat sig från situationen. Jag tänkte på Erland och såg än mera patientens maktlöshet och förnedring, där han förevisades som ett defekt exemplar av människa. Då Snorre inte lyckades få pojken att svara på några frågor avslutades demonstrationen och jag fick köra honom tillbaka ut i korridoren där personal från avdelningen väntade. Efter föreläsningen nämnde jag för Snorre om min oro för att patienten kunde ha tagit illa vid sig inför det nästan jämnåriga auditoriet. Det trodde inte Snorre; pojken var ju för sjuk för att uppfatta vad som hände. Dagen efter överfördes han till Långbro.

Att tala med patienter och lyssna till deras livshistorier är en unik möjlighet till kunskap om mänskliga villkor – den känslan har dominerat under mina år inom psykiatrin. Då jag 1961 fått ut min legitimation återvände jag till Södersjukhusets psykiatriska klinik, där jag tjänstgjorde på en av de akuta slutenvårdsavdelningarna. Där låg patienterna långa tider, ofta flera månader, och jag lärde känna dem väl. Tanken på att ägna mig åt psykiatri i stället för invärtesmedicin hade också vuxit sig stark. Vårdavdelningarna utgjorde klinikens centrum. Patienterna kom dit akut genom jouren eller på remiss från polikliniken, ofta efter en månads eller längre väntetid. De flesta patienterna hade någon form av depression eller ångeststörning, någon enstaka hade kommit in med en övergående akut förvirringspsykos.

Som alla doktorer som är intresserade och vill ge tid för samtal blev jag snart efterfrågad. De inneliggande var till stor del kvinnor med lågt självförtroende och stark hunger efter att bli bekräftade och min tidbok fylldes snabbt. Så småningom började lunchrasten krympa eller ersättas av en smörgås i avdelningsköket. Eftersom det inte var fysiskt möjligt att ge flera tider kände jag mig pressad. Nu började patienter ringa hem till mig på helgerna. En patient hotade att ta livet av sig om jag inte gav henne tätare samtal, och snart var det flera som jag måste förse med livsmod för att de inte skulle begå självmord. Min betydelse som person var tydlig. Men jag upplevde mig jagad och började sova dåligt.

Samtidigt kände jag mig som en upptäcktsresande inför allt okänt jag mötte. Nya patienter som jag fick ansvaret för innebar många samtal under en lång tid – ingen annan än läkaren fick ju tala med patienterna om deras problem och vi hade inga krav på snabb utskrivning. Det som jag läst om i böckerna mötte jag nu i verkligheten. De psykiska försvarsmekanismerna som projektion, isolering, vändning till motsatsen, bortträngning, upptäcker man lättast när de, som i djupa psykiska krislägen, fungerar bristfälligt. Dem kunde jag nu studera. Men jag började också se krafterna i det icke uttalade samspelet mellan patienten och läkaren.

En ung man hade kommit in från kirurgakuten. Han hade försökt ta livet av sig i föräldrarnas lägenhet genom att skära sig djupt och tätt över båda armarna. Blödningen hade varit stor, han hade fått blodtransfusioner och var sydd med många stygn.

Det framkom snart att hans stora problem var näsan, som var ovanligt framträdande. Kamraterna hade mobbat honom i militärtjänsten genom att ropa Kronblom, eller till och med Snorhornet, efter honom. Att gå ut och dansa var det inte tal om, eftersom han var säker på att få nej om han bjöd upp. Han hade inte vågat söka operation av rädsla för att bli avvisad.

Erik, som hans dopnamn var, var mild och kontaktinställd. Han krävde mycket lite och blev snart något av en hustomte på avdelningen, bytte vatten i medpatienternas vaser och kokade kaffe på kvällarna. Vi fick god kontakt; han berättade om en oförstående mamma och en brutal styvfar. Vår relation undergick emellertid en kris när han frågade om jag ville ge honom en remiss till plastikkirurgen för operation. Jag sa att beslutet att opereras kunde han inte överlåta på mig, det måste han ta själv efter att ha träffat plastikkirurgen. Kvällen efter detta samtal hade nattpersonalen upptäckt honom då han var i färd med att hänga sig i en snara från sänggaveln. Jag kände mig skakad och förstod att det berodde på att jag gjort honom besviken.

Natten efter drömde jag att jag var ute på isen. En man hade fallit i en vak, men jag höll en båtshake i handen för att kunna dra upp honom. Så dök han upp ur vattnet, men till min förskräckelse lyckades jag inte dra upp honom utan puttade honom istället tillbaka under iskanten så att han försvann. Drömmen plågade mig – jag förstod dunkelt att den hade med min patient Erik att göra.

Nu hade jag tur. Kliniken hade en amerikansk psykiater som hette Herbert Hendin på ett längre studiebesök. Han arbetade på den berömda psykoanalytiska kliniken vid Columbiauniversitetet och ville träffa svenska självmordspatienter för att intervjua dem om deras motiv att begå självmord. I USA var Sverige känt för två företeelser: ovanligt lättillgängliga flickor och ett högt självmordstal. President Eisenhower hade i ett beryktat tal fört samman dessa påståenden (som båda var falska) till något som i sociologkretsar kallades Eisenhowerdoktrinen. Den innebar att i ett moraliskt depraverat land som Sverige, orkade många inte leva utan tog livet av sig. Herbert hyste föga tilltro till Eisenhowers visdom, men uttalandet lockade honom till forskning.

Jag blev utsedd att vara hans kontaktperson på kliniken och skulle försöka få fram hugade patienter. Erik, som kunde engelska hyggligt, var naturligtvis en sådan kandidat. Då jag berättade för Herb om honom, nämnde jag också Eriks självmordsförsök liksom om min dröm natten efter. Jag suckade över att jag kände mig tyngd av patienter som ville ta sina liv och att jag kände hur mycket som hängde på mig. Kanske hade jag valt fel yrke? Herb svarade att som han såg det berättade min dröm att jag under ytan var så besviken på Erik, som gjort ett nytt självmordsförsök, att jag som i drömmen ville ta död på honom. Bestod inte varje samtal mellan mig och Erik i att vi klappade om varandra och förstärkte varandras behov av att framstå som goda och pålitliga personer? När jag så svek vår tysta överenskommelse, väcktes hans besvikelse och behov att straffa mig med sitt självmordsförsök – liksom min hemliga önskan att säga att ska du ha det så, kan du lika gärna ligga kvar i den vak där du ligger.

Använde jag mina patienter för att tillfredsställa mina behov att känna mig god och bekräftad? Var drömmen en varningssignal att jag hade en tendens att ta över patienternas ansvar för sina liv och låta dem tränga igenom min personliga integritet? Att vara den gode läkaren var en stark ambition hos mig, men jag kände nu intensivt att det var en dragning som inte var riskfri.

Det var en besk medicin som Herb levererade och jag kunde inte med gott samvete svara nej på de frågor som väcktes inom mig. Att se mitt eget beteende framställt så naket innebar samtidigt en befrielse; jag lärde mig något om mig själv. Under flera månader fungerade Herb som en inofficiell mentor i mitt arbete.

Men Erik fattade mod, sökte plastikkirurg, opererades och näsan blev bildskön. Inte desto mindre upplevde han en kris då han upptäckte att hans sociala svårigheter inte hade minskat. Han började nu förakta hela sin person, då han inte längre som förr kunde hänga upp sin olycka på sin stora näsa. Men han övervann självföraktet och motverkade med mycket terapeutiskt arbete rädslan att bjuda upp flickor på dansrestauranger. Jag skrev så småningom med Snorres stöd en artikel för *Läkartidningen* om psykiatriska problem med patienter som upplevde att de hade fel på sina näsor. En hade blivit psykotisk, en annan hade tagit livet av sig efter den plastikkirurgiska näsoperationen. I ett av de fallen var näsan från början fullt normal. Kirurgen hade velat göra patienten till viljes och inte förstått att det han försökte operera inte var näsan utan patientens inre negativa bild av sig själv. Plastikkirurgiska föreningen blev intresserad och jag fick så småningom hålla föredrag om vilka psykiatriska problem som kunde ligga bakom en sådan operationsönskan.

Nu började jag sköta min tidbok bättre. Jag kan inte säga att jag blev fullständigt framgångsrik i detta. Inte så mycket därför att jag ständigt måste ställa upp på patienternas krav. Men intresset att följa upp hur det gick för patienterna, liksom behovet att förstå mera om människors inre har knappast minskat med åren. Att sitta med då Herb intervjuade sina patienter blev en ny erfarenhet. Språket var i huvudsak engelska, men Herb hade också hjälpligt lärt sig svenska genom privatundervisning, svenska flickvänner och läsning av svensk skönlitteratur – bland annat var han djupt imponerad av Stig Dagermans *Bränt barn*.

Om en patient som lagts in på psykiatriska kliniken efter

uppvaknandet på intensivvårdsavdelningen hade gått med på att tala med honom, skulle de träffas så snart som möjligt. Han ville få grepp om patienternas tankar och fantasier just under de minuter eller ögonblick som föregick deras misslyckade självmord. Metoden att intervjua patienterna imponerade på mig. Han frågade om och frågade runt och nöjde sig inte med ett »jag vet inte«, »jag minns inte« eller med ett besked att något kändes »normalt«. Genom att förutsätta och lyfta fram motstridigheten i tänkandet fick han patienten att tillåta sig att vidgå sin känslomässiga kluvenhet gentemot viktiga människor i sin omgivning. Han frågade också om drömmar vid insomnandet och uppvaknandet efter självmordsförsöket. I flera fall där patienten »inte mindes« frågade han om han fick använda hypnos, för att se om de kunde komma närmare ett minne. Detta lyckades på ett påfallande sätt med en man i övre medelåldern. Efter en hypnosinduktion kunde han erinra sig tankarna omkring insomnandet. Det rörde sig om ganska fridfulla fantasier om att återförenas med en kär död anhörig och att sjunka och försvinna in i jorden och uppgå i naturen. Jag tror knappast att en etisk kommitté idag skulle ha godkänt undersökningsmetoden, men i det enskilda fallet fungerade den suveränt.

Herb avsåg att på socialantropologiskt vis jämföra svenska föreställningar med norska eller östamerikanska. Min invändning att det var ett så litet och icke-representativt urval patienter som han mötte, intresserade honom inte. Han publicerade flera vetenskapliga artiklar och böcker på grundval av sina studier och är idag ett respekterat namn i suicidologiska kretsar. Genom hans rekommendationer kunde jag några år senare göra en studieresa till Columbiauniversitetets psykoanalytiska klinik för att följa undervisningen under ett par månader.

I New York utbildade man de unga psykiatrerna systematiskt

både i psykoanalytisk intervjuteknik och i familjesamtal med alla som levde under samma tak närvarande. Man använde direkt observation bakom en spegelvägg liksom bandinspelade och filmade samtal. Jag såg bland annat ett samtal där den berömde Nathan Ackerman intervjuade två föräldrar, en extremt dominerande svärmor och familjens tre barn. Tack vare behandlarens direkthet och värme kom föräldrarna loss och kunde slutligen enas om att försöka finna en annan bostad för svärmodern. Efter varje samtal samlades studenterna för att diskutera vad man varit med om och hur intervjuaren hjälpt patienten/familjen vidare i samtalet – eller bromsat processen. Det som kom upp vid dessa intervjuer hade man ingen objektiv metod att värdera riktigheten av. Det var intervjuarens erfarenhet och samtalets grad av klinisk evidens, om det hade äkthetens prägel, som stimulerade till de kritiska frågorna. Ibland märkte vi hur intervjuaren lade över det han ville höra på patienten. Den typens invändningar var naturligtvis vanliga bland oss studenter. Jag fick låna över filmer till Sverige och visade dem på flera ställen, bland annat för gruppen omkring Gustav Jonsson på barnbyn Skå. Det här var, tror jag, första gången man började tala om familjeterapi i Sverige.

Jag har inte upplevt någon verksammare pedagogisk metod inom psykiatrin än att visa studenter videoinspelade samtal med patienter. Då och då avbryter man uppspelningen för att diskutera det som patienten liksom intervjuaren kan tänka på och fantisera om under samtalet, liksom hur kontakten fungerar mellan samtalsparterna. Det innebär också en empatiträning, där åskådarnas distanserande eller inkännande reaktioner kan belysas. Jag införde den metoden då jag senare började arbeta som klinisk lärare på Karolinska Sjukhuset. Ett sekretessförbud som blev aktuellt några år senare komplicerade användandet av banden, då det krävdes nytt tillstånd från patienten varje gång de skulle visas för läkarstuderande. Idag känns också metoden med att demonstrera människors nakna nöd etiskt främmande. Förmodligen skulle en serie samtal med väl informerade skådespelare som spelade patienter också kunna göra nytta. Svårast är kanske att exponera sig som intervjuare och utsättas för andras närgångna granskning. Det krävs därför ett stort engagemang från läraren om metoden ska användas i undervisningen.

På Södersjukhuset fanns det en särskild avdelning för patienter som försökt ta livet av sig. Den förestods av Ruth Ettlinger, en läkare som glödde i sitt engagemang för självmordspatienterna och särskilt för alla socialt missgynnade. Ruth oroade många kolleger med sitt ibland burdusa sätt men kanske mest därför att hon var ansluten kommunist. Många såg inte hennes värme och engagemang bakom den strävhet hon visade på konferenserna. Jag bad henne att få gå som underläkare på självmordsavdelningen och tjänstgjorde där närmare ett år. I början tyckte jag att Ruth och hennes kurator var ganska cyniska, då de talade om patienter. Ännu hade jag inte lärt mig att ett visst mått av jargong är ett närmast oundgängligt inslag på verkstadsgolvet och att det inte behöver utesluta empati.

Att bli psykiatrisk specialist innebar inga större problem. Det gällde att avverka tre år inom allmän psykiatri, klara en kurs i rättsmedicin, gå ett år på invärtesmedicinsk klinik, kanske kompletterat med lite neurologi och så var det i princip klart. Jag gick också ett år barnpsykiatri. Någon kunskapskontroll eller examination var det inte tal om; det infördes senare. Nu var det Psykiatrin som gällde för mig. En psykiatri som många av oss unga upplevde som föråldrad och där allt fanns att göra och att upptäcka.

Hur skyddar vi oss när vi lyssnar på patienterna? Jag såg hur man kunde avvisa dem med måttligt dolt ointresse, alternativt starta impulsiva överbehandlingar. Jag mötte också andra förhållningssätt som var problematiska. Läkare med ett mera ohämmat intresse för voyeurism än vi andra kostade på oss, spelade i experiment med narkoanalys ut sina behov att behärska patienten. Det innebar samtal med små intravenösa doser snabbverkande sömnmedel. Narkoanalys löste tungans band, ungefär som en lättare fylla. Att många patienter sedan ångrade vad de sagt var en annan sak. I det förfuskade och ytliga psykoanalytiska tänkande som började tränga in i psykiatrin under 1960-talet ansågs bortträngda minnen vara en av de stora orsakerna till psykiatriska besvär. Därför, föreställde man sig, gällde det att med olika metoder komma åt de minnen som låg och väntade på att få komma upp i ljuset, för att de därmed skulle förlora sin störande verkan. Klåfingrigheten var stor. I hägnet av den röda lampan utfördes inte bara narkoanalys och hypnos utan även avslappningsövningar med massage och olika handpåläggningar.

Många hade inte kunskap om att då ett minne är förnekat eller bortträngt, så har detta sina goda skäl. Förnekelsen bromsar samtidigt mycket smärta eller hat, som inte är gratis att locka fram. Problemet ligger i att mer eller mindre omedvetna konflikter kräver tid för att bearbetas och tas emot av patientens jag, som gradvis måste anpassa sig till den förändrade självbild som insikten medför. Det finns inga självklara gräddfiler till eller från det omedvetna utom möjligen drömmarna. Men också de kan felanvändas. Då man försöker att snabbt tränga in till omedvetna nivåer med tolkningar, uppstår regelbundet ageranden av olika slag, där patienten sedan får bära skulden för misslyckandet.

Den enda gång som jag själv försökte utföra narkoanalys var med en kvinna som kom in med ett ångesttillstånd efter att ha utsatts för ett sexuellt övergrepp. Hon mindes inte vad som hänt och min överläkare tyckte att jag med patientens tillstånd skulle göra narkoanalys. Jag var ivrig att pröva metoden och gav väl en ganska knapphändig information till patienten. Då jag satt in kanylen i armen och börjat spruta skrek hon emellertid till, ryckte ur nålen, sprang ut ur undersökningsrummet och ropade att jag ville våldta henne. Nu visade hon alla tecken på förföljelseidéer – behandlingen hade utlöst en latent psykos hos henne. Händelsen gav mig en ny påminnelse om vilka krafter vi sätter i rörelse inom patienterna med dessa försök att förvandla det förtroliga samtalet till en teknisk operation. Det ursprungliga övergrepp som patienten utsatts för upprepades för henne, om än i symbolisk form. I just detta fall hade det inga värre konsekvenser och jag får fortfarande julkort från henne, fyrtio år efter händelsen.

Jag kom att inse att då man försöker ta fram sådana tankar eller minnen som patienten själv har svårigheter att integrera i sin självbild gäller det att vara extra försiktig. Det handlar framför allt om sexuella övergrepp och andra skador i integriteten eller då starkt negativa men omedvetna aspekter av den egna självbilden aktualiserades. Patienter med närhet till psykotiskt tänkande har särskilt svårt att förhålla sig till suggererande metoder, eftersom de bygger på att jagupplevelsen, »självet«, faktiskt invaderas av behandlaren. Deras redan bräckliga jaggränser försvagas ytterligare, med en stor risk för ett akut psykosgenombrott.

I andra fall kan den hjälp som terapeuten ger patienten att momentant slippa undan en överstark jagkontroll verka befriande, något som man kan märka vid systematisk avslappning, hypnos eller under det goda psykoterapeutiska samtalet. Men som alltid måste behandlaren förutom klinisk erfarenhet ha en god självkännedom och etisk medvetenhet liksom patienten måste ha fått en viss kunskap om vad han eller hon ger sig in i.

Då Snorre pensionerades, gick luften ur Södersjukhusets psykiatriska klinik. Det blev i stället den nyöppnade kliniken vid S:t Görans Sjukhus som lockade många unga. Carl-Henry Alström, som kom från Karolinska sjukhuset, var professor och överläkare. Han var den ende akademiske professorn som också hade psykoanalytisk utbildning – ännu idag har bara någon enstaka psykiatrichef skaffat sig sådan erfarenhet. Carl-Henry var något av arbetsnarkoman. Han krävde också mycket av sina medarbetare. Vi brukade säga att det inte fanns ett större överjag än hans. Ofta var han tung till sinnes och vresig som ett skogstroll. Hans buskiga ögonbryn hade ingen sax varit nära. Men då han var nöjd och tillfredsställd med dagens pensum, liksom då man träffade honom privat, kunde han släppa fram sin värme och charm. När jag skulle börja på Karolinska Sjukhuset bjöd han mig hem på avskedslunch. Då anförtrodde han mig att hans stora misstag i livet var att han arbetat så mycket då hans barn var små, att han inte lärt känna dem ordentligt.

Carl-Henry var inte bara psykoanalytiker. Han hade en vänsterpolitisk ideologi och stod socialistiska läkare, som John Takman och Gunnar Inghe, nära. Läkarkårens överklasstillhörighet måste brytas – utan ett läkarproletariat skulle det inte bli någon solidarisk sjukvård! Han var samtidigt pragmatisk i sitt tänkande och ville att vi underläkare skulle sätta oss in i psykiatrins hela spektrum. Det innebar bland annat att kunna ge elchocker, eller elektrokonvulsiv behandling (ECT) som man nu började kalla det. Jag hade under studieåren tillsammans med Clarence Crafoord skrivit en ironisk drapa i *Medicinska föreningens tidskrift* om »våra elektriska psykiatrer«. Erland hade malträterats på

Beckomberga av elchocker och jag hade sett hur ofta man gav elbehandling i brist på god diagnostik och psykoterapi.

Min inställning var att elbehandling var ett uttryck för den gamla repressiva psykiatri som jag ville hålla mig utanför. När därför Carl-Henry talade om att det var dags för mig att gå en förkortad narkosutbildning för att kunna ge ECT, innebar det en stark provokation för min yrkesidentitet. Jag vägrade först, men förstod att jag då skulle vara tvungen att sluta på kliniken. Dessutom hade jag faktiskt sett otvetydigt goda effekter av elbehandling. Jag läste under samma period John Stuart Mills klassiker *Om friheten*. Där fäste jag mig vid att man skulle skaffa sig goda kunskaper om det som man ville bekämpa. Det skulle inte vara ett fantasiobjekt med allt vad det innebar av överdrifter och feltolkningar. Det inspirerade mig att fråga Carl-Henry om jag fick hålla ett seminarium på kliniken om det som var visat om elbehandlingens goda och skadliga effekter. Det accepterade han och jag gick en månad på narkosavdelningen, lärde mig att intubera och hantera narkosapparatur vilket naturligtvis var väldigt intressant. Jag kände det gamla suget efter att få vara en »riktig« doktor, även om jag inte tvekade om att jag valt rätt väg. Samtidigt läste jag systematiskt in mig på den vetenskapliga litteraturen om ECT. Det framstod klart att elbehandling hade god effekt vid melankoliska depressioner liksom vid katatona tillstånd, det vill säga där hela organismen låst sig i en muskulär spänning och kroppstemperaturen livshotande stiger. Också vid förvirringstillstånd hade den effekt. Hos gamla människor gav den mindre biverkningar än de antidepressiva mediciner som hade börjat komma. Däremot fanns det inga belägg för att utvidga indikationerna för ECT med ångesttillstånd, psykoser eller måttliga depressioner. Om man gav ett fåtal behandlingar – under tio – hade man inte kunnat visa att patienterna fick minnesrubbningar på sikt, särskilt inte om man bara gav strömstöten på ena sidan av huvudet. Behandlingseffekten berodde inte på elektriciteten i sig utan, som Jan-Otto Ottosson på Karolinska Sjukhuset visade i sin doktorsavhandling, på att man med strömimpulsen utlöste ett epileptiskt anfall som utgick från mellanhjärnan.

Jag höll mitt seminarium och meddelade att jag skulle stå för klinikens elbehandlingar under det närmaste halvåret. Samtidigt förutsatte jag att indikationerna för behandlingen skulle vara tydligt angiven på remissen och i enlighet med vetenskaplig erfarenhet. Det innebar att frekvensen ECT nu minskade från i genomsnitt tolv per behandlingsdag till fyra. Det kändes tillfredsställande att ge dessa behandlingar, eftersom patienterna for påfallande väl av dem och jag kunde följa deras tillfrisknande från gång till gång. En oväntad, sen effekt av den utmaning som min ideologi utsatts för, blev att jag undan för undan fick lika svårt att trivas i miljöer där man var tvärsäker på att psykoterapi var det enda saliggörande som dem där man enbart trodde på medicinsk behandling.

Psykoterapin, som varit sorgligt underutvecklad inom svensk psykiatri, började på 1970-talet få en allt starkare position. Vi var många som hade kämpat hårt för att få in den psykoanalytiska psykologin i dess mera ekumeniska psykodynamiska form på den psykiatriska kartan. Här och var började det synsättet ta ledningen och slå över i en naiv och lika farlig antibiologistisk ideologi med en syn på psykoterapi som det främsta botemedlet vid snart sagt alla psykiatriska sjukdomar. Man blundade gärna för att den psykoterapeutiska behandlingen ibland kunde vara verkningslös eller negativ. Liksom man tidigare gjort »heroiska«, det vill säga för patienten plågsamma, medicinska behandlingar vid de svåraste sjukdomstillstånden, försökte man nu göra lika »heroiska« behandlingsförsök med psykoterapi vid djupa depressioner eller schizofrena tillstånd. Psykoterapin kom i riskabel närhet av de helbrägdagörande sekternas synsätt.

För att öka tryggheten och minska riskerna med sådan behandling tillsatte Socialdepartementet under slutet av 1970-talet en statlig utredning för psykoterapiutbildning. Där formulerade man vilka legitimationskrav man skulle ha för att få kalla sig psykoterapeut. Samtidigt utformade Psykiatriska föreningen nya krav på psykoterapiutbildning för specialistutbildningen i psykiatri. Jan-Otto Ottosson, som hade påbörjat en psykoanalytisk utbildning innan han blev professor i psykiatri i Umeå, var central i båda utredningarna, som också jag deltog i.

Psykosomatik och krispsykiatri

Loma Feigenberg var en dansk cancerläkare som under krigsåren flytt över Öresund till Sverige i en liten båt. Han var judisk till börden, hans morbror var Sholem Aleichem, författaren till den roman som låg till grund för *Spelman på taket*. Loma var politiskt röd och hade djupa kulturella intressen. Framför allt hade han ett glödande engagemang att förstå mera av cancerpatienters psykologiska problem liksom döendeprocessens psykologi och etik. Han tjänstgjorde på Radiumhemmet som onkolog, men skaffade sig nu också en psykiatrisk specialitet för att kunna bli »cancerpsykiater«. Loma föreläste 1966 en gång för oss på S:t Görans Sjukhus och jag fascinerades av hans starka krav på psykologisk medvetenhet i läkaryrket. Han hade ett talfel, som innebar att han grimaserade ganska kraftigt då han talade på sin skandinavisk-danska; han liksom stötte fram orden. Det glömde jag ganska snart i hans sällskap, men en del som lyssnade på honom blev avskräckta och tyckte han var svårförståelig och verkade konstig.

Efter föreläsningen började vi samtala. Eftersom jag höll på att avsluta min psykoanalytiska utbildning frågade Loma om han kunde träffa mig regelbundet för att dra fall där jag skulle tjänstgöra som ett psykoanalytiskt bollplank för honom. Jag var inte sen att acceptera erbjudandet som innebar att jag skulle få inblick i ett helt nytt område. Det var inledningen till en vänskap som varade över tjugo år till Lomas död 1988. Han hade inte någon formell psykodynamisk utbildning men var mycket beläst och hade ett stort behov av att förankra sina iakttagelser teoretiskt. Loma deltog senare i en statlig utredning, *Vård i livets slutskede*, som på många sätt påverkade och förbättrade det psykologiska omhändertagandet i cancervården. Den medförde också starten för hospicerörelsen, det vill säga särskilda små vårdavdelningar där döende kunde få bästa tänkbara omhändertagande. Loma hade återkommande seminarier i sitt hem med några kolleger som arbetade med psykosomatik, suicidologi eller annan problematik som hade med döden att göra. Vi läste böcker och diskuterade aktuella patientfall. Mötena avslutades med en liten supé med sill och snaps, som Lomas hustru gynekologen Kajsa Sundström ställde i ordning.

Så småningom disputerade Loma på en avhandling om trettio cancerpatienters psykologiska dilemman i samband med döendet. Han hade nu fått en egen enhet på Radiumhemmet, dit patienter som hade komplexa psykosociala problem omkring sin cancersjukdom kunde remitteras. Loma tilldelades småningom professors namn av regeringen.

Trots att Loma var betydligt äldre än jag uppstod ett slags brodersförhållande. Ibland trätte vi – jag tyckte att hans krav kunde bli överstarka och han tyckte att jag slarvade med viktiga saker då jag periodvis drog mig undan – jag hade ju familj och små barn. Vi var mycket olika personlighetsmässigt. Vid den tiden dominerade i mig fortfarande mina extroverta sidor och jag hungrade efter att ta in andras erfarenheter och kunskaper. Loma var en ganska introvert person men ändå med breda sociala kontakter. Säkert lånade vi av varandra. Lomas kunskaper om döendets psykologi liksom om litteratur och konst hjälpte mig att undan för undan bejaka hur centrala de frågorna också var för mig. Erland och Mamma hade förkroppsligat dem under min uppväxt, men jag hade valt en annan inriktning, eftersom jag aldrig upplevt mig som särskilt konstnärligt begåvad.

Jag tror inte att någon annan enskild psykiater har lärt mig lika mycket om existentiella kriser, de som nära sammanhänger med lidande och död. Framför allt var det genom att lyssna till hans beskrivningar av sina cancerpatienters psykologiska problem och utveckling. Men jag fick också följa hans kamp för en mera human cancervård. Lomas eget döende blev långdraget och plågsamt efter en stroke som tog det mesta av hans redan nedsatta talförmåga och gjorde att hans tal blev tystare och än mera svårförståeligt. Hans dödsångest framstod skärande och svårbemästrad. Då döden kom kände vi den nog alla som en befriare. Kanske kan man aldrig förbereda sig mentalt för det man fruktar mest. Åtminstone inte fullt ut.

Då jag mot mitten av 1960-talet gick psykiatrisk jour på S:t Görans Sjukhus fick jag med några veckors mellanrum ta emot två kvinnor som båda gått in i en akut psykos sedan de förlorat sitt barn vid förlossningen. De återhämtade sig efter ganska kort tid, men den ena insjuknade några år senare i en bild som tydde på att hon utvecklat en paranoid schizofreni. Jag följde patienterna i efterförloppet och hade samtal med deras makar. I båda fallen kom barnets dödsfall oväntat. De gängse psykiatriska läroböckerna framställde vid den tiden bakgrunden till psykiska sjukdomar som i princip okänd – tanken att ett psykiskt trauma kunde vara utlösande nämndes sällan. Jag blev intresserad av att undersöka vad som skedde med vanliga kvinnor då de råkat ut för detta. Därför kontaktade jag chefen för Sabbatsbergs kvinnoklinik, professor Axel Ingelman-Sundberg, som jag träffat under min medicinarutbildning. Han stödde mig i att gå igenom journalerna på alla som förlösts året innan där barnet avlidit perinatalt, det vill säga omedelbart före eller inom en vecka efter förlossningen. Det var knappt sjuttio kvinnor och jag skrev brev till dem där jag frågade om jag fick träffa dem och gärna deras män. Femtionio ställde upp och jag fick tillgång till ett rum på Sabbatsbergskliniken. Men flera kolleger avrådde mig från att göra studien; det skulle bara vara att röra om i sår som höll på att läkas.

Mötena blev en omtumlande erfarenhet för mig. Nästan alla kvinnorna uttryckte en stor lättnad över att ha fått tillfälle att tala om det som hänt. Få hade kunnat beröra det medan de låg kvar på kliniken - det hade känts som tabu att tala om sina känslor - och familjen var trött på att lyssna. Jag frågade i detalj om vad som hänt - deras journaler gav yttre fakta. Det var gripande berättelser. För en del framstod tiden på BB efter barnets död som särskilt smärtsam och de kände sig misslyckade och som paria på kliniken. Läkarna undvek ofta att gå in efter ronden, »det är ju ändå ingenting att göra«, och skickade in avdelningssköterskan i stället. De som grät fick lugnande mediciner eller en spruta. Många hade inte fått förklarat för sig varför barnet hade dött eller kunde inte erinra sig vad läkaren hade sagt vid utskrivningen. De hade varit alltför bedövade av sin sorg och av lugnande mediciner.

Senare intervjuade jag också läkare och avdelningspersonal. Det gjorde jag mera osystematiskt, men svaren blev ändå belysande. Ett barn som dör omkring förlossningen är det stora misslyckandet för avdelningen. Alla plågas av det och vill helst bara tala om de teknisk-medicinska aspekterna liksom de vill försvara sig mot tanken att något fel begåtts. Det innebär att både kvinnans och personalens psykologiska behov riskerar att komma bort. Patienten sågs ofta som någon som med sin blotta närvaro och sina frågor anklagade avdelningen för det som skett. Den personliga katastrofen hade man ingen träning att tala med patienten om. All personal vittnade om sin upplevelse av tillkortakommande samtidigt som det inte var något man diskuterade i personalgruppen.

Då jag genomfört undersökningen kände jag att detta var så självklara saker att man inte kunde publicera dem i en vetenskaplig tidskrift. Inte heller Carl-Henry Alström tyckte att det var »vetenskap«. Jag satt med mina detaljerade anteckningar från alla de femtionio fallen liksom från intervjuerna med personalen. Varje berättelse hade jag läst igenom många gånger och strukit under stödord i olika färger. Jag klagade för Loma och sa att det kändes ganska meningslöst att skriva om detta som måste vara uppenbart för alla. Han replikerade att jag just nu var den som visste mest i världen om hur kvinnor reagerade efter att ha förlorat sitt barn vid förlossningen. Det var bara att skildra det som jag hade hört, hur självklart jag än tyckte att det lät. Vad är vetenskap annat än att systematiskt söka vidga sitt vetande? Det föreföll ju dessutom inte vara särskilt medvetna fakta för personalen, åtminstone inte på den klinik som jag valt ut.

Jag satte mig till och beskrev nu ett modellförlopp som stod fram som gemensamt för patienterna, även om inte alla reagerat på exakt samma sätt. I den internationella litteraturen hade man talat om fasen före och efter ett psykiskt trauma, men jag kände att det inte var tillräckligt som modell för att förstå ett vanligt förlopp. Den första förlamande *chockfasen*, som i vissa fall kunde ha en förvirringsprägel, efterträddes efter några dagar till en månad av den skarpa nya medvetenheten om vad som hänt. Jag kallade den andra fasen för *reaktionsfasen*. Här kände sig många så djupt skakade att de inte visste hur de skulle kunna leva vidare. Det var nu de sökte läkarhjälp och blev sjukskrivna eller fick lugnande mediciner. Reaktionsfasen efterträddes av *bearbetningsfasen*, där de flesta undan för undan började känna att livet till det yttre återgick till det normala. Sorgen var fortfarande svår och smärtan kom tillbaka med jämna mellanrum. Då jag träffade dem hade det gått över ett år för de flesta av kvinnorna, men många vittnade om att deras liv fortfarande kändes sönderslaget. En fjärdedel hade mer eller mindre fastnat i sin sorg och smärta. De hade svårt att komma vidare, att arbeta och kände sig misslyckade som kvinnor. Men andra hade i en *nyorienteringsfas* också upplevt ett fördjupat förhållande till sin partner där de kunnat stödja varandra i sorgen. Ibland hade arbetskamrater varit avgörande. En kvinna sa att »även om jag inte skulle önska att det här hände min värsta ovän, skulle jag inte vilja ha det ogjort idag«. Hon tyckte att hon fått ett nytt sätt att se på världen och livet. Flera andra uttryckte liknande upplevelser av att både de själva och deras förhållande till mannen hade fördjupats. Jag skrev nu två artiklar för *Läkartidningen* där jag skildrade kvinnornas upplevelser och sorgens faser, liksom personalens känsla av hjälplöshet och många gånger inadekvata reaktioner. Plötsligt blev jag efterfrågad som föreläsare på många kvinnokliniker i landet och på flera ställen skapade man regler för ett bättre omhändertagande. Men jag kände mig lite snopen, då jag flera år senare mötte publikationer om samma företeelse i internationella vetenskapliga tidskrifter, fast med färre patienter.

Svårigheterna att förhålla mig till min studie illustrerar frågan om kvalitativ respektive kvantitativ forskning inom psykiatrin. Om man har »hört en historia« många gånger och genom många patienter, händer det inte sällan att man får ett intuitivt metaperspektiv på ett fenomen. Man får en övergripande föreställning om kliniska sammanhang, där känslan av evidens kan vara stark. Dagens »kvantitativa« akademiska forskning bygger på kontrollerade serier av provtagningar, journalstudier eller svaren på enkätformulär, och forskarna har sällan gett sig tid att bygga upp en grundlig klinisk erfarenhet genom längre samtal med patienter. Statistisk bearbetning av frågeformulär tenderar att ersätta den intuitivt uppbyggda erfarenheten. Jag menar att den »kvalitativa forskning« som bygger på sammanställningen av livsberättelser fått alltför låg status inom psykiatrin. Det finns hyggliga metoder för att validera att den är pålitlig. Sådan forskning kan vara hypotesgenererande och sedan kan idéerna testas experimentellt, något som kan ge en språngvis utveckling. En kvalitativ forskning passar också för ett humanistiskt betraktelsesätt. Risken att bekräfta fördomar kommer alltid att finnas med båda dessa vetenskapliga synsätt. Men den psykiatriska institution som arbetar med ett växelspel mellan de båda, tror jag, kommer att ligga närmare det som kan kallas människokunskap. De kvalitativa fallstudierna innebär en första fas i kunskapssökandet.

Under mitten av 1960-talet gjorde jag barnpsykiatrisk randutbildning hos Hans Curman på Psykiska Barna- och Ungdomsvården, PBU, i Stockholm. Det var inte särskilt vanligt för vuxenpsykiatrer och kulturen var helt annan än den jag kom från på S:t Görans Sjukhus. Arbetsmiljön dominerades av psykologer och socionomer. Det fanns ännu inte någon officiell och legitimationsbildande utbildning i psykoterapi utan de olika yrkesgrupperna skaffade sig egna utbildningar för att inte kunna beskyllas för kvacksalveri. Psykoterapi var något som bara läkare fick syssla med – oavsett om de hade någon utbildning för det eller inte.

Socionomerna vidareutbildade sig i »case-work« som den amerikanska termen för kvalificerad stödjande psykoterapi lyder. Det innebar en här-och-nu-inriktad serie samtal, där klientens bakomliggande tidigare upplevelser också togs in enligt psykodynamiska teorier. Eftersom socionomernas lärare ofta var psykoanalytiker under utbildning, blev case-work undan för undan ett slags psykoanalys light. I samtalen överskuggade frågor om den tidiga barndomen och uppgiften att konkret stödja och bekräfta klienterna i dagsläget sågs som oprofessionell. Det var till skada för dem som sökte hjälp, för socionomernas yrkesidentitet och för psykoterapins rykte. Samtalen präglades av att terapeuten satt passivt lyssnande som hon (det var nästan bara kvinnor) hade lärt sig att man skulle göra. Det blev allt längre samtalsserier och väntetiderna till akutbedömning ökade. Men samtalen refererades ordagrant i de allt tjockare journalerna, en hopplös läsning för den som ville veta något om klientens problem och livssituation.

Hans Curman var ledaren i detta terapeutiska kvinnohus. Samtidigt som han besatt formell makt som chef och överläkare hade han ingen egen psykoterapiutbildning, som givit honom den nödvändiga legitimiteten gentemot den övriga personalen. Han försökte få in rationellare behandlingar och bedömningar och var forskningsintresserad, men orkade inte driva sin linje ända fram. Han hade svårt att hävda sig mot de många gånger mycket erfarna och kunniga barnpsykologerna (vilkas formella makt var låg) och spänningarna under ytan var starka. Hans tog emot mig med öppna armar, eftersom antalet män nu ökade med det dubbla.

Trots att min praktiska kunskap om barns och ungdomars psykologi inte var stor, fick jag en hygglig status hos den övriga personalen genom min påbörjade psykoanalytiska utbildning.

Jag avnjöt att få sitta på skolbänken och genom envägsglasen i terapirummet följa psykologernas diagnostiska arbete i sandlådan med utagerande eller neurotiskt hämmade barn. Men visst var det något som var feltänkt i grunden med den låga grad av patientgenomströmning som PBU uppvisade. Kravet på effektivitet ansågs inte förenligt med ett psykodynamiskt tänkande, där människor skulle ges all den tid de behövde. Men korttidsmetoder började växa fram på många platser i världen. Den här bristen på befolkningsansvar var inte unik för barnpsykiatrin, även om den blev särskilt märkbar då det gällde barn. Den gällde hela sjukvården; den politiska diskussionen om en rättvisare och mera rationell resursfördelning hade ännu knappast börjat tränga igenom.

Gunnar af Geijerstam var gynekolog med stort intresse för de psykosociala sidorna av sitt yrke. Han var internationellt inriktad och engagerad i frågor om barnbegränsning liksom han ledde politiskt tillsatta utredningar om abortfrågan, mödravården etcetera. Karolinska Sjukhuset hade tillskapat en biträdande överläkartjänst för honom på kvinnokliniken med uppgift att förbättra bemötandet av patienternas psykologiska problem och reaktioner, som läkarna »hade svårt att hinna med«. Gunnar saknade egentlig psykoterapeutisk utbildning, något som han tyckte hade varit ett hinder för honom. 1977 fick han en inbjudan till USA på två år och han frågade mig nu om jag ville vikariera för honom.

Det här blev en period fylld av viktiga erfarenheter. Jag kan inte tänka mig en mera lärorik plats för den psykiater som också har en psykodynamisk utbildning än att arbeta som konsult på en somatisk klinik. Genom problemens dramatiska och ofta livsavgörande innebörder för dem som söker hjälp, framkallas ofta svår psykologisk stress på sådana platser. De blir därigenom ett slags experimentstationer, där man kan studera hur stressreaktioner utvecklas och biter sig fast. Jag var klar med min psykiatriska specialitet, liksom jag nästan fullgjort min psykoanalytiska utbildning. En två månaders studieresa till New York hade förstärkt mitt intresse för psykosomatik och för människors psykiska reaktioner vid somatisk sjukdom. Professionellt kände jag ett ganska gott självförtroende inför uppgiften att förverkliga denna aspekt på psykiatrin på kvinnokliniken.

I början upplevde jag ett starkt stöd alltifrån vårdbiträdena till professorn. För att komma in »på golvet« började jag med att under ett par månader gå som extra underläkare först på BB och sedan på en gynekologisk vårdavdelning. Eftersom kliniken var framsynt och Gunnar hade verkat under flera år, höll man på att införa »rooming-in« liksom också pappautbildning. Det kan för dem som idag är unga te sig otroligt att de nyfödda barnen ännu på 1960-talet låg i särskilda barnrum, där de fick skrika bäst de ville. Här fick i stället mammorna ha sitt barn hos sig. Därigenom fick de bättre lära sig att sköta barnet innan de skrevs hem – vanligen efter en vecka.

Samtidigt började den profylaktiska mödravården utvecklas med mödraundervisning liksom, undan för undan, undervisning för papporna. Den utgjordes av ett par föreläsningar och demonstration av förlossningsrummet. Snart fick jag ta hand om papporna. Gunnar hade tipsat mig om att man för att fånga intresset hos de presumtiva fäderna inledningsvis skulle tala om teknologin omkring graviditet och förlossning och låta dem pröva lustgasapparaturen; det var alltid populärt. Efter det kunde man gå in på de psykologiska aspekterna och förbereda dem på att många av mammorna inte alls skulle vara särskilt glada under den första tiden. Det ålåg papporna att hålla tillbaka anstormningen av släkt och andra besökande och skjuta på dopmottagningen, liksom att de skulle stödja frun att få ledigt och gå till damfrisörskan eller shoppa, något som ju alla kvinnor längtade efter. Till sist var det dags att ta upp sexualiteten, som kunde få en rejäl knäck i och med första barnets tillkomst.

De här idéerna som då kändes radikala framstår idag som något daterade. Ett praktiskt inslag i pappautbildningen var att efter förlossningen lära dem att byta på barnet. Barnsköterskornas motivation var redan hårt prövad genom att deras jobb delvis togs ifrån dem då mammorna fick ansvaret för sina egna barn. Då de nu skulle lära papporna att sköta barnen, var många inte sena att skaffa ett övertag över de pappor som visade sig generade eller klumpiga eller var rädda att tappa barnet. Jag försökte visa barnsköterskorna att deras uppgift var att stödja papporna i deras nya roll, vad de än själva tyckte om denna. Barnsköterskorna hörde till de mest lågutbildade och underbetalda grupperna i sjukvården. De oroades för sin egen framtida sysselsättning och kände sig med skäl hotade av reformen. En parallell såg jag under slutet av 1970-talet då nedläggningen av mentalsjukhusen blev aktuell. Skötarnas självklara ställning hotades och facket gjorde hårt motstånd. Konflikten kunde småningom lösas genom att man förbättrade skötarnas utbildning, befogenheter och löner för att motsvara de nya uppgifterna.

Jag blev snart ombedd att träffa patienter på vårdavdelningarna. Det hände att kvinnor vars livmoder man tagit bort i samband med cancerupptäckt reagerade med ångest eller depression, särskilt om de ännu var i fertil ålder. Vid en så kallad Wertheimeroperation hade man tagit bort såväl livmodern som övre delen av slidan, äggstockarna och äggledaren hos en kvinna som hade en avancerad cancer. Då hon vaknade insåg hon undan för undan vad som hade skett med henne – informationen före operationen hade hon inte hunnit eller kunnat bearbeta. Hon reagerade med akut ångest och fick efter något dygn psykotiska föreställningar om att vara utsatt för könsförändrande experiment. Jag kunde med mina egna ögon och öron följa hur hennes personlighet, hennes »själv«, gick i totalstrejk inför kravet på anpassning till den nya kunskapen om att vara kastrerad. Ångesten inför den oacceptabla upplevelsen att vara berövad sin kvinnlighet leddes över på olika orimliga föreställningar om vad som skett. Under veckan som följde kunde hon släppa in den förnekade verkligheten och därmed möta sorgen. Några antipsykotiska läkemedel behövde hon inte, däremot samtal och bekräftelse. Jag har senare många gånger fått erfara hur relativt ofta »vanliga patienter« får övergående psykotiska reaktioner på vårdavdelningar. De uppfattas då lätt som sura eller »konstiga« av personalen och isoleras därför än mera från kontakt.

I de fall där jag träffade patienten på en vårdavdelning, brukade jag samla så många av personalen som kunde komma ifrån till ett samtal i kafferummet, där alla fick lägga fram sina iakttagelser och tankar om patienten. Det var alltid någon eller några som hade hört patienten tala om hur hon upplevde sin situation, och som innebar att hennes beteende blev mer begripligt. Inte i första hand som något »sjukt« utan som en naturlig om än överstark reaktion, som krävde stöd av psykologiskt och ibland medicinskt slag. Det kunde vara maken som inte hörde av sig eller rädslan för att själv ha orsakat cancersjukdomen genom sitt sätt att leva. Många avdelningar saknade ett särskilt samtalsrum. Läkarna talade med patienterna om det som handlade om liv och död i undersökningsrummet eller köket, där andra gick ut och in och telefonerna ringde. Klinikchefen, professor Ulf Borell, beslöt nu att varje avdelning skulle ha ett fungerande samtalsrum som bara i absoluta undantagsfall fick utnyttjas som vårdrum.

Många unga kvinnor gick på en särskild mottagning för menstruationsstörningar. De som hade en primär anorexi, som utlöst bortfall av menstruationen, kom ofta till mig. Jag kunde berätta för kvinnorna hur deras kropp sparade på energi eftersom den fick alltför lite näring och tillfälligt drog in på menstruationen. Fertilitetsmottagningen behövde ofta psykologisk konsultation. Patienter som sökte för barnlöshet upplevde starka känslor av protest med ångest då de inte blev gravida. Deras män kunde drabbas av impotens när de skulle ha samlag på bestämda tider. Andra sökte abort under sen graviditet. Jag hade inte svårt att leva mig in i deras olösbara skuldupplevelse att å ena sidan känna sig som den som dödar ett barn, och å andra sidan att inte orka ta ansvar för den situation som ett barn innebar för dem. Min ursprungliga abortnegativa inriktning hade jag redan tidigare fått revidera – utan att för den skull bagatellisera abortupplevelsen.

Flera gånger mötte jag patienter som remitterats för ångestreaktioner en eller flera månader efter att deras barn dött vid förlossningen. En dag hade jag tre kvinnor som förlorat sina barn uppskrivna på min mottagning. Efter att ha talat med två av dem och tagit mig igenom samtalen med den grad av öppenhet för deras plåga som jag förmådde, kände jag att jag höll på att förlora behärskningen inför mötet med den tredje. Jag ville fly från mottagningen och slippa träffa henne. Efter en stund kunde jag bemanna mig, genom att intala mig att jag »bara« skulle lyssna och inte hade ansvaret för det som hänt eller för att hennes liv skulle bli drägligt igen. Det visade sig att hon skötte hela samtalet själv. Hon hade först förnekat sin sorg men undan för undan kommit att inse sin förtvivlan och besvikelse. Nu ville hon veta varför barnet hade avlidit. Det hade hon inte kunnat ta till sig tidigare.

Eftersom jag vikarierade på en undervisningstjänst skulle jag avlägga lärarprov. Det innebar att jag föreläste för en grupp medicine kandidater med professorerna i psykiatri, gynekologi och endokrinologi närvarande. Jag valde att tala om transsexualism och transvestism. Idag läser man om det dagligen, men då betraktades det som en okänd och besynnerlig avart och stämningen bland åhörarna var förväntansfull. Frågan om könsbyte skulle tillåtas eller inte behandlades som bäst i en statlig utredning. Att jag valde detta ämne berodde på att jag träffat en patient, Fredrik, som var transvestit, det vill säga heterosexuell men med starkt behov av att av och till klä sig och uppträda som kvinna. Han ställde upp på föreläsningen och berättade om sig själv. Jag tror att de närvarande kunde känna respekt för hans personliga integritet och samtidigt förstå hans lidande att inte känna sig hemma i sitt biologiskt definierade kön.

Fredrik var en tjänsteman i trettioårsåldern med fru och två barn. Han hade sökt hjälp på en RFSU-mottagning där jag arbetade några timmar i veckan. Hans problem var att han höll på att förstöra sitt liv med att stjäla begagnade kvinnounderkläder, som han ville ha under sina vanliga kläder (han bodde i Enskede där det ännu fanns klädstreck i trädgårdarna för tvätten). Han hade också en guldlänk runt handleden som kunde falla fram så att arbetskamraterna såg den – han ville heller inte avstå från att bära den. Om det idag är vanligt att också män bär armband, var det för fyrtio år sedan ett skamligt bevis på fjollighet. Någon kväll i veckan, då barnen var lagda, klädde han om sig till kvinna i sitt hem, tog på en platinablond peruk och skor med höga klackar. Så satte han sig i sin bil för att köra till någon dansrestaurang – han ville se om andra tog honom för kvinna. Det här skedde i samförstånd med hustrun, men barnen kände inte till hans vanor. Hennes krav var att deras sexuella samliv inte skulle upphöra. Sexuellt kände sig Fredrik dragen till henne, men han hade också ett starkt och ökande behov av att få en inre känsla av kvinnlighet bekräftad. I övrigt var han socialt välanpassad och i en karriärsituation. Om han inte hade kvinnliga attribut – gärna damunderkläder – under sin kostym, kände han en olust som ökat de senaste åren. Den lösning som han såg som den enda acceptabla var att få östrogen, kvinnligt könshormon, i tablettform. Det skulle kunna ge honom känslan av att vara kvinna inifrån och låta honom slippa stjäla underkläder.

För mig som psykoanalytiker var det här en utmanande situation. Några realistiska möjligheter fanns inte att med psykoterapi förändra hans inställning till sitt kön, också därför att Fredrik själv inte önskade det. Han var helt ointresserad av psykologiska resonemang och jag kände också på mig att antingen skulle vi seriöst diskutera hans önskan eller så skulle han försvinna och skaffa tabletter utomlands. Jag talade med professor Rolf Luft som var chef för Endokrinologiska kliniken och intresserad av psykodynamiskt tänkande. Han träffade Fredrik som snart fick östrogen under kontrollerade former och nu kunde slappna av. Hur det gick för honom senare vet jag inte – risken för äktenskaplig kris var inte liten, eftersom östrogenet sannolikt skulle sänka hans sexuella intresse samtidigt som han fick bröstutveckling och minskad behåring.

Ganska tidigt i vår kontakt frågade Fredrik om jag ville besöka en klubb på Södermalm där transvestiter och transsexuella träffades. Den hette Club Transvestia och låg, vill jag minnas, i en stor källarlokal på Koksgatan på Södermalm. Jag kände en lätt oro inför alla de män som kraftigt uppsminkade och försedda med peruk och lösbröst klev eller svassade omkring i korsett under glittriga klänningar. Där var kvinnor i manskläder med stelare rörelser, liksom bisexuella som avnjöt den allmänna gränslösheten. Jag kom att tänka på Hermann Hesses roman *Stäppvargen*, där huvudpersonen kommer till en magisk teater med devisen »Nur für Verrückte«, endast för dårar, och där alla normer och gränser överskrids.

Själv tog jag stöd och känslomässigt skydd i min läkarroll, som gav mig denna möjlighet att släppas in i nya hemliga rum. För dem som träffades i klubblokalen innebar det en lättnad att inte behöva motivera sitt beteende och där fanns värme och gemenskap. De mera erfarna gav små seminarier om hur man gör med sin skäggväxt, hur man sminkar sig, går i högklackade skor och annat. Själv skrev jag läkarintyg till flera medlemmar om deras behov att av och till klä ut sig i motsatta könets kläder. Det intyget förvarade de i bilen för att visa upp om de råkade ut för en körkortskontroll.

Efter mina år på Kvinnokliniken kände jag att jag hade lärt mig något som jag ville få berätta om för andra. Jag sammanfattade mina erfarenheter från studiet av mödrars reaktioner efter deras barns död omkring förlossningen liksom det jag hade fått se och höra på Kvinnokliniken av »vanliga människors« reaktioner då de råkat ut för oväntade och smärtsamma händelser. Frågorna kom alltmera att uppta mitt intresse. Den psykiska krisen kan bidra till vår inre växt – särskilt där vi förmår hålla ut i den, lära av den och inte bara flyr undan eller söker de syndabockar som man alltid kan finna. Påståendet att det är i krisen som potentialen till förändring ligger är inte detsamma som att säga att lidandet är nyttigt i sig, för så är det inte. Men under lidandet har vi samma möjligheter till förändring som metallen har då den är varm och uppmjukad. Vissa kanske inte behöver den existentiella provokationen. De har ändå den kontakt med sitt inre som är grunden för det goda lyssnandet till andra. Men för de flesta innebär det nöjda och goda livet en viss avstängning från föreställningen om vår sårbarhet. Den vill vi slippa bli påminda om, annat än genom fiktion och media.

När blir händelsen utlösande för en djupare psykisk ohälsa och varför kan vissa gå igenom svåra krissituationer utan bestående skador? Det är naturligtvis centralt för det psykiatriska arbetet. Att vi reagerar med symtom som ångest, psykosomatiska besvär eller någon gång psykos, leder oss till att söka hjälp.

Inte mindre teoretiskt väsentligt är förståelsen av vår olika sårbarhet, där barndomsupplevelser och vår genetiska konstitution bidrar. Jag skrev broschyren *Det psykiska traumat*, som publicerades 1971 i en ny skriftserie som Svenska Föreningen för Psykisk Hälsa startat. Där skildrade jag det psykologiska omhändertagandet efter krisen och olika fallgropar vid samtalet med en krisdrabbad. Att stå för ett »vikarierande hopp« såg jag som en av de viktigaste funktionerna för professionella. Skriften blev snabbt efterfrågad och fick tryckas om flera gånger.

Jag erfor emellertid snart att råden skulle kunna efterlevas på ett ytligt och mekaniskt sätt, om man inte också räknade med krisens plats i människans övriga livssituation liksom med hennes personliga bakgrund. Därför ägnade jag något år åt att på helger och ledigheter göra en bredare studie av krisbegreppet, där jag också tog in människans så kallade utvecklingskriser; de naturliga, men ändå utmanande, situationer som vi möter under livets olika faser. Krisen kan ställa känslan av mening i våra liv på sin spets eller innebära att vi ifrågasätter vår förmåga att orka eller klara oss. 1975 utkom boken *Kris och utveckling*. Den har sedan tryckts om många gånger och översatts till många språk och jag har flera gånger fått revidera detaljinnehållet. Fortfarande används den på vårdutbildningar och av människor som vill förstå sina egna reaktionsmönster bättre. Kanske har en bakgrund till bokens framgång varit det hoppfulla perspektivet om krisen som en förutsättning för människans psykiska växt.

Livshot, p-pillerforskning och disputation

Jag måste nu gå tillbaka några år, till tiden då jag randutbildade mig som barnpsykiater på PBU. I samband med den gulsot som bröt ut då jag gick kursen i kirurgi, hade man konstaterat att jag utsöndrade röda blodkroppar i min urin. Förmodligen var det en gammal utläkt njurinflammation, som läckte lite. Jag brukade därför undersöka min njurfunktion en gång om året.

Valborgsmässohelgen stundade och jag hade just lämnat mina vanliga blod- och urinprover på S:t Eriks Sjukhus. Sent på eftermiddagen ringde en läkare från sjukhuset till mig. Jo, han hade sett på mina prover och de var ju inte riktigt bra – man hade också gjort dubbla analyser. Han tyckte att jag skulle ta det lugnt över helgen och inte oroa mig, sedan hade de en säng för mig som väntade på njuravdelningen den andra maj. Jag frågade vad det var för fel på mina värden. Det ville han först inte säga, men så fick jag ur honom att restkvävet var kraftigt förhöjt. Det motsvarar det som idag kallas serumkreatinin, där en sådan förhöjning brukar peka på allvarlig njurskada. Jag frågade om jag måste ligga till sängs över helgen, men det tyckte han inte var nödvändigt, om jag mest vilade mig.

Jag insåg att mina dagar var räknade. Sedan medicinartiden hade jag tyckt att ett av de tristaste dödssätten var uremi, och nu var jag där. Njurtransplantation förekom inte på 1960-talet utan det som återstod var återkommande dialysrening av blodet. Jag tänkte på att jag hade varit ganska trött under våren med mycket att göra. Då jag gick uppför trappan i mitt hem kände jag att det var något som inte stod rätt till i ryggen. Det stramade och spände särskilt på högersidan under revbenskorgen. Tidigare hade jag heller inte lagt märke till hur andfådd jag blev av den lilla ansträngningen att gå uppför trappan. Jag beslöt mig för att inte säga något till min familj – jag orkade inte möta andras oro förrän jag själv hade full visshet.

Hur Valborgshelgen förlöpte har jag inget minne av. Men den andra maj kröp jag ner i en säng i en fyra-sal på njurkliniken. Jag låg närmast dörren; de övriga platserna var belagda av äldre män i olika stadier av njursvikt. Jag hade bestämt mig för att inte tala om att jag var läkare, för att inte komma i en specialsituation på salen och hade bett avdelningsföreståndaren om diskretion. Efter en dag avfördes en av salskamraterna som blivit hastigt försämrad till enskilt rum. Min säng ryckte upp ett snäpp i raden och vi väntade på vem nästa man skulle bli.

Den konkreta tanken att jag befann mig i dödens väntrum höll jag undan genom att tänka på vad jag inte hade vågat göra i livet. Det som dominerade i min generalmönstring var att jag inte hade vågat disputera. Jag hade skrivit ett par artiklar och gjort en smärre vetenskaplig studie. Mitt intresse för teori var inte mindre än för praktiken och jag läste mycket – från rent medicinsk till psykoanalytisk litteratur. Samtidigt hade jag en dålig intellektuell självkänsla. Pappa var min måttstock. Jag hade inga som helst karriärplaner, mera än att fullfölja min utbildning. Alla ambitioner att disputera var på förhand dömda att misslyckas, och om jag inte försökte kunde ingen säga att jag misslyckats. Det var naturligtvis ett ganska fegt resonemang, som nu stod fram i obarmhärtigt ljus. Den insikten hade jag inte varit mogen att ta till mig förrän min snara död verkade vara ett faktum.

Redan den andra dagen avslöjades min identitet på salen, då en ny läkare som jag kände sedan tidigare gick rond. Medpatienterna verkade inte bry sig så mycket som jag tänkt mig – en sjuk läkare är ingen läkare. Vid tredje dagens morgonrond kom överläkaren och berättade att de hade fått svaret på de nya prover som tagits. Märkvärdigt nog var de fullständigt normala. Beträffande mina tidigare prov måste ett misstag eller en förväxling ha skett, trots att man hade gjort kontroller. Jag svävade ut genom sjukhusporten i ett rus över att få se våren som en frisk människa. Borta var trötthet och ryggbesvär. Jag kände ingen vrede mot sjukhuset utan enbart tacksamhet över att ha fått livet tillbaka. Men det bestående i upplevelsen blev att jag nu inte hade något eller någon att skylla på om jag inte disputerade. Det var helt mitt eget ansvar.

Först senare tänkte jag på hur det kändes för mina salskamrater som inte liksom Lasarus kunde stiga ut i livet. Och hur min sjuke dubbelgångare hade det, han som under några dagar varit friskförklarad medan mina blodprover förväxlats med hans.

Något år senare, då jag tjänstgjorde på kvinnokliniken, påbörjade jag mitt avhandlingsarbete. På S:t Görans Sjukhus hade jag tidigare, tillsammans med docenten i psykologi Carl-Otto Jonsson, gjort en studie över hur kvinnor på en RFSU-mottagning upplevde p-piller. Förvånansvärt många rapporterade om negativa psykiska reaktioner. Men i vilken utsträckning var det en psykologiskt förståelig, om än paradoxal, reaktion? Tog den nya säkerheten vid samlaget bort en fertilitetsfantasi som kanske var väsentlig för den sexuella lusten hos vissa kvinnor? Flera hade talat om det. Eller var det en farmakologisk inverkan av könshormonerna? Frågorna lockade på svar.

Efter att ha konsulterat statistiker och erfarna forskare bestämde jag mig för att göra en experimentell studie där 320 kvinnor fick antingen sockerpiller eller verksamma hormoner i tre olika kombinationer under två månader. Varken de eller jag själv visste vilka som fick verksamma tabletter eller blindtabletter förrän studien var klar. En p-pillerfirma tog fram kodade tabletter som såg identiskt likadana ut. En förutsättning var naturligtvis att kvinnorna under tiden skyddade sig på annat sätt. Företagshälsan på Televerket och SJ hjälpte mig att värva försökspersoner genom att sprida information till kontorister och tjänstemän. Jag fick ett anslag från p-pillerfabrikanten och kunde därmed ge deltagarna en smärre betalning för deras möda med att ta tabletterna och fylla i formulär före och efter tablettperioden, liksom att svara på intervjufrågor.

Förutom grunderna i statistik saknade jag forskarutbildning – det var ännu inte ett obligatorium för att få lägga fram en avhandling. De bristerna har jag senare försökt att reparera. Men framförallt var jag ensam i mitt arbete och inte del av en forskargrupp. Någon egentlig handledare hade jag inte förrän jag skrivit färdigt avhandlingen och Börje Cronholm, som nu var min professor, kunde gå igenom texten. Jag gjorde också ett misstag i och med att jag valde att disputera enligt det »gamla systemet«, det vill säga med en stor monografi och två opponenter, och inte, som blev allt vanligare, med ett antal samlade tidskriftsartiklar. Jag tror att jag i min hemliga konkurrens ville göra som Pappa hade gjort och inte komma undan med mindre. Det högmodet innebar att arbetet inte fick samma spridning.

Närmare trettio procent av kvinnorna rapporterade om psykiska och andra besvär under försöksperioden. Minst besvär hade gruppen som fått blindtabletter, där ändå tio procent rapporterade nedsatt psykiskt välbefinnande eller sexuella störningar. Symtomen var således betydligt starkare hos dem som fått hormoner och stod i relation till den dos de fått. Jag kunde också belägga att kvinnor med premenstruella psykiska besvär reagerade sämre eller bättre på vissa hormonkombinationer. Förste opponent var psykiatern docent Lennart Kaij vid Malmö Allmänna Sjukhus och andre opponent Gunnar Holmberg som var docent i gynekologi i Sundsvall. Disputationen gick bra, avhandlingen gav mig en docentur utan vidare meritering.

Då promoveringen skulle ske med doktorshatt och ring, var jag inte med. Detta var 1972 och jag kände det som en teater för privilegiesamhället. Då Pappa senare fick höra det sa han bara: »Snobb!« Han som förvarade sina båda lagerkransar bakom glas och ram såg andra grunder till mina motiv och repliken bet. Men jag blev nära vän med Lennart Kaij. Före sin död i cancer många år senare han bad mig förrätta jordfästningen. Våra intresseområden var likartade. Lennart var från början starkt medicinskt inriktad men blev alltmera psykodynamiskt engagerad såväl i patientarbetet som i sin undervisning. Det var en stor förlust också för svensk psykiatri då han dog. När jag stod framför församlingen och bjöd hans stoft till vila i jorden kände jag hur Pappa gav mig en uppskattande vinkning från sin himmel.

Under arbetet med avhandlingen blev jag inbjuden att delta i en stor debatt som den årliga Medicinska Riksstämman anordnade om riskerna med p-piller. En av deltagarna var den legendariske medicinprofessorn i Uppsala, Erik Ask-Upmark. I tal och skrift hade han varnat för p-pillren. På sin klinik hade han iakttagit hur de gav olika svåra biverkningar hos kvinnan, både gynekologiskt och allmänmedicinskt. Men även männen till kvinnor som åt p-piller uppvisade enligt Ask-Upmark sjukdomssymtom av oklar art. Inte bara impotens utan också trötthet, håravfall och annat obehagligt. Uppgifterna skrämde upp många trots att de inte var belagda.

Det var första gången jag mötte Ask-Upmark – jag hade ju fått min invärtesmedicinska utbildning i Stockholm. Han var känd för en smått genial begåvning med tillhörande demoniska personlighetsdrag. Hans undervisning var strängt auktoritär med skräckinjagande förhör och offentlig vanära för speciellt de kvinnliga studenter som inte höll måttet. Jag hade förmodligen legat bra till om jag studerat för Ask-Upmark, eftersom jag var av manligt kön, ariskt blåögd och ljushårig, tillika uppvuxen i prästfamilj och i mitten av en syskonskara. Alla dessa hard facts gav god studieprognos enligt professorn.

Han hälsade också fryntligt då diskussionen skulle börja. Inför hans långa inledning blev jag emellertid förundrad över det starkt vinklade och fördomsfulla sätt han hade att referera sina och andras åsikter. I mitt eget inlägg beskrev jag mina preliminära forskningsresultat, varefter jag granskade Ask-Upmarks hotfulla ord om p-pilleranvändarens och inte minst hennes makes dystra öde. Det föll mig in att jämföra med den populärmedicinska boken *Självbefläckelse* av doktor von Kappf som spred skräck hos unga pojkar under senare delen av 1800-talet. Där varnade författaren för följderna av onani och beskrev olika grader av ryggmärgsuppmjukning liksom annan kroppslig och psykisk sjukdom hos masturbatören. Jag menade att lika lite som några fysiska risker efter onani kunnat beläggas vetenskapligt, hade Ask-Upmarks långa skrämsellista över p-pillrens skadeverkningar något vetenskapligt stöd, utan fick anses vara uttryck för hans personliga åsikter.

Professorns reaktion var våldsam. Han sträckte darrande av

Riksstämmans möte om biverkningar av p-piller. Svenska Dagbladet *2 december 1967. (Teckning av Sven Rydén.) Notistexten framhåller att moderator professor A. Ingelman-Sundberg fann sig föranlåten att framföra en ursäkt till Ask-Upmark för »somligas ungdomliga övermod«. (Foto: Kungl. biblioteket.)*

vrede sitt pekfinger mot mig och ropade att nu, doktorn, är er karriär över! Det var en ganska skrämmande upplevelse, som jag borde ha kunnat räkna med på förhand. Efter debatten reste han sig, vände på klacken och ångade ut utan hälsning. Men några dagar efteråt skrev professor Börje Cronholm på Karolinska Sjukhuset ett korrespondenskort till mig där han stödde mitt inlägg och önskade mig välkommen att komma och arbeta på hans klinik. Sett i backspegeln hade väl inte Ask-Upmark helt fel, då han varnade för p-pillrens farmakologiska risker. Men hans djupare oro rörde den kvinnliga frigörelse som p-pillren innebar, och som han avskydde.

Då 1960-talet led mot sitt slut hade den antiauktoritära revolten nått även mig, efter att jag stängt in mig bakom studier och kliniskt arbete. Det var inte längre Pappa i mitt inre som jag behövde kämpa med. Det var hela det auktoritära och föråldrade Systemet som var den stora fienden och där stod jag minsann inte ensam.

Psykiatri och politik

Efter min disputation fick jag mera tid att se mig om och delta i den politiska turbulens som satte sin prägel på det akademiska livet liksom på olika sociala projekt.

Det är inte lätt att skriva om dessa år. Intensiteten i debatten var hög och förenklingarna stora. Behovet att förändra var akut liksom tron var stark på att ett nytt och bättre samhälle låg bakom hörnet bara det gamla förpassats ut i skamvrån. Mina problem att nu i efterhand förstå vad som hände, hänger också ihop med att jag har svårt att se min egen roll i skeendet på den psykiatriska kliniken. Det är alltför enkelt att idag ta avstånd från sådant som jag kände då men som i delar var högst relevant att reagera mot. Vissa överdrifter och förenklingar är också oundvikliga och kanske nödvändiga då något ska förändras. Min reaktion mot social orättvisa liksom mot privilegiesamhället är lika stark idag som för femtio år sedan. Den fick jag med modersmjölken. Men ändå känner jag genans för min naivt förenklade samhällsanalys, liksom för hur hedervärda enskilda personer kunde utpekas som reaktionärer bara för att de inte övergav sitt språkbruk eller sin livsstil.

Jag läste en hel del vänsterpolitisk litteratur. Den enskilda analys som starkast fångade mig var Arnold Ljungdals *Marxis-*

mens världsbild. Men jag blev inte långvarig i någon politisk församling. Snart efter det att jag kommit in i någon tros- och åskådningsgruppering brukar jag tappa lusten och känna främlingskap. När jag inte får plats med alternativa tankar, känner jag mig lätt andfådd. Detta gäller såväl politiska som psykoanalytiska eller religiösa grupper dit jag ibland kunnat känna längtan. Det har bidragit till att jag av olika läger uppfattats som opålitlig, ibland också av mig själv. Var min hållning i första hand uttryck för en självständighetens styrka eller handlade den om mina svårigheter att komma till rätta med en djupare ambivalens?

Jag kom från ett överklasshem där konservativa värden var självklara. Pappa hade varit ordförande för den högerinriktade studentorganisationen Heimdal – till synes självklart fick och tog han ledningen och makten där han kom. Men han lämnade partipolitiken då han på 1930-talet blev präst. Mamma var alltför osäker för att ta politisk ställning. Hon var en trotsare i det tysta och med ett äkta socialt medlidande, men hon saknade teori och riktning. Så småningom övertalades hon att gå med i folkpartiet – närmast för att kunna bli nämndeman. Men jag tror knappast hon jämförde de olika partiprogrammen med varandra.

Själv blev jag under gymnasietiden suppleant i styrelsen för högerns ungdomsförbund. Jag var avståndsförälskad i en flicka som var styrelsemedlem. Vad ordet suppleant betydde förstod jag aldrig och gav upp föreningslivet efter två sammanträden, då jag insåg det hopplösa i att närma mig henne. Politik liksom radikalt tänkande var fjärran från min värld. Som ung läkare gick jag i kostym och slips. Utan att riktigt veta varför, deltog jag någon gång i ordenslika, uppstyltade herrmiddagar, där det hölls tal på studentikost manér och alla blev fulla.

Staffan, som läste konst- och litteraturvetenskap i Uppsala, hade ett tydligare radikalt tänkande. Vi debatterade ivrigt men jag hade svårt att begripa hans vänsterhållning. Samtidigt var jag medveten om motsättningen mellan Västerås privilegierade borgerlighet och flera av mina kamraters sociala hemmiljöer – för att inte tala om alla dem som förödmjukade sig genom att gå som tiggare i vårt hem. Så tog jag steget att rösta på folkpartiet. Mot 1960-talets slut gick jag över till socialdemokraterna och vacklade sedan mellan dem och kommunisterna. Jag kände mig ofta vagt oberättigad då vi sjöng »Upp till kamp emot kvalen« på 1970-talets förstamajdemonstrationer. Men jag klädde mig i manchesterkostym från Mah-Jong även om psykologen Kristina Humble förstörde något av nöjet genom att i medier mynta uttrycket »velourmän«. Det antydde en kontrast mellan en mjuk kvinnovänlig yta och en undanglidande, obearbetad manlighet. Hon var ansluten moderat och en av de få som hade modet att öppet gå emot sin egen generation av vårdvänstern. För det fick hon också utstå många angrepp.

Om min allmänpolitiska hemvist var vacklande så utvecklades desto mera min känsla av protest mot mycket av det jag såg i vården. Mina erfarenheter av hur psykiska kristillstånd ofta fungerade som utlösare för psykisk ohälsa hade förtydligats och fördjupats. Jag förvånades över hur lite psykiatrin var organiserad omkring detta faktum. Det var höga murar mellan allmänheten och psykiatrin. Den psykiatriska mottagningen var i mycket en serviceinrättning för de utskrivnas »eftervård«. För att få en rejäl behandling behövde man bli inlagd. Det blev man om man hade remiss från någon praktiker på stan eller från den psykiatriska mottagningen, men det dröjde ofta månader av väntan på sängplatsen. Alternativet var att söka akut hjälp på jourmottagningen, men relativt få hittade fram till den. De som fått en akut psykos sändes vidare till sinnessjukhuset, eftersom möjligheten till tvångsvård saknades på sjukhusklinikerna. På ett självklart sätt var sängarna på vårdavdelningarna navet i den psykiatriska klinikvården där de flesta läkarna fanns.

Psykiatrin hade sedan några årtionden baxat sig upp till att bli en medicinsk specialitet i paritet med invärtesmedicin och kirurgi. Varje större kroppssjukhus skulle ha en egen psykiatrisk klinik knuten till sig. Men det hade skett till priset av att man avsade sig ansvaret för de mera störande patienterna, som gick ett undanskymt öde till mötes på de relativt isolerade sinnessjukhusen. Ett annat pris som psykiatrin betalade för att bli accepterad inom den medicinska professionen var att den kopierade de medicinska specialiteternas vårdmodell: en avdelning organiserad med femton till trettio sängar i centrum, med sjuksköterskor som såg till att läkarnas ordinationer följdes – de LO-organiserade skötarna fanns på sinnessjukhusen. Läkarna gick dagliga ronder i vita rockar med en grupp sköterskor och elever som antecknade ordinationerna, förbi patienterna som satt på sina sängar. Ingen skulle tveka om att detta uttryckte samma kunskapsnivå som annan medicinsk verksamhet. Om den utvecklingen en gång varit förståelig, upplevde många av oss yngre läkare den nu som passiviserande och därigenom kontraproduktiv för patienternas återhämtning.

Klinikens kapacitet för vård dikterades av sängantalet och bromsades av svårigheterna att garantera patienterna eftervård. Man diskuterade aldrig om en minskning av de dyra sängplatserna kunde betala en utbyggnad av öppenvården – de samhällsekonomiska frågorna låg fjärran från sjukvårdens vardag. De flesta patienterna var inlagda under månader för oklara depressioner och ångesttillstånd där de hasade omkring mellan dagrummet och arbetsterapin i väntan på behandlingseffekt. Elbehandling kunde, hoppas man, ibland påskynda utskrivningen och i psykiatriska klinikens källare på Karolinska Sjukhuset fanns ett rum, där ljusskylten »Operation pågår« ofta var tänd. Hur patienterna tänkte då de såg detta meddelande i väntan på att de skulle köras in för elbehandling, funderade ingen över högt.

Mera specifikt verkande psykofarmaka hade börjat komma till användning under 1950-talets slut. På mentalsjukhusen märktes särskilt de antipsykotiska medlen, på klinikerna de nya antidepressiva medicinerna liksom litium, men de gav ofta besvärande biverkningar. Behandlingarna bestod i övrigt av antytt medicinska grepp som salta bad, sjukgymnastik och bestrålning med »kortvåg«. Meprobamat blev populärt som lugnande medicin, men missbrukades snart av många patienter och drogs därför in. Samma sak gällde för barbituratsömnmedlen, där problemet var både missbruk och den starka självmordsrisken vid överdosering.

Givetvis fanns det hos all personal en förhoppning om det goda samtalets botande betydelse. Det existerade ännu ingen psykoterapeutisk utbildning, men många läkare och psykologer sökte sig till psykoanalysen. De fåtaliga kliniska psykologerna fick ägna sig åt testning – först mot mitten av 1970-talet började de släppas in på behandlingsarenan. De psykoanalytiskt utbildade läkarna besatt en kunskap som var ny och som förändrade den psykiatriska praktiken. Utbildningen medförde hög status på avdelningarna, men naturligt nog väckte den också ifrågasättande och irritation bland de äldre kollegerna. Psykoanalysens intåg på kliniken innebar att läkarna började lyssna närmare på patienternas livsberättelser. Nytt var också intresset för att förstå och lyfta fram relationen mellan behandlaren och patienten som en verksam behandlingsfaktor.

Det saknades ett preciserat ansvar för klinikens upptagningsområde. Man hade dålig kunskap om befolkningens egentliga psykiatriska hjälpbehov, liksom om vilka sociala faktorer som samverkade till psykisk ohälsa. De politiskt låga förväntningarna på att nå dem som behövde hjälp underhölls av svåröverskådliga upptagningsområden - ofta var de upp till en halv miljon invånare. Genom att psykiatrin var förskansad inom sjukhuset och aldrig ägnade sig åt hembesök eller samverkade med andra samhällsinstitutioner, såg man inte hur sammankopplad den psykiska ohälsan var med familj, arbete och den övriga sociala miljön. Då människor blev psykiskt sjuka kom hjälpen ofta alltför sent - vanligen först då katastrofen var ett faktum. Denna vårdapparat vidmakthöll den underförstådda tanken att det var ett slags fel i hjärnan hos patienten, som på oklara sätt skulle åtgärdas av den medicinska vetenskapen. Den stora och alltid lika glamorösa händelsen var då någon läkare lyckades avslöja en bakomliggande kroppslig sjukdom som orsaken till en patients psykiska besvär. Det skedde inte särskilt ofta, men garden mot att missa sådana orsaker var hög med ständiga provtagningar och medicinska undersökningar.

Den psykiatriska verksamheten utspelades fram till den här tiden på en relativt låg teoretisk nivå - både psykologiskt och biologiskt. Diagnostiken var i mycket ett tyckande - men med konsekvenser för vilket fack patienten kom att sorteras in i. För att kräva så lång specialistutbildning var behandlingsmetoderna varken särskilt varierade eller sofistikerade. Valet mellan det kanske tiotalet vanligt förekommande läkemedlen skedde med samma allvar och rynkade ögonbryn som på de invärtesmedicinska avdelningarna. Listorna på mediciner sköttes noggrant och bara läkarna och de medicine kandidaterna fick »ha samtal« med patienterna. Men jag hörde om många inte journalförda samtal mellan patienter och nattpersonal i dagrum eller på sköterskeexpeditioner under sömnlösa nätter. Jag tror att dessa möten blev det kvardröjande goda minnet från vården för många patienter.

Under 1960-talet utvecklades den radikala antipsykiatri som formulerades av framför allt skotten Ronald Laing och engelsmannen David Cooper. Man kan säga att rörelsen utgjorde antitesen till skolpsykiatrin, som bara väntade på att någon skulle sticka hål på bubblan. Egentligen var antipsykiatrin en historiskt sett lika förståelig kritik som den Molière under 1700-talet riktade mot hela den medicinska professionen, som han menade dolde sin egentliga okunnighet om sjukdomarnas orsaker och behandling under pompösa yttre former och vetenskapliga pretentioner.

Laing såg sina patienters livsberättelser som meddelanden om den borgerliga familjens dolda maktagenda. Han ville hundraprocentigt solidarisera sig med patienten och hade inte svårt att beskriva det psykiska sammanbrottet som uttryck för ett långvarigt intrikat maktspel inom familjen. Familjeinstitutionen var, menade Laing, en central men perverterad del av det borgerliga västerlandets självsyn. Den förvaltade de manliga privilegierna och sjukförklarade dem som inte orkade leva i familjens skendemokrati, som egentligen vilade på en fascistoid ideologi. Laing ville som psykiater komma ifrån sjukförklaring, passiviserande vård och medicinska behandlingar och startade därför egna vårdkollektiv. Men dessa urartade snart och den idealistiska antimedicinska ideologi som de vilat på visade sig orimlig och destruktiv då det kom till praktiken.

Laing stod med tiden närmare existentialistisk filosofi än klinisk psykiatri. Han reste runt i världen och föreläste. Under flera år gick han i buddhistisk lära på ett kloster i Indien, men han kunde allt sämre hålla stånd mot den måttlösa idealisering som han utlöste hos många, och den inte mindre omåttliga avsky som det medicinska etablissemanget visade honom. Han var tidvis ganska alkoholiserad, missbrukade cannabis och avled i hjärtinfarkt under en tennismatch, femtiåtta år gammal. Det har varit populärt för dem som företrätt mera konservativa riktningar att förklara Laing psykiskt sjuk, men det finns inte belägg för detta. De personliga misslyckandena förstärkte hans outsiderställning. De medför också att hans i och för sig enkelspåriga psykiatriska teorier lättare kan avvisas under ett löjets skimmer. Läser man hans skrifter som ett slags psykiatrins poetik, och inte som läroböcker i psykiatrisk teori, finner man ett komplext och rikt djup.

Laing fick antipsykiatriska efterföljare också i Sverige även om det mera var i teorin. På Långbro Sjukhus försökte man i början av 1970-talet sätta ut all medicinering på en vårdavdelning för psykotiska patienter med inte mindre kaotiska konsekvenser än Laings eget försök med Kingsley Hall-kollektivet i England. Flera ambitiösa öppenvårdsprojekt startade, bland annat i Luleå med Clarence Crafoord som ledare, där misstron mot medicinering och sjukhusvård var en central idé. Familjeterapi och psykoanalytiskt orienterad behandling skulle ersätta mediciner och inläggning, och man inledde ett samarbete med både barnpsykiatri och sociala myndigheter. Men den antipsykiatriska ideologin visade sig ohållbar i längden. Man kunde senare vrida utvecklingen i rimlig riktning genom att tänka om och också ta in medicinsk kunskap.

År 1970 hade den unge psykiatern Svein Haugsgjerds bok *Nytt perspektiv på psykiatrin* publicerats i Norge. Jag anmälde den för *Läkartidningen* och kände en entusiasm gränsande till upprymdhet. Här var en psykiater som byggde samman en kritisk samhällssyn med psykoanalytiskt tänkande. Hans teoretiska kunskaper var djupa och välformulerade, även om praktiken lyste med sin frånvaro. Men det fanns ett konkret hopp om förändring i det han skrev. Vi träffades på en konferens och medan vi vandrade på vägar och genom kohagar, talade vi länge med varandra. En vänskap uppstod som fortfarande består, om än med glesa möten. Svein intresserade sig alltmera för fransk psykoanalys, något som jag då stod och än idag står rätt främmande inför. Jag kände mig aldrig bekväm med fransmännens nomenklatur och såg framför allt inte någon klar klinisk poäng med de lacanska teorierna. Svein blev småningom alltmera mera öppen också för biologi och neurofysiologi.

Själv hade jag stort intresse också för de medicinska aspekterna av psykiatrin och följde litteraturen ganska väl. Jag hade blivit biträdande överläkare på Karolinska Sjukhuset och arbetade mycket med att bygga upp medicinarutbildningen med videodemonstrationer, gruppsamtal och seminarier. Vi var en grupp yngre läkare och psykologer som startade en psykoterapeutiskt inriktad dagavdelning, som gav intensiv behandling utan att avskära patienterna från deras kontakt med hemmen. Gruppmöten där patienterna fick besluta om icke-medicinska frågor liksom psykoterapigrupper omväxlade med individualpsykoterapi. Det rådde en stark behandlingsoptimism som säkert smittade patienterna. Ändå kände vi organisationens låsningar i svårigheten att arbeta närmare patienternas sociala miljöer.

Sverige är utredningarnas land. Under 1970-talet och en bit in på 1980-talet levererades en lång rad statliga utredningar om psykiatrin. Alla visade behovet av förändring men också att det fanns politiska svårigheter för att förverkliga dem. Den första offentliga debatt som jag deltog i var efter den så kallade *Blå boken* år 1970. Det var en utredning om psykiatrin som föreslog ökad subspecialisering men inga mera radikala förändringar för övrigt. Framför allt saknade jag en kritisk analys av psykiatrins ansvar i samhället, dess roll och kompetens. Jag skrev två artiklar för *Läkartidningen* och tog upp både vilka mål jag ansåg att vi skulle ha i psykiatrin liksom medlen som krävdes för att nå dit. De uttryckte i grova drag samma tänkande som förverkligades i det så kallade Nackaprojektet några år senare.

Den intensiva debatt som utlöstes i *Läkartidningen* hade bland annat till följd att jag ombads att bli psykiatrisk redaktör i tidningen. Invärtesmedicinaren Gunnar Birke, som var medicinsk huvudredaktör, ville höja de större specialiteternas engagemang i *Läkartidningens* spalter genom att formalisera deras medverkan. Det var spännande att komma in på denna kompetenta redaktion och jag startade genast med att försöka förmå lämpliga författare att skriva artiklar och gjorde temanummer om både konsultationspsykiatri och gruppterapi. Arbetet blev tidskrävande – allt flera kvällar började försvinna och jag kände att stressen höll på att bli för stor. Dessutom tror jag att Birke upplevde mina intressen aningen för vänsterinriktade. Då jag efter ett par år slutade var det utan stort beklagande från någon av oss.

En annan följd av debattartiklarna i *Läkartidningen* var att jag blev ledamot i en ny stor statlig utredning under entusiastiskt ordförandeskap av Claes-Göran Westrin. Han hade en socialpsykiatrisk profil, men stod relativt främmande till psykoanalysen. Förslaget kallades *Gröna boken*, som kom 1974. Det var här som sektoriseringstanken utvecklades på allvar. Den innebar att en geografiskt avgränsad befolkning, kanske mellan 50 000 och 100 000 invånare skulle betjänas psykiatriskt med både öppen och sluten vård för alla patienter. Teamen skulle vara multiprofessionella. Det innebar att i första hand sjuksköterskor, skötare, psykologer, kuratorer och läkare självständigt skulle arbeta tillsammans efter sina olika kompetenser. Tanken på att vara mera lättåtkomlig för befolkningen för att komma tidigare in i sjukdomsprocessen fick ett starkt uppsving dessa år och var en viktig del av den ideologiska överbyggnaden.

Leif Wahlquist var underläkare på min avdelning på Karolinskas psykiatriska klinik. Han och jag beslöt oss för att söka medel för att förverkliga ett sektoriserat öppenvårdsteam. Vi tyckte att Sundbyberg med 40 000 invånare var en lagom stor stadsdel att satsa på, och vi gjorde en skiss på hur ett sådant team skulle vara sammansatt och arbeta. Chefplanerarna i landstinget lyssnade vänligt på oss. De bjöd på kaffe och gröna bakelser och sa att det var intressant. Sedan hörde vi inte ifrån dem och våra planer förblev oförverkligade. Jag var otålig och ifrågasatte ofta klinikens verksamheter. Mötena blev ibland hetsiga och många var irriterade på oss nytillkomna som inte kunde acceptera det som var, utan agerade bråkstakar och kritiker.

Ändå var det en intellektuell bredd på kliniken. Den stod i hög utsträckning professor Börje Cronholm för. Han var både humanist och naturvetenskapligt inriktad. Intresserad av konst och litteratur skötte han ett antal av parnassens lejon, framför allt då de fastnat i alkohol. Han var inte psykoanalytiker, men i sina yngre dar hade han tillsammans med Gösta Harding ingått i kretsen kring Poul Bjerre. Den lämnade han ganska snabbt då det blev för mycket mästarlater. Börje var provocerad av vår otålighet att förändra psykiatrin. Hans egen intressesfär hade alltmera dragits mot den biologiska psykiatrin. Samtidigt stödde han våra ganska avancerade försök med psykoterapeutiskt inriktade dagavdelningar liksom en mottagning för människor i akut kris. Krisbegreppet började användas alltmera.

Jag hade fått ett avskilt arbetsrum på klinikens vindsvåning.

Det delade jag med underläkaren Marie Åsberg, som forskade på halten av signalsubstanser i ryggmärgsvätskan vid olika slags depressiva tillstånd. Vi spelade ibland blockflöjt tillsammans och jag minns den dag då hon meddelade hur hon med sin sofistikerade statistiska metodik kunnat separera två biologiskt skilda undergrupper av depression. Vi förstod att det var en världsnyhet och Börje var stolt och lycklig. Av skäl som fortfarande är dunkla för mig låste sig undan för undan min kontakt med Marie. Möjligen handlade det om att Marie, som stod Börje mycket nära, irriterades av mina ifrågasättanden och försök att förändra inriktningen på kliniken; hon visste att det störde Börje. Marie arbetade under hela sin karriär på samma sjukhus som gett henne de första psykiatriska lärdomarna. Som mäktig professor på Karolinska Institutet och som Psykiatriska föreningens ordförande, motarbetade hon under 1980-talet den sektoriserade befolkningsinriktade psykiatri som många av oss stod för. Som jag ser det, krympte svensk psykiatris närhet till människors vardag genom dessa ställningstaganden från vår främsta universitetsklinik. I stället underströks den medicinskbiologiska sidan av psykiatrin, något som uppskattades av många av de nya företrädarna för den akademiska psykiatrin. Jag hade svårt att förstå varför man inte kunde låta psykiatrin fortsätta att utvecklas i en dialektik mellan den naturvetenskapliga linjen och den humanistiska. Svensk psykiatri kom genom sitt relativa ointresse för socialpsykiatri och psykoterapi i en särställning i jämförelse med de nordiska grannländerna. Men Marie har sedan 1990-talet breddat sin bas och visat ett ökat intresse för jämförande psykoterapiforskning.

Vi, det vill säga huvudsakligen de oppositionella läkarna och psykologerna, höll enligt tidens sed stormöten. Tillsammans med andra personalgrupper diskuterade vi möjligheten att ändra klinikens inriktning mot en större öppenhet för människors behov av enklare och mera lättåtkomlig psykiatrisk hjälp. I efterhand kan jag se att de åsikter som vi själva tyckte var förnuftiga och framsynta inte delades av dem som stod för makten på kliniken.

Om jag hade relativt lätt att formulera mig i skrift då något engagerade mig, var de muntliga debatterna svårare då jag ville framföra något kontroversiellt på klinikmöten eller i Psykiatriska föreningen. Jag fick ofta hjärtklappning och tappade eller glömde hälften av vad jag ville ha sagt. Jag bar på en, som jag tyckte, välmotiverad protest mot mycket inom den gamla psykiatrin. Då jag under debatter i hastigheten inte lyckades dechiffrera vad jag skrivit på anteckningspappret avkortade jag mina inlägg som blev rumphuggna. Andra, tyckte jag, lade fram sina åsikter mera välavvägt och med en lätt ironisk, akademiskt vinnande knorr. (Att en del tog hjälp av så kallade betablockerande läkemedel som lugnade ner nervös hjärtklappning, visste jag inte då.) Det fanns inom mig, jämsides med missioneringsivern, en förarglig rädsla att framföra sådant som retade andra. Jag ville inte se att en del av den negativitet som jag upplevde att andra riktade mot mig, var min egen rädsla för att sticka upp, som la krokben. Ständigt såg jag mig som yngre eller svagare i förhållande till dem jag debatterade med, och jag hade svårigheter att rätt bedöma min verkliga position – jag både över- och underskattade den.

Men det är också klart att jag uppväckte motvilja hos många kolleger som gärna placerade in mig i orimliga åsiktsgrupperingar. Man hade svårt att acceptera att jag inte klart kunde placeras i det ena av de två läger som psykiatrin delades i: det biologiska och det psykoanalytiska. Då jag långt senare sökte professur, liksom i läkartidningsdebatter, skälldes jag för antipsykiater, folkförförare, chefideolog, populist och mycket annat. Jag tror att huvudskälet var att jag blev ganska känd, eftersom jag skrev läroböcker (som kollegerna ansåg mycket om men sällan öppnat) och gärna yttrade mig i debatten. Det sker inte ostraffat i en liten miljö som den svenska.

De oppositionellas förändringsiver på kliniken saknade således stöd uppifrån liksom från den gamla personalgruppen. Motståndet var inte något som man diskuterade med oss och därför trodde vi att stödet för oss var starkare än det i verkligheten var. Däremot fanns det baktalande och konspirerande kolleger. Den biträdande professorn på kliniken anmälde mig till Karolinska Sjukhusets ledning för att jag inte använde vit rock på vårdavdelningen utan gick i mina privata kläder med namnbricka. En dag blev jag uppkallad till förhör hos sjukhushygienikern. Jag fick redogöra för mina bevekelsegrunder och framhöll att det på kroppsavdelningar givetvis var en fördel med särskilda, hygieniska arbetskläder. På den psykiatriska kliniken, sa jag, var emellertid risken för bakteriell smitta inte högre än på de flesta andra ställen i samhället. Dessutom gav den vita rocken fel budskap till patienterna som fick en passiviserande föreställning om att de var sjuka i en somatisk bemärkelse och inte själva kunde påverka sitt tillfrisknande – det fanns inte större anledning för mig att ha skyddsrock än för en socialarbetare. Jag fick då den skarpa frågan om jag visste att det var en ökad sjuklighet i tuberkulos bland patienter med schizofreni. Det visste jag, men dels var det idag försvinnande få som överhuvudtaget led av tbc och dels överförde vi genast dem med schizofrenidiagnos till Beckomberga. Slutligen menade jag att den som kunde visa att den vita rocken skyddade mot tbc nog skulle få ett riktigt stort pris. Anmälan lämnades utan åtgärd och jag kunde fortsätta utan vit rock. Men att ta av rocken hade inte skett utan saknad, och jag var inte sen att ta på den då jag var tillkallad som konsult på någon kroppsavdelning.

I det läget fick jag ett telefonsamtal från doktor Bengt Berggren på Långbro Sjukhus. Det skulle i hög utsträckning förändra mitt yrkesliv. Året var 1974.

Bengt Berggren och Nackaprojektet

Bengt Berggren var en karismatisk skapare och organisatör av psykiatriska vårdprojekt. Jag hade känt honom ytligt under flera år och mest upplevt honom som en underhållande, men samtidigt ganska oroande person utan pålitliga säkringsanordningar. Han kom från norrländsk överklassmiljö och hade festat bort några år i Uppsala, innan han tog sig samman och genomförde sin läkarutbildning. Bengt var en blandning av påtagligt lättsårad känslighet och entreprenörens förtjust självsäkra hävdelselusta. Under detta bar han på tendenser till självförakt som hängde ihop med olyckliga förhållanden i barndomen. Ibland knäcktes han tillfälligt då han tyckte att han misslyckats, men oftast var han lättröstad. Överkänsligheten balanserades av en ovanlig och genomskjutande begåvning, närheten till humor och självironi liksom bristen på sentimentalitet. Han var obarmhärtig då det gällde att punktera uppblåsthet och revirtänkande – också hos oss som var hans vänner. Teoretiskt var han ganska ointresserad eller kanske snarare osäker, men i praktiken kunde han i visionär kraft likna en Axel Oxenstierna med sitt, vågar jag säga, organisatoriska snille att skapa plattformar för att genomföra det han trodde på. Han skapade dagsjukhuset vid Fruängen, alkoholkliniken i Uppsala, organiserade om Långbro Sjukhus, startade Nackaprojektet, drog upp riktlinjerna för sektoriseringen av psykiatrin i Stockholm och sist omdanade han den psykiatriska kliniken i Ängelholm. Där har man ännu idag en väl fungerande psykiatrisk akutavdelning utan lås på dörrarna.

Jag hade flera stora gräl med Bengt. De innefattade upprörd brevväxling vid tillfällen då jag känt mig ironiskt behandlad och oförstådd. Han hade ett slags kreativ trolöshet och övergav sina skapade organisationer efter några år, när de kunde överleva utan att han gav di. Då han efter fyra år lämnade Nackaprojektet för en ledande tjänst i Ängelholmspsykiatrin, blev jag hans efterträdare. Men jag reste till honom för att få handledning, eftersom min egen ledarstil hade brister. Dem såg han klart, liksom han såg mina starkare sidor.

Då Bengt ringde och frågade om jag ville vara med och skapa en ny psykiatri i Nacka kom det i rätt tid för mig. Jag hade tidigare talat med honom om min besvikelse över att det inte verkade bli något av med att utveckla en sektoriserad psykiatri i Sundbyberg. Bengt, som var psykiatrichef inom sydöstra Stockholm, berättade att han hade en politiskt väl förankrad plan att bygga en radikalt ny öppenvårdspsykiatri i Nacka och Värmdö. Den skulle finansieras genom att Stockholms läns landsting sagt upp ett gammalt avtal med Ulleråkers Sjukhus i Uppsala om att hyra vårdavdelningar och landstinget skulle dessutom bidra med färska pengar.

Psykiatrin som länge varit i strykklass var nu politiskt prioriterad. Landstingsrådet, folkpartisten Nils Hallerby, var personligen engagerad och det verkade inte finnas några gränser för politikernas lust att stödja en nyorientering, bara de förstod vad det handlade om. Bengt hade hearings med politiker och högre tjänstemän. Han dompterade dem med sitt direkta tilltal och med välvalda pedagogiska exempel. Ofta överskred han vulgaritetens gränser, men det verkade inte ha negativa effekter på dessa ordtrötta församlingar som synbart piggades upp av hans mustiga liknelser och konkreta tal. »Man måste sparka dom på testiklarna ibland för att det ska hända något.« Det var som om en kirurg kommit in i psykiatrin och raskt och förtjust skar bort stora stycken dödkött.

En av de bilder som han använde, och som senare skulle bli Nackaprojektets särskilda metafor, var »den psykiatriska korven«.

Det var en välstoppad korv med avsmalnade ändar. Korven representerade den traditionella psykiatrins resurser: stora i mitten, där slutenvårdens patienter befann sig, medan de var små i den ända där en öppenvård skulle kunna förebygga att patienterna kom längre in. Lika klena var resurserna i den andra ändan, där patienterna skulle hjälpas från att komma tillbaka in

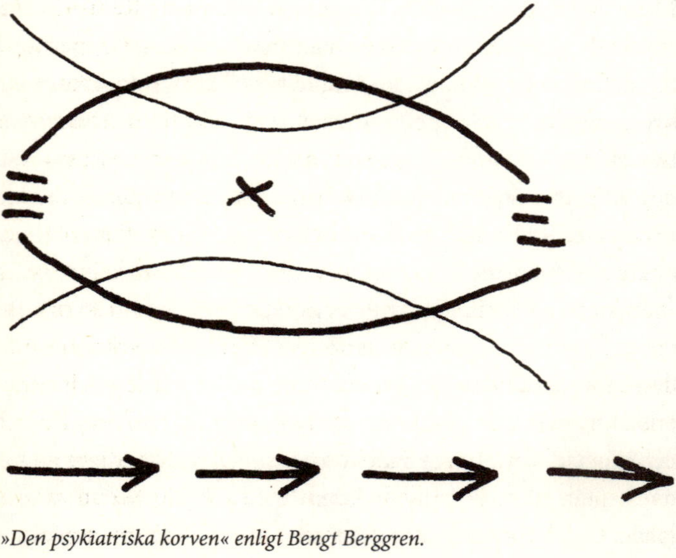

»Den psykiatriska korven« enligt Bengt Berggren.

i psykiatrin. Den psykiatriska korven ville Bengt klämma ihop på mitten, det vill säga minska den dyrbara och ineffektiva slutenvården för att i stället pressa ut resurser till förebyggande och rehabiliterande verksamheter. En genomtänkt för- och eftervård skulle, menade han, i kombination med en öppenvård som i princip fungerade utan väntetider, göra traditionell slutenvård mer eller mindre onödig.

Det var inga små omfördelningar av resurser som skulle bygga upp de tre öppenvårdsteam som planerades i Nacka och Värmdö, där de aktuella yrkeskategorierna planerades ingå. Jag blev forskningsansvarig och dessutom överläkare på ett av teamen. De övriga två teamen hade också överläkare med psykoanalytisk skolning och relativt lång psykiatrisk erfarenhet.

Bengt hade gjort studieresor i USA, England och Holland och kände många av de internationellt psykiatriskt nydanande personerna och deras idéer. En Community Mental Health-reform hade genomförts i USA under president Kennedy vid 1960-talets början. Där satsade man på tillgängligare öppenvård för definierade befolkningsområden med ansvar för akuta insatser dygnet runt. Man gav konsultationsstöd till socialtjänsten och till andra grupperingar som mötte personer med psykiska besvär, men som saknade kunskaper i just de aspekterna. Ambitiösa utvärderingsenheter hade också byggts ut på flera platser.

De statliga mentalsjukhusens vårdplatser i USA reducerades radikalt på 1960-talet – från över 600 000 till under 100 000 på ett decennium. Något som man inte talade så mycket om var den usla standarden på den offentliga psykosvården och mentalsjukhusen i USA, liksom på de gudsförgätna half-way homes och hospits dit många patienter med schizofrenidiagnos nu hänvisades att bo så länge de kunde betala för sig. Sedan var det gatan. CMH-rörelsen var – det förstod jag först så småningom –

en psykiatri för den mellersta tredjedelen i samhället. Den översta välförsäkrade tredjedelen vände sig fortfarande till privatläkare och till privata sjukhus, medan den understa hade de väldiga statliga mentalsjukhusen som bas, så länge de fanns kvar. Idealen är ett, realiteterna ofta något annat.

Som vanligt var Holland det land i Europa som låg i främsta linjen vad gällde reformer i människovården. Här hade man utvecklat en psykiatri med välfungerande öppenvård – också för psykospatienterna – med ett starkt inslag av psykoterapeutiskt och förebyggande tänkande. I England och Norge hade man satsat på en demokratisering av mentalsjukhusen med utvecklingen av en miljö som fick beteckningen »det terapeutiska samhället«. Det innebar ökade möjligheter för patienterna att göra sina röster hörda för att därigenom påverka vårdsituationen och få förbättrade möjligheter för efterbehandling. Sverige hade tillsammans med Finland och Nordirland det trista världsrekordet i antalet psykiatriska vårdplatser per invånare.

Bengt formulerade ett övergripande mål för den psykiatriska vården i Nacka och Värmdö: den skulle erbjuda »effektiva och anständiga alternativ till psykiatrisk slutenvård«. Därför skulle den direkta patientmottagningen göras lättillgänglig för befolkningens behov av psykiatrisk hjälp och man skulle ge mentalhälsokonsultation till vårdgrannar som distriktssjukvård och socialtjänst. Slutligen skulle man verka förebyggande genom att komma in tidigt då människor behövde hjälp och påtala faktorer som kunde verka störande för befolkningens psykiska hälsa, till exempel skadliga bomiljöer. Vart och ett av dessa intressen skulle tillgodoses med en tredjedel av arbetstiden. Tre team planerades med ansvar för vardera omkring 30 000 invånare. Trettio tjänster tillsattes och flera hundra sökte till dem.

Själv skulle jag, förutom att vara överläkare på ett av teamen, ansvara för att utvärdera Nackaprojektet. Att intressera sig för utvärderingsfrågor, det vill säga att bedöma hur organisationen levde upp till målsättningarna, var inte vanligt. Vår huvudidé var att undersöka hur många patienter som Nackaprojektet träffade under två år sedan verksamheten etablerats, vilka personer det var, vilken typ av störningar de sökte för och slutligen vilka behandlingar de fick. Detta skulle vi genom journalstudier jämföra med dem som sökt psykiatrisk hjälp i Nacka och Värmdö kommuner två år tidigare. Det innebar för mig bland annat att gå igenom och koda omkring två tusen journaler i olika arkiv. Vi fick medel genom SPRI, ett utredningsinstitut som landstingen och staten drev gemensamt.

Som stöd i forskningen sökte jag en sociolog med intresse för psykiska hälsofrågor. Det fann jag i Claes-Göran Stefansson på Stockholms universitet. Under de följande femton åren blev vi parhästar. Han lärde mig tänka sociologiskt och jag lärde honom om psykiatri och medicinska frågeställningar. Det här var i datorhanteringens barndom. Claes-Göran behärskade snabbt detta medium med sant konstnärskap. Han gjorde bland annat datoriserade områdeskartor, där man kunde se vilka psykiska problem som övervägde hos befolkningen inom olika delområden. Det hade vi nytta av när vi senare visade kommunföreträdare hur man systematiskt byggde in psykiska problem i vissa nya bostadsområden.

Det finns mycket att berätta om Nackaprojektet, men här vill jag bara ta upp några av de också kritiska tankar som jag har burit med mig efteråt. Jag hoppar över alla anmälningar och strider med det psykiatriska etablissemang som inte kunde acceptera att det inte alltid var läkare som mötte patienterna i främsta linjen. Bara i ett fall kunde vi konstatera en allvarlig medicinsk felbedömning, då en patients ryggmärgstumör bedömdes som hysteri. Men det var faktiskt en psykiatrisk specialist som gjorde den missen. Den lägre grad av medicinsk styrning som oroade skolpsykiatrin, visade sig fungera över all kritik tack vare intensiv internutbildning och inbyggda kontroller i arbetet.

Entusiasmen över att få arbeta på detta sätt var stor. En hög arbetsmoral växte fram. Läkarna utbildade den övriga personalen i medicinska, diagnostiska och farmakologiska frågor. Psykologerna handledde i psykoterapi och kuratorerna hade seminarier i rättsliga frågor. Senare utvecklade sjuksköterskorna sin speciella omvårdnadskompetens, när vi öppnade de nu starkt reducerade slutenvårdsplatserna. Vi tillägnade oss en rad nya arbetssätt som hembesök, jour per telefon och hade samverkansgrupper med andra vårdgivare. Forskningsenheten stödde många medarbetare med att skriva rapporter om olika aspekter av verksamheten och vi publicerade en rad vetenskapliga artiklar. Själv delade jag min tid ganska jämnt mellan forskning och patientarbete. Under de första åren kände jag att så här roligt kommer jag aldrig mer att få inom psykiatrin. Det stämde lyckligtvis inte.

Ett övergripande problem, som låg inbyggt i verksamhetens målsättningar och som utmärkte tidsepoken, var den politiska självöverskattningen av vårt uppdrag. Det är idag lätt att se att en psykiatrisk verksamhet, hur välfungerande den än är, på sikt inte kan betyda mycket för behovet av förebyggande insatser i samhället. Det trodde nog inte heller Bengt, som inte var någon entusiast för den politisering av psykiatrin som de flesta av oss ville förverkliga. Vi kände oss solidariska med befolkningen i de nybyggda förorter som karaktäriserades av låg status, hög andel invandrare och många ensamma föräldrar. Där hade bostadsförmedlingen placerat ut många så kallade multiproblemfamiljer och äldre utan fungerande nätverk, något som ytterligare försämrade betingelserna för dem som redan bodde där. Särskilt drabbades småbarnsfamiljer och invandrare. Vi kunde i vår forskning visa vilken mångfaldigt högre psykiatrisk risk de löpte som bodde i ofullständigt planerade och servicefattiga lågstatusförorter jämfört med dem som bodde i områden med hög status, borätter och välfungerande lokala nätverk.

Horst-Eberhard Richter från Giessen var en viktig inspiratör. Han är idag professor emeritus i psykiatri och psykoanalytiker samtidigt som han är författare och känd socialdemokrat i Tyskland. Horst har ägnat en stor del av sitt professionella liv åt att skapa nätverk för solidaritetsrörelser i Giessen och andra delar av Tyskland. Det var huvudsakligen studenter som frivilligt utförde stödarbete inom underprivilegierade områden. Han besökte Nackaprojektet och jag reste till Giessen. För honom handlade det om ett verkligt emancipatoriskt arbete och han skrev ständigt böcker om sin sociala psykoanalytiska teori och praktik. En väsentlig skillnad var att vi i Nacka finansierades av landstinget, medan solidaritetsarbetet i Giessen var en ungdomsrörelse utan egen ekonomi. Vi var, om än utflyttade, del av en psykiatrisk organisation medan den ordinarie psykiatrin i Giessen satt i orubbat bo.

Om psykiatrin kan innebära en hjälp för dem som har aktuella psykiska problem och sjukdomar är det givetvis mer än nog. Men Nackaprojektet innebar ett experiment genom att också utveckla ett utåtriktat, förebyggande arbete för att nå och stödja dem som befann sig i riskzonen. Mötena med hyresgästföreningar, invandrargrupper, barn- och mödravårdscentraler liksom försöken att skapa anonyma rådgivningscentraler i bostadsområdena blev emellertid alltför tillfälliga insatser, som helt berodde på i vilken utsträckning vi kunde avsätta tid. Så snart resurserna började krympas, försvann de praktiskt förebyggande verksamheterna till förmån för de primärt behandlande insatserna. Men vi uppvaktade Boverket och skrev artiklar i dagspressen och i vetenskapliga organ. Vi levererade statistik om den starkt förhöjda psykiska sjukligheten i de otillräckligt planerade bostadsområden, där man inte tillgodosett befolkningens grundläggande behov av nära arbetsmöjligheter och social service.

Det stod alltmera klart att patologen Rudolf Virchows tes från 1800-talets slut, »Prävention ist Sozialpolitik«, gäller också för psykiatrin. En epidemiologiskt inriktad forskning måste därför leverera data till politikerna om befolkningens status och klargöra sambanden mellan sociala förhållanden och den psykiska hälsan. Så sker idag i viss omfattning från socialmedicinska institutioner, från Statistiska centralbyrån och från landstingens lokala utredningscentra.

Som jag skildrat tidigare ledde, i den gamla modellen, läkaren en relativt passiv personalgrupp. Läkarens utbildning och erfarenhet kunde variera mycket, ändå var han eller hon den tongivande. Då bara läkarna hade ansvaret att bedöma och behandla, tillvaratogs sällan mera systematiskt den erfarna personalens kunskaper. Kapaciteten i patientarbetet blev därför låg och det var ett stort slöseri med mänskliga resurser. I de multiprofessionella teamen i Nacka utsågs en teamledare till ordförande, som inte behövde vara läkare. Ändå hade läkaren alltid vetorätt i klart medicinska frågor. Naturligtvis handlade det inte om röstningsförfarande vid ordinationer eller medicinska åtgärder, som våra vedersakare påstod. Behovet av att säkra de medicinska bedömningarna liksom medicineringen, sköttes efter konstens alla regler och tillgodosågs genom att en ansvarig läkare utsågs för varje nytt patientärende. Det blev sedermera lag på detta. Den icke-medicinskt utbildade personalen visade sig utveckla ett gott väderkorn för behoven av läkarinsatser. Vi arbetade mycket med frågan om vad delegering av behandlingsuppgifter till icke-läkare innebar. Det medicinska ansvaret för patienternas behov av medicinsk expertkunskap kunde naturligtvis aldrig delegeras, det låg kvar på läkaren. Men varje teammedlem hade sitt personliga yrkesansvar att säga ifrån om delegeringen kändes för svår eller om hans eller hennes utbildning inte räckte för uppgiften. Dessa formella frågor fungerade så pass väl att farhågorna som framfördes av den gamla psykiatrin kom på skam.

Två problem som man ser i många av de verksamheter som idag drivs enligt teammodellen har säkert bidragit till läkarbristen i dagens psykiatri. Det ena är att läkaruppgifterna på sikt blivit mindre stimulerande. Doktorerna har blivit »Mädchen für alles« och får mindre möjligheter att fördjupa sina patientkontakter, eftersom deras receptskrivande tjänster ständigt efterfrågas av den övriga personalen, som redan talat med patienten. Det försvårar möjligheten för läkarna att fördjupa sin kliniska kompetens och yrket förlorar i attraktivitet. Det här måste givetvis kunna gå att lösa, om man ser till att läkarna också får ha »egna« patienter med skyddad tid som de får följa under längre tid och till en början under handledning. Det andra problemet är att unga och otillräckligt utbildade psykiatrer, som kommer till dåligt organiserade team med informella ledarskap, kan utsättas för betydande svårigheter att hävda de medicinska kraven. Om de får för lite stöd och uppbackning från sin överläkare flyr de fältet. Många går till allmänmedicinen.

Det finns också andra problem med teamarbete som är mera intrikata. De handlar om teamens inre dynamik. Naturligtvis var alla i Nackaprojektet inställda på att göra ett så professionellt arbete som möjligt. Den teamkultur som utvecklas i sådana grupper kan i goda fall fördjupa arbetet i enlighet med de uppställda målen. I andra fall söker den mera destruktiva mål som blir en dold agenda vid mötena. Det kan handla om att skydda den förhärskande ideologin mot ifrågasättanden. En självgod och narcissistisk kultur låg ständigt på lur i Nackaprojektet. Vi kände oss som en spjutspets i psykiatrin, en syn som pumpades upp genom ett massmedialt intresse – och kanske också genom Bengts starka karisma och uppbackning av oss. Ett annat problem var att terapeuterna genom låg medelålder besatt en begränsad livserfarenhet, även om många var handplockade och några var terapeutiska naturbegåvningar. Det fanns också terapeuter som i kraft av verbalitet och diskret hänsynslöshet kunde utöva ett informellt ledarskap i teamet och därigenom splittra och driva sina egna behov, ofta via andra talesmän eller -kvinnor som hade särskilda band till dem. En mobbningstendens gentemot sådan personal som inte var politiskt eller vårdmässigt radikal nog uppstod lätt i teamen.

Ett exempel var den Lainginspirerade synen på schizofreni som uttryck för ett hämmat befrielsebehov från ett psykiskt förtryck inom familjen. Alternativt såg man sjukdomen som effekten av att ha levt sina första år med en kall och avvisande mamma. De synsätten var starkt spridda inom hela västvärlden under 1970-talet och en självklarhet för många i Nackaprojektet – åtminstone under de första åren fram till dess ny forskning korrigerade föreställningarna. Kalla mödrar ger säkert problem, men schizofreni är ett mera komplext tillstånd. Vid ett teammöte höll jag en genomgång om de djupa psykiska förändringar som många med schizofrenidiagnos undergick, och jag talade om riskerna för förenklade psykologiserande synsätt. Det här provocerade en grupp inom teamet. Deras talesman, en läkare, reste sig upp blek i ansiktet och sa att han inte stod ut med att lyssna på mig. Han blev illamående av den kalla objektivering av dessa människors lidande som jag uttryckte. Allt tal tystnade och ingen stod upp till mitt stöd. Jag visste vad jag talade om, var chef, men kände mig trots det mållös av det moraliska i anklagelsen. Att mina erfarenheter av psykos var stora i jämförelse med de övrigas var utan relevans. Min reaktion kan synas besynnerlig, men så starkt hade teamkulturen utvecklats att jag tvekade på min egen sanning. Jag visste också att jag redan var ifrågasatt av vissa grupper i projektet, eftersom jag hävdade vikten av den medicinska kunskapen och eftersom jag ansvarade för det kontroversiella forskningsregistret.

Rosmari Eliasson är idag professor i sociologi. Hon följde som extern forskare under ett år vår verksamhet nära och hade fritt tillträde till alla möten, forskningsgrupper, utbildningsverksamheter liksom inte minst till våra fester. Hon försvann efter detta men publicerade något år senare helt överraskande en bok där Nackaprojektet framställdes som en kapitalistisk ulv i fårakläder. Psykisk sjukdom var en effekt av kapitalets förtryck av befolkningen och vårt diagnosbaserade patientregister liksom att vi använde mediciner uttryckte klart att vi gick kapitalets ärenden. Hennes påståenden fick stöd från några andra sociologiskt inspirerade forskare och det uppstod en mediedebatt. Det var ovant att plötsligt få kritiken från vänster, det som av en del kallades »tokvänstern«. Våra forskningsfynd kände vi inte igen i Rosmaris version, och det förtroende som vi visat henne kändes nu som en obegriplig naivitet. Samtidigt blev det en viktig erfarenhet att känna hur starkt den ideologiska etiketteringen påverkar bilden av verkligheten, liksom vilken makt den person har som fått eller tagit formuleringsinitiativet. Men vi kände oss i gott sällskap, då Gustav Jonsson på barnbyn Skå lite senare råkade ut för ett liknande öde.

Det var som sagt en påfallande ung behandlargrupp – jag var efter Bengt med mina 40 år en av de äldsta i församlingen. I konsultationsmötena med socialbyråer, bostads- och arbetsförmedlingen liksom polisen, blev den klassiska psykoanalytiska modellen ibland en tillflykt av skäl som inte var de avsedda. Medlemmar från Nackaprojektet besökte två och två olika institutioner i samhället, där man lät dessa själva bestämma ämne och fokus för samtalet. Konsulten gav inga råd men skulle ge tolkningar om grunden till de problem som man upplevde – ofta handlade det om organisationen. Mötena präglades av långa tystnader och ofta outtalad oklarhet över vad psykiatrin hade med deras organisationer att göra, i stället för att tala om hur de skulle förstå och förhålla sig till sina psykiskt störda klienter.

Jag känner fortfarande obehag då jag beskriver detta, men tron på den psykoanalytiska hållningens suveränitet var stark. Bengt, som lyssnat till den legendariske Gerald Caplan i Boston, ledde med stor entusiasm konsultationsutbildningen i Nackaprojektet med hjälp av Caplans stora handbok *Mental Health Consultation*. Jag har känt mig kritisk mot att vi som var utbildade analytiker inte snabbare reagerade mot den verksamheten. Bengt var själv inte psykoanalytiker men hade ett stort intresse och en stark känsla för grupprocesser. Han var också engagerad i det så kallade Tavistock-konceptet med en liknande psykoanalytisk hållning inför stora grupper av professionella. Dessa kan komma från vården eller affärsvärlden och söker självverfarenhet om sådana goda och dåliga omedvetna processer som utvecklas i grupper av olika struktur. För många, framför allt för ledarna, är detta höjden av tillämpad psykoanalys. I vilket fall är det ett sätt att kraftigt markera överläge och skapa en beroendesituation för gruppdeltagarna – med okända innehåll och konsekvenser. Sådant ger dynamik, men den emotionella kostnaden för vissa av dem som utsätter sig för processen är hög i förhållande till utdelningen. Det krävs stor professionalitet och empatisk förmåga för att det ska fungera på avsett sätt.

Jag tror att konsultationsarbetet var det sämsta i Nackaprojektet. Efter en tid ändrade vi på uppläggningen då det gällde konsultationerna, som blev mera konventionellt upplagda. Mötena med socialkontoret eller distriktsläkarmottagningen blev tydligare ett givande och ett tagande, där båda parter hade behov av den andras kunskaper.

På en kabaré som uppfördes vid Nackaprojektets tioårsjubileum spelades en sketch upp. Den visade hur en strid utbröt om vem av de tre prinsarna som skulle ta över då kung Bengt lämnade oss 1978. I verkligheten representerade vi tre överläkare olika kliniska inriktningar och ledarstilar, även om vi också hade stora gemensamma synsätt. Då jag till slut fick teamens stöd berodde det på, föreställer jag mig, att jag ivrigt argumenterade för att förändra och utveckla Nackaprojektet. Jag var orolig för att det skulle bli alltför psykoanalytiskt i den meningen att ett närsynt psykoterapeutiskt perspektiv skulle dominera och att effekterna av den sociala miljön få en alltför undanskymd plats. Samtidigt ville jag att välfungerande slutenvårdsplatser skulle skapas och att de medicinska och socialpsykiatriska behoven skulle förtydligas ytterligare. Många kände det som en rättning höger.

Att ta steget från att vara andreman till att bli förste var betydligt svårare än jag kunnat föreställa mig. Plötsligt noterades och skvallrades om allt vad jag sa och man spekulerade om möjliga förändringar som jag skulle genomföra i vården. Jag hade varit van vid att tänka högt och ventilera olika möjliga uppslag.

Nu tolkades varje av mig uttalad idé till att vara ett kommande beslut. Så fort jag gick ut ur en församling blev jag ett diskussionsämne. Jag började känna mig ensam, blev misstänksam och sökte bekräftelser och förtroenden på ett föga professionellt sätt. Eftersom jag blev tvungen att på ett helt annat sätt än tidigare ta konsekvenserna av mina uttalanden, saknade jag den relativa ansvarslösheten i att vara andreman under Bengt. Det blev inte bättre förrän jag skapat en formell liten ledningsgrupp omkring mig, där alla tankar och idéer kunde diskuteras utan att de genast basunerades ut som i megafon. Idag kan jag beklaga att det skulle ta så lång tid för mig att förstå det, som nu betraktas som ABC för ledarskap, liksom problem som följer då man går från att ha varit kamrat till att bli chef inom samma organisation.

Jag ville att Nackaprojektet skulle få egna vårdavdelningar, så att vi skulle slippa att lägga in patienter på den klinik på Långbro där det råkade finnas plats. Tesen att vi skulle göra slutenvården obehövlig hade jag aldrig trott på. Patienter måste ibland läggas in, om än i betydligt mindre utsträckning än förr. Det var också viktigt att slutenvården inte skulle få en lägre status. Så småningom blev det möjligt att överta två slutenvårdsavdelningar på Långbro Sjukhus. Nu fick patienterna bättre kontinuitet i vården. Det organisatoriska arbetet genomfördes till stor del tack vare klinikföreståndaren Barbro Gustafssons och avdelningsföreståndaren Kerstin Valentins ledningsförmåga. Men de täta resorna genom södra Stockholm till Långbro tog mycket tid och kraft, inte bara för de anhöriga, utan för oss alla. Jag hade tagit på mig att vara överläkare för en avdelning med svårt utagerande, dömda och ofta missbrukande psykotiska patienter. De är psykiatrins strykgrupp, en extremt svårvårdad blandning av försummade människor, skadade först och främst av uppväxtmiljön och sedan genom missbruket och en destruktiv serie institutionsvistelser. Vissa har också en hjärnskada som sänker deras trösklar. Psykos, missbruk och farliga aggressionsutbrott är vad som återstår som uttryck för deras desperation. Möjligheterna för den lilla personalgruppen på Långbroavdelningen att hjälpa dem på något avgörande sätt var små. Flera patienter måste sändas till rättspsykiatrisk klinik, men några kunde så småningom slussas vidare till vårdhem. För att ge dem en rimlig psykoterapi och omvårdnad skulle det ha krävts en stor och handplockad personal med intensiv handledning. Det genomfördes senare på den så kallade Fruängskliniken under Lisbet Palmgrens ledning, men hennes klinik las ner i samband med 1990-talets neddragningar.

Så småningom kunde slutenvården flytta över till Nacka, vilket betydde att patienterna hade lättare att ha kontakt med hemkommunen. De somatiska avdelningarna på Nacka Sjukhus hade uppgått i Södersjukhuset som en rationaliseringsåtgärd. Sjukhuset genomgick nu en smärtsam omvandling från att ha varit ett populärt litet närsjukhus med många specialiteter till att mest hysa psykiatri och långvård.

Jag hade under de första åren i Nackaprojektet legat relativt lågt ifråga om psykosvården. Undan för undan började jag inse att närheten till Erland bidrog till att jag klarare än många kolleger såg de strukturella bristerna i psykosvården. Förvisso finns det en risk med en psykiater som också är anhörig. Utan att ha bearbetat upplevelserna kritiskt är det lätt att övertolka och överdriva sina erfarenheter. Jag tyckte dock jag fått mycket hjälp med bearbetningen. Efter att länge ha arbetat med »vanliga människors« psykiska besvär och kriser, ville jag undan för undan pröva mina erfarenheter på de sjukaste och mest utsatta patientgrupperna. Dessutom blev jag alltmera övertygad om att psykospatienternas insjuknande och återfall också måste ses ur ett psykologiskt krisperspektiv – även om deras höga sårbarhet hade andra eller okända förklaringar.

Nackaprojektet var, i likhet med den amerikanska mentalhälsorörelsen, inte heller särskilt väl ägnat att ta hand om psykospatienterna. I enlighet med vad moderniteten bjöd försökte vi, förutom med mediciner, att behandla de långtidspsykotiska patienterna med klassisk psykoterapi, där problem i deras tidiga familjeförhållanden och relationer lyftes fram – sådana kan man alltid finna. Det hade inte några särskilt goda följder – ibland var de uttalat dåliga. Problemet var att samtalsmetoden övertagits från psykoanalysens neurosbehandling, där man sökte en förståelse av symtomets mening och utan att anpassa den till psykospatienters ibland fragmenterade verklighet och djupa behov av trygghet och stöd. Terapeutens ofta tysta lyssnande upplevdes som skrämmande av patienterna och personalens bundenhet till bestämda tider och till mottagningsrummet, vare sig patienten levde i en psykotisk värld eller inte, var inte till gagn för dessa patienter.

Psykospatienterna behövde förutom varsam farmakologisk behandling levande relationer, bostäder, anpassat arbete och personligt stöd av olika slag. På teamens mottagningar dominerade personlighetsstörda patienter, och de gränssättningar de behövde passade dåligt för psykospatienterna. Under ledning av psykologen Sonja Levander hade en informell liten grupp inom ett av teamen utvecklat en avskild och välfungerande verksamhet för dessa patienter.

Då jag blev klinikchef var jag intresserad av att gemensamt för hela sektorn bilda ett särskilt psykosteam, där vi kunde skapa den atmosfär av välkomnande och lugn som dessa patienter behövde. Motståndet visade sig större än jag trott. I teamen upplevde många att jag underskattade deras förmåga att arbeta med psykotiska patienter; de kände sig sårade och anmälde mig till facket. Jag var ovan som chef och vacklade inför den verbala styrkan i protesterna, började sova dåligt om nätterna och ifrågasatte om jag klarade av jobbet. Till slut blev jag tvingad att ta ett beslut och körde över dem som protesterade. Att jag kom så långt berodde på att jag nu fick ledningsgruppen som stöd. Några intresserade behandlare utsågs från vart och ett av de tre teamen. De bildade ett nytt psykosteam vid Ektorpsmottagningen, där också klinikledningen satt. Protesterna upphörde i samma stund som organisationen var genomförd, de fackliga protesterna kom av sig och lugnet återställdes.

Behovet av ett psykosteam vill jag förtydliga genom att berätta om Monica Beckman, vars artonårige son Göran behandlades på ett av teamen. Jag fick flera förtvivlade brev från Monica och hennes man, som inte tyckte att de fått hjälp att förstå och förhålla sig till Görans djupt oroande utveckling. De uppfattade att behandlarna inte insåg att Göran blev allt sjukare och att en katastrof närmade sig. Det var en känslig situation för mig att gå in i, eftersom en annan överläkare var vårdansvarig. Göran blev inlagd på Långbro, men inte heller där kände mamman att hon kunde etablera samarbete. Man misstänkte henne för att vara patologiskt bunden och överengagerad i sin son. Monica fick kämpa emot föreställningen att vara en tjatig anhörig, som alltför mycket la sig i och ifrågasatte behandlingen. Jag förstod hennes desperation och nu kunde jag, genom den nybildade psykosgruppen, överföra Görans behandling dit. Där togs föräldrarnas engagemang tillvara och behandlingen fick småningom ett bättre förlopp. Monica bildade senare, tillsammans med psykosgruppen och kommunen, ett kooperativ för patienter liksom en mycket vital anhörigförening. Hennes engagemang och mod bidrog till den fruktbara utvecklingen av psykosvården i Nacka. Att jag kan nämna hennes namn beror på att Monica senare, delvis tillsammans med sin son, skrev en bok om sina erfarenheter. Den heter *Livskraft* och är en levande skildring från denna familjs möte med schizofrenisjukdomen och med vården, och om hur Göran ändå lyckats få en livskvalitet värd namnet.

Uppgiften för psykosteamet var att utreda, ge stöd åt och behandla de patienter med psykossjukdom som bodde i upptagningsområdet. Motsvarande idé har senare genomförts på kliniker över i stort sett hela landet. I Nacka-Värmdö fanns kanske tre hundra personer med långvarig psykosproblematik, varav en tredjedel behövde mer eller mindre tät kontakt, ibland med hembesök, för att inte förvärras i sin sjukdom. Som teamledare utsåg jag psykologen Lars Erdner och vid sin sida hade han sjuksköterskan Marie Häggberg, som också var mycket engagerad i denna patientgrupp. Själv fungerade jag som medicinskt ansvarig. Lars, som var svårt synskadad, hade stor känsla för psykotisk problematik och för rehabiliteringsbehoven liksom för familjernas behov av bistånd.

Mot mitten av 1980-talet kände jag att det började bli dags att lämna ifrån mig klinikchefskapet. Jag längtade efter att få fördjupa forskningen tillsammans med Claes-Göran. Nackaprojektet var avslutat och avrapporterat. Det var inte längre ett projekt utan hade, i samband med att hela landet övergick till sektoriserad psykiatrisk vård, blivit en klinik som andra. Jag kände också en stigande olust inför det ekonomiska tänkande som nu las över på klinikerna. Inte därför att budgetansvaret var oväsentligt utan för att frågorna om ekonomin tog över alltmera av det kreativa i arbetet. En av mina svaga sidor var budgetarbete, som jag kände mig liksom förödd inför. Då jag blev chef för Nackaprojektet skrev jag ett brev till landstingets sjukvårdsdirektör och påtalade det orimliga i att jag skulle ansvara för en mångmiljonbudget utan några som helst kunskaper om ekonomi. Jag fick ett intetsägande svar, men några år senare infördes obligatorisk utbildning i budget och ledarskap för alla klinikchefer. Då hade jag slutat.

Idag finns det så kallade controllers på de flesta kliniker; det skulle ha varit en god hjälp också för mig. Vi ville öppna ett behandlingshem som skulle ersätta sjukhusvården för nyinsjuknade psykospatienter och sökte lämpliga lokaler. Säkert var mina kalkyler ganska luftiga och det var inte alldeles enkelt för min efterträdare Mikael Sundén att ta över. Men landstinget reste nya krav för klinikchefskapet och de manifesterades i rader av ledarskapskonferenser och ekonomikurser. Inte minst tack vare Mikael genomfördes den slutliga hemtagningen av patienterna till Nackasektorn, som äntligen fick ett samlat grepp över hela den psykiatriska vården för området.

Parallellt utvecklades nu det så kallade Soteriahemmet för förstagångsinsjuknade med psykos. Det var ett unikt projekt för att kunna ge den bästa tänkbara psykosvård och som innebar ett långsiktigt personligt bemötande i kombination med lägsta möjliga farmakologiska behandling. Inspirationen kom främst från schweizaren professor Luc Ciompi, vars verksamhet vi besökte i Bern. För mig är kriteriet på en god psykosvård en klinik där man skulle vilja anförtro en närstående som går in i ett psykostillstånd. Sonja Levander var den erfarna ideologiska ledaren med Ingrid Lindgren som överläkare och Majka Stenberg som vårdansvarig sjuksköterska. En unik trojka! Jag återkommer senare till arbetet med de förstagångspsykotiska patienterna.

Men både Nackakliniken och Soteria fick se sina resurser radikalt nedskurna under den stora reduktionens tid mot slutet av 1990-talet. All kraft sattes in för att lösa de nya kraven och för att hindra kollaps. Men det var efter min tid. Den så kallade svångremspolitiken var måhända kortsiktigt nödvändig för den ekonomiska balansen i landet. För vården blev den i mycket en katastrof som man ännu inte hämtat sig från.

Jag kände ett ökande behov att mera systematiskt berätta om mina erfarenheter – kanske också för att dela med mig av min fascination inför yrket. Under flera år skrev jag på läroboken *Dynamisk psykiatri* som kom 1984. Det kunde jag göra under ledigheter och semestrar. Jag skrev ganska personligt och kände under hela bokens tillkomst en stor lust i skrivandet. Min idé med boken var att börja »uppifrån« med kriser, ångest, vanlig depression och personlighetsstörningar för att arbeta mig neråtinåt i psykiatrisk komplexitet mot de svårare psykiska sjukdomarna. Genom att jag försökte visa sambanden med den normala psykologin blev många av de psykiatriska symtomen mera begripliga och inte så främmande. Behandlingsframgångarna med medicinska metoder vid de djupare störningarna – där psykoterapi mera är ett stöd än en självständig behandlingsmetod – visade på behovet av ett biomedicinskt perspektiv bredvid det psykosociala. Som tidigare ville jag lyfta fram den kunskapsteoretiska frågan om förståelse versus förklaring, eller ett dynamisk-humanistiskt paradigm versus ett naturvetenskapligt. Jag ville att båda perspektiven skulle uppfattas som lika väsentliga inom psykiatrin och inte som konkurrerande.

Boken översattes till flera språk. Den används fortfarande i många vårdutbildningar. Genom att försäljningen blev god kom mitt bokförlag, Natur och Kultur, och jag överens om att årligen skänka en del av intäkterna till ett pris i »Dynamisk psykiatri«. Det delades ut under de många år som bokförsäljningen motiverade det. Ofta var det små behandlingsprojekt för psykiatrins patienter som kunde få ett stöd, liksom enskilda personer som bedrev forskning eller utvecklingsarbete. Flera fick resestipendium.

En söndagsmorgon, kanske var det 1988, ringde en gammal bekant som var homosexuell och berättade att senare samma dag skulle boken och jag tilldelas de homosexuellas Citronpris vid den stora gayparaden i Kungsträdgården. Meddelandet lämnade mig ingen ro och jag beslöt att infinna mig för att personligen ta emot priset, trots att jag inte var kallad, och göra ett uttalande för att försvara mig mot den i mitt tycke orättvisa behandlingen. Då jag kom dit var Kungsträdgården fylld av människor. På bänken närmast podiet satt biskop Krister Stendahl som skulle ta emot pris för att han öppnat kyrkan för de homosexuella. Jonas Gardell var mötesledare och konferencier. Jag lyckades nå honom strax innan ceremonin skulle börja. Då jag sa att jag ville ta emot priset och yttra mig i samband med det, slog han ifrån sig med båda händerna. Citronpriset var inte avsett att delas ut personligen. Jag insisterade, men utan framgång. Jonas sa att han inte kunde garantera för min säkerhet; publiken var en upprörd och frustrerad samling personer. Först då betraktade jag den lite närmare. Det var många hundra. Främst stod en skara läderbögar med musklerna svällande under munderingarna. Jag förstod plötsligt naiviteten i min tanke att tala om att boken visst inte hade något nedsättande budskap om homosexuella. Någon halvtimme senare fick jag skymd av podiet uppleva smäleken i att utsättas för folkets skrattsalvor.

Jag kunde inte förstå varför man valt ut just min bok. Jag hade skrivit om homosexualitet på ett i mitt tycke nyanserat sätt och utan att värdera. Senare, då kritiken återkom, nu från Gaystudenternas förening på Stockholms universitet, som ville bojkotta boken, började jag begripa bättre. Jag inbjöd dem tillsammans med representanter för Riksförbundet För Sexuellt Likaberättigande (RFSL) till ett samtal på förlaget där jag var inställd på att lyssna. Huvudinvändningarna låg i att kapitlet fanns med i en lärobok om psykiska sjukdomar alldeles efter avsnittet om personlighetsstörningar. Dessutom utgick skildringen från en heteronormativ modell, det vill säga betraktade heterosexualiteten som det normala och använde psykoanalytiska förklaringsmodeller. Med rätta menade RFSL att sådana synsätt framställde deras sexuella preferenser som mindre giltiga än heterosexuellas.

Jag träffade också en norsk psykiater, Reidar Kjær, som gjort en starkt kritisk genomgång av hur homosexualiteten skildrades i de gängse psykiatriläroböckerna, inklusive min egen. Reidar gav mig ny litteratur, som jag inte kände till, och vi blev sedermera vänner. Jag började förstå att delar av min gamla homofobi från ungdomen legat tämligen obearbetade och förklädda bakom en tolerant medicinsk hållning. Jag funderade länge på hur jag skulle uttrycka mig i den nya utgåva av *Dynamisk psykiatri*, som planerades. Utan att förneka det genetiska överlevnadsvärdet i heterosexualiteten underströk jag min förändrade förståelse jämfört med tidigare utgåvor och förtydligade hur bristfällig vår kunskap om det sexuella valet egentligen var. De psykoanalytiska resonemangen tog jag bort och ersatte dem med en skildring av homofobins skiftande väsen.

Mot mitten av 1980-talet arbetade jag alltmera med forskning. Mikael Sundén vikarierade som klinikchef. Hittills hade jag ägnat större delen av tiden åt kliniskt arbete. Direkt patientarbete i form av psykiatrisk mottagning och psykoterapeutisk praktik fortsatte jag med parallellt under forskningsåren. En period arbetade jag med frågor om kvinnomisshandel. I början av 1980-talet hade jag i mottagningen mött en rad män som sökte hjälp för att de misshandlat sina kvinnor. I parsamtal och individuella samtal fick jag om och om igen höra berättelsen om hur deras manliga självkänsla utmanats av att den kvinna de levde med blev mera självständig, sökte sig ut på arbetsmarknaden eller hade förälskat sig i någon annan man. Männen hade ett självklart krav på att få uppleva frihet, men stod inte ut med att kvinnan visade liknande behov. Deras argument tröt och den fysiska övermakten var vad som återstod – ofta i samband med alkohol.

Det var inte svårt att se att för dessa machoinriktade men samtidigt sårbara män hade känslan av att ha kontroll över kvinnan kommit att stå i centrum. Den hade kompensatoriska drag för den ständigt hotande kränkningen av manligheten. Det hade kommit nya teorier om skillnaden mellan pojkars och flickors förutsättningar för den tidiga modersseparationen och om faderns roll som överbryggare. Med stark inspiration skrev jag nu en artikel med utgångspunkt i myten om Orfeus som förlorar sin älskade Eurydike och beger sig till dödsriket för att återvinna henne. Villkoret för att hon ska komma levande ur dödsriket var att han inte skulle vända sig om mot henne under återfärden. Han lyckas inte behärska sitt behov att kontrollera om hon följer med honom tillbaka, vänder sig om och förlorar henne i samma ögonblick. Den bilden återspeglade ett dilemma som många män – och deras kvinnor – levde i. Hur skulle de våga släppa kontrollen utan garantier? Jag fick artikeln publicerad i *Ord och Bild*. Flera kvinnor hörde av sig per brev och tyckte att de bättre förstod sina frånskilda män utifrån föreställningen om deras kompensatoriska kontrollbehov.

Vår forskningsenhet i det före detta Nackaprojektet stöddes av bland annat landstinget och Socialdepartementet. Jag handledde en rad doktorander fram till dess att de disputerade vid någon av universitetsklinikerna. Först kom Tom Lundin som studerade psykiska krisreaktioner vid katastrofer. Han blev senare chef för traumaenheten vid Uppsala Akademiska Sjukhus. Sedan disputerade Danuta Wasserman om självmordsproblematik i Nacka. Den avhandlingen gav henne prioritet vid inrättandet av landstingets Centrum för självmordsforskning vid Karolinska Institutet. Claes-Göran Stefansson disputerade om epidemiologiska aspekter på sektorspsykiatri. Han har, som jag, en fascination inför frågorna om människors psykiska hälsa och ohälsa och det sociala samspelet. Senare blev han en högst levande byråkrat på Socialstyrelsen. Hans branta humor lockade oss ofta till paroxysmer av skratt. Per Borgå disputerade på en epidemiologisk studie om de långstidspsykotiska patienternas situation i vårt upptagningsområde. Anne Stefenson studerade självmordsproblematiken. Slutligen påbörjade Christina Dalman en stor epidemiologisk studie om förlossningskomplikationer och schizofreni, som hon senare disputerade på.

År 1984 ingick jag i planeringsgruppen för Baggensudden, ett behandlingshem för personlighetsstörda patienter, ofta med stark självmordsbenägenhet. Landstinget driver det fortfarande tillsammans med klientrörelsen Riksförbundet för Social och Mental Hälsa, RSMH. Gästerna var många gånger traumatiserade och tidigt svikna; de fick här tillsammans med sin »närmaste« terapeut under flera år pröva sina invanda föreställningar och bearbeta sin skadskjutna relationsförmåga. De flesta hade åratal av sjukhusvistelser bakom sig, liksom många självmordsförsök. Många kunde ändå växa och finna en ny och bärande tilltro till livet. En del orkade inte stanna kvar och skrev snart ut sig från behandlingshemmet. Några tog sitt liv.

Under nästan ett decennium var jag sjukhemmets läkare. Det var lärorikt och många gånger gripande att få följa gästernas kamp med sina inre lättprovocerade helveten liksom personalens försök att under Ruth Larssons ledning följa med, sätta gränser och stödja konstruktiv utveckling. Att som personal kunna behålla öppenhet och integritet och samtidigt bibehålla glädjen inför arbetet var den stora utmaningen.

Sett i backspegeln hade vi en stark psykoterapeutisk behandlingstro särskilt under de första åren. Vi hade ännu inte insett hur ibland en djupare sjukdom kan gömma sig bakom det som förefaller vara en typisk personlighetsstörning. Det kunde bli en kamp med patienten som inte orkade bryta med sina gamla mönster – och ibland med anhöriga som vi tyckte hindrade behandlingen genom att inte vilja lämna honom eller henne i fred eller genom att aldrig höra av sig. Resultatet blev sällan bra i de fallen. Vi blev tvungna att granska oss själva och tänka om. Undan för undan blev behandlarna mera lyhörda och inledde djupare och mera förtroendefulla samarbeten med de anhöriga. Vi lärde oss att de psykodynamiska modellerna var otillräckliga i en del fall och måste kompletteras med medicinsktbiologiska förklaringar som neuropsykologisk och genetisk sårbarhet. Pedagogiska och beteendeinriktade behandlingsmodeller blev, liksom läkemedel, viktiga alternativ eller tillägg till behandlingen.

Erfarenheterna stärkte min principiella syn på personlighetsstörningen som en uppbromsad utvecklingskris, där det i första hand gällde att hjälpa personen att överleva och att inte falla offer för missbruk. Självmord och droger är annars vanliga alternativ under den långa vägen mot personlig mognad. Om dessa personlighetsstörningar är ganska vanliga under tjugoåren ser man dem mera sällan hos femtioåringar. Många genomgår en sen mognad om de bara får chansen. Terapi är givetvis inte en förutsättning, men för många innebär det en avgörande hjälp att inte falla på alla de snubbeltrådar de satt upp för sig. Behandlingshemmen, vare sig de är psykoterapeutiska eller mera yrkesinriktade, är sådana »växthus« som inte bara ska skydda utan också stödja utveckling och göra en försoning med det förgångna möjlig. De representerar en omistlig del av samhällets skyldighet mot ungdomar som av olika skäl bromsats i sin utveckling. De flesta landsting skapade sådana terapeutiska hem under 1980-talet och behandlingstraditioner började växa fram. Men nästan alla dessa hem sopades bort under 1990-talets våldsamma ekonomiska sparbeting.

Psykologen och psykoanalytikern Andrzej Werbart skildrade i sin doktorsavhandling behandlingsprocessen och den psykologiska utvecklingen hos gästerna på Baggensudden. Professor Carl-Otto Jonsson var hans huvudhandledare. »Cotto« hade också handlett mig i min första vetenskapliga uppsats på S:t Görans Sjukhus, nära trettio år tidigare. Vi hade hunnit bli vänner och han stödde nu Andrzej med sitt känsliga och osentimentala förnuft.

Vår världsberömda farmakologiska institution vid Karolinska Institutet producerade många begåvade docenter som inte kunde få sluttjänster. Alla var på ett eller annat sätt engagerade i forskningen omkring hjärnans receptorfarmakologi och därigenom definitionsmässigt intresserade av behandlingen av psykiska sjukdomar. Institutionen försökte minska sin kö av begåvade docenter genom att se till att de fick arbete som underläkare på psykiatriska kliniker för att på kortast möjliga tid bli specialister i psykiatri. Sedan var det bara att söka nästa lediga psykiatriska professur, en specialitet som i Sverige alltmera kom att utvecklas mot att bli en underavdelning av neurobiologin, läran om hjärnans fysiologi och farmakologi. Forskningsmeriter var det enda som verkligen betydde något vid bedömningen – trots regler om att värdera pedagogiska meriter liksom erfarenheter av klinisk verksamhet och av utvecklingsarbete. Den som disputerat vid en teoretisk institution slog alltså med lätthet ut kliniskt välutbildade konkurrenter. Man kunde enkelt räkna mängden publicerade vetenskapliga artiklar – de som arbetade naturvetenskapligt hade nästan alltid flera. På så sätt kom de biomedicinska aspekterna av psykiatrin att ta över såväl undervisning som klinisk inriktning och forskning. De dynamiskt-socialpsykiatriskt inriktade läkarna kände inget stöd för att utveckla forskning inom sina intresseområden och många gav tyvärr upp akademiska ambitioner. Det fanns varken kultur eller kompetens för deras specifika handledningsbehov. Nu var det naturvetenskapens lyktor som lyste i mörkret och de var riktade mot andra mål.

Den biologiska psykiatri som utvecklats är naturligtvis omistlig, men lika enögd som den psykoanalytiska psykiatri som kom att dominera i USA under 1960- och 1970-talen. En stark dominans av biologiska synsätt skapar inget naturligt rum för professionell utveckling av det som kallas människointresse hos studenter och läkare. Att förklara hjärnans fysiologi och neuropsykologi ersätter inte behovet av att också förstå hur människans upplevelser och beteenden hänger samman med tidigare erfarenheter och aktuella händelser. Många psykiatriintresserade medicinare och läkare vill få möjligheter att utveckla sin personlighet och självkännedom – den egna personligheten är psykiaterns huvudinstrument för avläsandet av människors psykiska ohälsa och relationsproblematik. Det instrumentet måste i forskning och klinik kompletteras med skattnings- och mätmetoder. Studenter som haft människointresse som starkt motiverande kraft då de valt läkarutbildningen känner idag dåligt igen sig under psykiatrikursen och intresset för att ägna sig åt psykiatri blir för många snarare lägre efter kursen än före. Psykiatrin i Sverige dras idag på många platser med stora rekryteringsproblem, som man tillfälligt löser med högt betalda hyrläkare.

Under slutet av 1980-talet och i början av 1990-talet kom mitt arbete att påverkas av långdragna processer omkring de professurer som jag sökte. Den första var i Uppsala. Jag hade lite färre vetenskapliga »papers« än mina närmaste medsökande. Att jag skrivit flera spridda läroböcker och utvecklat kristänkandet liksom Nackaprojektet räknades närmast som populistiska aktiviteter och förbigicks med tystnad. Uppsala var en stad där jag hade hemkänsla och jag hade gärna arbetat där. En offentlig debatt utbröt i *Upsala Nya Tidning*, där företrädaren på professorsstolen gick emot min kandidatur. Då jag kallades till intervju inför fakultetsrepresentanter och sakkunniga, frågade en av psykiatriprofessorerna om jag fortfarande ansåg att man inte skulle använda psykofarmaka i behandlingen av psykiskt sjuka. Jag kunde bara svara att jag aldrig, vare sig i tal eller skrift, gett uttryck för sådana åsikter; kanske förväxlade han mitt namn med någon annans, som gett uttryck för idéer som kunde tolkas i den riktningen?!

Den andra professuren, ett par år senare, hade Stockholms läns landsting beslutat att tillskapa och finansiera. Sjukvårdspolitikerna i landstinget, företrädda både av den djupt engagerade socialdemokraten Stig Åhs liksom av oppositionen, reagerade mot att den akademiska psykiatrin var alltför ensidigt biomedicinskt inriktad. Man ville därför tillskapa en professur med också psykodynamisk och socialpsykiatrisk inriktning, som kunde ge bättre balans.

Jag var den enda kompetenta svenska sökanden till en sådan professur. På Karolinska Institutet såg man till att den omformulerades så att personer med mera traditionella profiler också kunde söka. Som sakkunniga tillsatte man psykodynamiskt oinitierade eller negativt inställda professorer. Det kändes besynnerligt att bedömas av sådana som saknade kvalifikationer för det som donationsprofessuren egentligen avsåg, liksom att min forskning, mina läroböcker och kliniska meriter återigen blåstes bort till ett intet. Jag överklagade och en offentlig debatt bröt ut, liksom tidigare vid uppsalaprofessuren. Särskilt stärkande var att Sveriges psykiatriske nestor, professor Jan-Otto Ottoson i Göteborg, offentligt gick ut till stöd för mig framför de andra. Han hade inte ombetts att vara sakkunnig trots att han var den enda i Sverige som hade en otvetydig kunskap på området. Beslutet var taget på förhand. På vägar som jag aldrig riktigt begrep beslöt man att kalla tre av de övriga sökande till intervju på KI; ingen av dem hade psykoterapeutiska kvalifikationer eller intresse för socialpsykiatriska frågeställningar.

Vid det laget hade jag emellertid börjat känna en lätt klaustrofobi inför tanken att ändå bli professor i den fientliga akademiska miljön. Olusten inför att skriva överklaganden tilltog och mina inlägg motiverades till slut mest av lojalitet med dem som ursprungligen kämpat för att denna professur skulle tillskapas. Jag hade fått nya tankar om att utveckla psykosarbetet och jag hade börjat skriva en ny bok, denna gång med utgångspunkt från sambandet mellan skönlitterära författares psykiatriska lidande och deras skapande förmåga. Valet mellan att å ena sidan sitta och gräla på fakultetssammanträden och å den andra att både få tid att skriva och utveckla psykosarbetet från »golvet«

kändes allt självklarare. Då professuren tillsattes upplevde jag en paradoxal lättnad som inte bara var rönnbärsfilosofisk. Än idag kan jag känna ett slags besk tacksamhet mot Karolinska Institutets företrädare som såg till att det gick som det gick. Den känslan understöddes av landstingets generositet att några år senare erbjuda mig resurser att med en ny överläkartjänst på valfri plats få utveckla en sådan psykiatri som professuren ursprungligen avsett. Som grädde på moset ringde mig en dag dåvarande utbildningsministern Carl Tham och talade om att regeringen utsett mig till professor. Men drömmen om att få utbilda en generation unga läkare förblev ouppfylld för mig.

Erfarenheter av psykoanalys och psykoterapi

Mina personliga analyser innebar ett långt (av mig själv finansierat) och ibland slitsamt arbete. Att psykoterapierfarenheten många år senare fick en så mycket större innebörd för mitt liv, trots att den var ganska kort och »bara« två gånger i veckan, var förberett genom mina föregående analyserfarenheter. Först nu upplevde jag en ångest som gav mig kontakt med min »nattsida«, för att tala med C.G. Jung, och som jag tidigare hade undvikit att konfrontera. Mina handledda utbildningsfall var genomförda då jag 1968 ansökte om att bli godkänd och få medlemskap i Psykoanalytiska föreningen. Jag tyckte inte att resultatet i någon av analyserna fullt ut motsvarade insatsens längd och ambitionsnivå. Ett skäl kan naturligtvis ha varit min bristande erfarenhet som analytiker. En annan och viktigare orsak låg i det klassiska psykoanalytiska ramverk som var dominerande under min utbildningstid. Det vilade på synen på psykoanalytikern som en opersonlig och icke-stödjande projektionsskärm för analysandens föreställningar. Genom analytikerns känslomässiga neutralitet och de stränga yttre ramarna för kontakten, avsåg man att alstra en experimentsituation av frustration, som lockade fram minnet av tidiga känslomässiga förhållanden som byggts in i analysandens personlighet och som förblivit olösta. Dessa skulle analytikern påvisa med tolkningar, för att därigenom ge analysanden chansen att välja en utveckling som kändes mer i enlighet med verkligheten. Den här rationella modellen uttrycker den tidiga freudska psykoanalysens djupa kluvenhet. I en naturvetenskaplig tradition ville man arbeta som om analytikern var opåverkbar och objektiv i ett laboratorium, där vetenskapligt observerbara kausalsammanhang skulle blottläggas. Psykoanalysens andra idé är att som humanvetenskap lyfta fram dolda meningssammanhang bakom människans till synes irrationella tänkande och handlande. Med den synen är psykoanalysen en etisk högriskrelation mellan två människor som möts. Deras roller är motsatta, men samarbete är grunden. Professionaliteten hos analytikern innebär att han eller hon ska kunna hantera inte bara analysandens utan också de egna känslor som väcks och använda dem i förståelsen av analysanden.

Idag har psykoanalysens utveckling gått mot den humanistiska inriktningen, men utan att man – för att jämföra med andra ideologier – fullt ut »gjort upp med sin historia«. Jag har sett utomordentliga resultat av psykoanalys med stor resonans mellan de två aktörerna och där en växtprocess otvetydigt kommit i gång. Men ofta har utfallet varit tveksamt, och en förödmjukande känsla av att inte ha blivit förstådd av den oåtkomlige analytikern har dröjt sig kvar hos patienten.

Jag fortsatte efter att jag blivit godkänd som psykoanalytiker med en handfull psykoanalyser, några på fritiden och några på arbetsplatsen. Metoden passade mig inte helt, trots att psykoanalysen som teori fascinerade mig. Jag var mera resultatinställd. Freud har någonstans sagt att han aldrig varit någon psykoterapeutisk entusiast. Han ville analysera. De patienter som jag träffade var ofta bundna i en tidig ångest-/beroendeproblematik, där analysen alltför lätt kunde gå i stå. När jag upphörde med regelrätt psykoanalys, fortsatte jag att utveckla mina erfarenheter med psykoterapi. Vissa patienter arbetade jag med i många år, andra mötte jag under kortare kontakter. Jag började utveckla kortare och från början tidsbegränsade metoder – ibland bara tre möten – där jag tidigt i kontakten försökte finna ett centralt konflikttema och där målsättningen för terapin var begränsad. Patientens existentiella möjlighet att våga pröva en »frisk« väg blev ofta central. Framförallt var metoden framgångsrik vid relativt akuta ångest- eller depressionstillstånd. Att visa på ångesten eller depressionen som ett begripligt uttryck för personens upplevelse av kvävning eller protest inför en belastande eller främmande livssituation, kan tidigt vara förlösande för hoppet och för lusten att ta tillbaka ledningen över sitt eget liv.

Vissa av psykoterapierna skildrade jag i mina läroböcker. Jag förstod undan för undan att resultaten lätt uteblir, om man inte stimulerar patienten till att arbeta med hur han eller hon förhåller sig inför sina besvär och aktivt gå emot symtomen. Det är idag det självklara förhållningssättet vid korttidsterapier, symboldrama liksom vid så kallade icke-verbala former med musik eller bild. Särskilt vid långvariga och djupa störningar bör man satsa på jagstärkande och kognitiva inriktningar, något som inte minst blir aktuellt på behandlingshem för tidigt störda ungdomar. Det innebär att man släpper försöken att se hur besvären uppstått och i stället försöker finna strategier för att bemästra symtomen eller funktionshindret. Det kan verka ligga långt från den klassiska psykoanalysens idéer. Men där bör man besinna att Freud inte heller stod främmande för en kommande farmakologisk utveckling.

Psykoanalys är egentligen tre olika saker. Dels är den en teori om människans själsliv och hennes livslånga utveckling, som ständigt är stadd i förändring. Den är också ett verktyg för förståelse av kulturella, konstnärliga och sociala fenomen. Slutligen är psykoanalysen utgångspunkt för en rad terapier vid psykiskt lidande. Vikten av att skilja mellan målet för klassisk psykoanalys som ges fyra till fem gånger i veckan och för dynamiskt orienterad psykoterapi en eller ett par gånger i veckan har hävdats av tongivande personer i den Svenska psykoanalytiska föreningen så länge jag kan minnas. Målet för psykoanalys är insikt, och där är psykisk hälsa något man hoppas få på köpet. Psykoterapi strävar definitionsmässigt mot hälsa, bland annat via insikt om psykologiska mekanismer som låser vårt fungerande. Samtidigt har man i den Psykoanalytiska föreningen med en inte obegriplig men ändå beklaglig envishet, blundat med båda ögonen och agerat för att psykoanalys ska kallas behandling och ersättas med allmänna medel. Om man vet att varje analysand per år kostar nästan lika mycket som en psykologtjänst på ett sjukhus, är det förståeligt om politikerna frågar sig om ersättning av kostnader för psykoanalys är en rimlig prioritering.

Den psykoanalytiska metoden skulle fara väl av att tydligt definieras som en pedagogisk verksamhet, snarare än behandlande, med syfte att ge insikt om vår inre värld och våra föreställningar om verkligheten. Man minskar då risken att hamna i det dilemma som uppstår när en människa som lider av en psykisk ohälsa genom den stränga metoden kommer in i en pressande och dyrbar beroendesituation med oklara utsikter för bot. Psykoanalys har naturligtvis i goda fall effekter som är terapeutiska. Men i alltför många fall är den inte kostnadseffektiv jämfört med alternativa, mera aktiva metoder som lättare kan anpassas till patientens behov. Idag är det ofta personer med människovårdande eller konstnärliga yrken som söker psykoanalys – självkännedom är då mera prioriterat.

Psykoanalys hos läkarutbildade analytiker ersätts idag av Försäkringskassan. Det är något som jag tycker borde omprövas. Systemet binder majoriteten av de psykoanalytiskt utbildade läkarna till privat verksamhet med psykoanalyser fyra gånger i veckan under många år för ett fåtal patienter. Läkarnas kunskaper behövs bättre inom den offentliga öppen- och slutenvårdspsykiatrin, där kvalificerat dynamiskt tänkande i stort sett är utraderat idag, eftersom de flesta som har kunskaperna lockas till att arbeta på privata mottagningar. För psykologutbildade psykoterapeuter har det alltid varit ett faktum att de inte kunnat ansluta sig till Försäkringskassan. Detta är lika irrationellt. Att få psykoterapeutisk behandling innebär därför kostnader som många inte har råd med. Icke-läkarutbildade psykoterapeuter måste snarast släppas in i försäkringskassesystemet.

Hur ska psykoanalysen som kunskapsområde överleva om dess utövande inte betraktas som sjukvårdande behandling? Jag ser ingen annan möjlighet än att psykoanalysen får en position som akademiskt läroämne i likhet med situationen i många andra västländer. Erfarenhetstillskottet i form av analysander måste tillgodoses genom forskningsmedel eller privata insatser. Den kognitiva psykoterapiforskningen är bättre försörjd idag vid de psykologiska institutionerna.

Carl Milles har sagt att konstnären måste kunna sin anatomi så väl att han kan glömma den. På motsvarande sätt bör psykiatern tidigt få ett dynamiskt tänkande inbyggt i sitt professionella arbete så att det fungerar »intuitivt«. Det innebär till exempel att alltid räkna med den viktiga psykologiska kontakten omkring receptet när man skriver ut en medicin. Eller att man frågar sig själv varför en patient väcker känslor som är motstridiga och vilka effekter det har. Man ser också lättare barnet bakom den vuxna patienten, det barn som bitit ihop omkring känslor av maktlöshet, vrede eller sorg.

Min dynamiska utbildning har, föreställer jag mig, gjort mig till en mera observant och »effektivare« psykiater än om jag inte hade haft tillgång till den psykoanalytiska referensramen. Den har också hjälpt mig att bättre förstå vilken patient som har nytta av att tonvikten läggs på insiktsorienterade, kognitiva eller medicinska behandlingsmetoder. Liksom hur jag ska bedriva den vanligaste och viktigaste formen som inte har något eget namn – stödjande behandling.

En omistlig dynamisk kunskap för människoförståelse är läran om jagets försvarsmekanismer, det vill säga hur vi hanterar sådan information som väcker ångest eller som hotar jämvikten på annat sätt. Vi kan förundra oss över människors förmåga att, med bibehållen känsla av hederlighet, förneka, täcka över, vända på eller omtolka verkligheten. Andra sådana kunskaper handlar om hur de tidigare livsfasernas erfarenheter ligger mer eller mindre transparenta i vår personlighet och påverkar våra senare val. Den som lärt sig »lyssna med det tredje örat«, som den psykologiska lyhördheten kallats, får en fördjupad förståelse av delvis avkodade symboliska uttryck för känslor och behov – de som annars får karaktären av psykiska symtom. Att under handledning lära sig sådant lyssnande är inte olikt den inlärningsprocess där medicinaren lär sig skilja ut hjärtats slag i stetoskopet från allt annat brus. De här kapaciteterna kan falla bort om den psykoterapeutiska utbildningen blir alltför bunden av enbart kognitiva-rationella processer. Men det hindrar inte att kognitiv psykoterapi har inneburit ett stort steg framåt för den psykologiska behandlingsarsenalen.

Skillnaden mellan en dynamisk och kognitiv modell är främst att den dynamiska söker förstå personens upplevelsevärld genom att undersöka sambanden med den aktuella sociala situationens förutsättningar och tidigare livserfarenheter. Detta ligger ofta utanför personens omedelbara medvetande. Behandlingen strävar efter att personen själv ska se dessa förhållanden för att bli en mera aktiv agent i sitt liv. Frågan ”varför” är ofta central för förståelsen.

Den kognitiva modellen understryker mera hur själva tänkandet fastnat i sådana synsätt som binder personen, som kapitulerar för negativa förväntningar. Det systematiska sökandet efter alternativa och mera funktionella sätt att se på den egna personen har en stor betydelse. En aktivt förändrande inställning är en viktig ingrediens, och träningen att förändra sina mönster blir central. Det kognitiva synsättet tilltalar mera omedelbart rationella behov och räknas därför lättare in bland medicinskt orienterade modeller än det dynamiska.

Under början av 1990-talet gjorde jag en utredning för landstinget om de vetenskapliga effekterna av psykoterapi. De behandlingar som byggt på klassisk psykoanalytisk teknik visar ofta otydliga eller klena resultat. De som byggt på en friare tillämpad psykodynamisk metod var i vissa fall bättre, i andra sämre än med de kognitiva metoderna. Många patienter passar bättre för dynamiska, lyssnande metoder än för ett kognitivt, mera konkret arbetssätt och tvärtom. Genom att den kognitivt inriktade terapiforskningen ligger så nära övrig empirisk forskningstradition har vetenskapssamhället tagit den till sitt hjärta. Det är också otvetydigt lättare att göra metodiskt invändningsfri forskning på orsakssammanhang, där det handlar om insatser som är relativt enkla att mäta eller skatta, än på meningssammanhang.

Även om jag själv alltid varit intresserad av både psykologiska-sociala teorier och biologiska-farmakologiska förklaringsmodeller, har det som psykiater varit naturligt för mig att i första hand se människan som en upplevande, meningsskapande varelse. Därför har jag ständigt sökt finna fungerande synteser mellan dynamiska, kognitiva och biologiska metoder. Det innebär inte att teorierna måste smälta ihop; de är komplementära. Vi måste göra det möjligt för dynamiska och kognitiva terapeuter att arbeta tillsammans och lära av varandra. Intresse och respekt för varandras verksamheter är en fruktbarare position än den ömsesidigt nedsättande syn, grundad på okunskap, som råder på sina håll inom utbildningsverksamheterna. Det är 1970-talets psykoanalytiska draksådd som psykiatrin skördar idag. Då betraktade de dynamiska terapeuterna de få tappra beteendeterapeutiska behandlarna med nedlåtande ointresse. Tyvärr finner vi idag motsvarande monopolistiska attityd bland de nu alltmera dominerande kognitiva beteendeterapeuterna gentemot de marginaliserade psykodynamikerna, och skolstriderna ökar inom det kognitiva fältet. De rättrogna har intresse av att hålla rent på sina planhalvor. Det är förståeligt i viss mening även om det är beklagligt. I England har man kallat den rörelse där man tar in båda synsätten för kognitiv-analytisk terapi. Skulle en sådan syn få fotfäste hos oss tror jag det skulle innebära en nytändning för svensk psykiatri.

Vi vet genom decenniers forskning att förmågan att skapa en respektfull kontakt och ett rimligt hopp hos patienten är mera avgörande för resultatet än terapimetoden. Gunnar Ekelöf säger i dikten *Färjesång* att det är i »mälden mellan stenarna« som kampen står. Stenarna-teorierna är inte betydelselösa. Men förvissningen att företräda den rätta kunskapen kan innebära att man underskattar den personligt unika, eller snarare mystiska delen av den professionella relationen, den som inte syns eller återfinns i regelboken: »Liv är inte drakens och riddarens kamp, det är jungfrun.«

Psykosforskning och bokskrivande

Vid 1980-talets mitt steg en kurator i Säter, Barbro Sandin, fram i offentlighetens ljus. Hon hävdade att schizofrena patienter kunde botas med psykoterapi. I tidningsintervjuer och föreläsningar hävdade hon att schizofreni var den vuxnes uttryck för ett stort psykiskt lidande som han eller hon tillfogats som barn. Påståendet att barndomsupplevelser skulle ligga bakom ett långvarigt psykostillstånd och kunde behandlas med psykoterapi, uppfattades av många inom psykiatrin som lika naivt och riskabelt som att säga att ett barn med diabetes kunde botas med böner och andeutdrivning. Frånsett fräckheten att en medicinskt obildad person yttrade sig med bestämdhet i frågan, underbyggde hon inte påståendet med kontrollerad forskning, hon hänvisade bara till egna fall. Psykiatrin hade hjälpligt ridit ut den storm som Laing förorsakat, när han något decennium tidigare sagt att det var samhället som var sjukt, inte patienten. Ett i myndig ton författat öppet brev i *Läkartidningen*, undertecknat av flertalet av landets psykiatriprofessorer, krävde att hon antingen skulle ge bevis för sina påståenden eller hålla tyst.

Problemet för psykiatrin var att anhöriga över hela landet började kräva att deras sjuka barn skulle få psykoterapi och inte bara mediciner. Lidandet att se en anhörig obegripligt glida in i psykisk sjukdom hade bemötts dåligt. Nu kom ett nytt hopp. Barbro Sandin bildade skola i Säter, ordnade utbildningar över hela landet finansierade av landstingen och verksamheten fick ordentligt med vind i seglen.

Jag träffade Barbro Sandin och lyssnade till henne. Denna starka och intelligenta person hade faktiskt erfarenheter som var värda att lyssna till och lära sig av. Egentligen borde hennes påståenden ha väckt stort intresse inom den akademiska världen – de fallhistorier hon redovisade med lyckade resultat av intensiv, psykoanalytiskt inspirerad behandling var utmanande. Enbart *ett* väl beskrivet botat fall av schizofreni skulle kunna lära oss mycket nytt. Men hon generaliserade sina framgångar till att gälla hela gruppen av patienter med denna diagnos. Begreppet schizofreni rymmer många olika och i princip okända tillstånd, som rimligen kräver nyanserad och individualiserad behandling.

Psykologen Sonja Levander och jag beslöt oss för att granska vad som skett med dem som påstods ha blivit botade med psykoterapi. Vi annonserade i svenska facktidskrifter för att få kontakt med terapeuter som behandlat schizofrena personer som blivit helt friska med intensiv psykoterapi, det vill säga som förvärvsarbetade och inte behövde mediciner sedan minst två år. Vi fick flera hundra svar, som vi efter att ha diskuterat med meddelaren var tvungna att reducera till ett trettiotal, då de övriga inte uppfyllde våra kriterier. En del föll bort därför att diagnosen var osäker, andra för att patienten eller behandlaren inte gick med på att träffa oss eller för att vi inte fick läsa sjukhusjournalerna. Så bad vi en utomstående expert på diagnostik att, med ledning av de återstående journalerna, bedöma om schizofrenidiagnosen varit säker. Efter den sållningen återstod tolv fall.

Nu gav vi oss ut på resor i landet för att intervjua de före detta patienterna och deras terapeuter. Det var en lärorik tid, där vi, under upprepade intervjuer fick lyssna till livshistorierna och berättelser om en lång kamp för att bli frisk. Efter att ha mött patienterna återstod åtta säkra fall. Sju av dem kom från Barbro Sandins eller hennes elevers verksamhet och en före detta patient hade vårdats på ett annat sjukhus. Hälften hade varit typiska kroniker som stått på höga medicindoser då behandlingarna inleddes. De andra hade varit sjuka ett eller ett par år. Behandlingarna hade vanligen gått genom svåra kriser med självmordet tidvis hängande som svårt hot. Utan stöd från de kliniskt ansvariga överläkarna hade de flesta psykoterapierna aldrig kunnat genomföras. De stora doser av neuroleptika som patienterna stått på hade sänkt deras psykiska vitalitet och bidragit till uppfattningen att de led av ett kroniskt sjukdomstillstånd. Att långsamt sätta ut medicineringen under psykoterapin medförde att patienterna levde upp och fick tillbaka sina känslomässiga förmågor. Vi försökte sedan, i intervjuer med behandlarna, få en uppfattning om graden av samstämmighet mellan deras och patienternas berättelser. Vår slutsats blev att i dessa fall hade psykoterapin haft ett avgörande inflytande över patientens tillfrisknande och den goda livsanpassning som han eller hon uppnått.

Nästa steg var att vi bad Barbro Sandin att få möta de patienter som inte hade blivit återställda, men som ändå fått lika intensiv psykoterapi. Det ställde hon upp på – trots att det inte stödde hennes påstående att psykoterapi var den rätta behandlingen för alla. Det var ett tiotal patienter som vi nu träffade – i ytterligare några fall fick vi enbart läsa deras journaler. De var utvalda enligt samma ursprungliga diagnoskriterier som de som blivit friska. Då vi gjorde en jämförande fallstudie mellan alla dem vi träffat, framstod några skillnader ganska klart. De som blivit friska hade från början visat ett starkare känslomässigt liv med, som det föreföll, mera depression än klassiskt autistisk inåtvändhet. De flesta hade haft svåra psykiska upplevelser under barndomen med övergrepp eller försummelser av olika slag, något som inte framkom på samma sätt hos dem som inte tillfrisknat. Deras hörselhallucinationer var också tydligare avgränsade till de perioder då de led av akuta vanföreställningar och var ofta förbundna med upplevelser de haft eller med viktiga personer i deras omgivning. De som var fortsatt sjuka hade malande och tjatiga hallucinationer för hörseln, också då de inte var psykotiska i snävare mening. De hade ett relativt gott liv, trots kvarvarande psykotiska symtom. Någon skada hade de inte tagit av psykoterapin även om den inte hade hjälpt dem fullt ut. Men vi träffade inte alla som fått en »misslyckad« behandling varför vi inte kunde dra några säkra slutsatser i den frågan. Vi skrev flera artiklar om våra fynd men utan att få någon egentlig psykiatrisk debatt till stånd. Man var inte särskilt intresserad.

Min slutsats, som senare har befästs, var att schizofreni är en diagnos som ofta döljer mera än den uppenbarar. Den ger varken anvisningar om gemensamt ursprung, behandling eller prognos. Det är enligt min mening en diagnosgrupp som bara har berättigande vid vissa fall av påfallande personlighetsförändring och mental nedgång efter psykosen. Fram till dess att vi vet mera, bör vi tala om *psykoser* med olika karaktäristika, orsaker, behandling och prognos. Vi har anledning att stå sökande inför vår kunskapsbrist och se upp med alla tvärsäkra påståenden i ena eller andra riktningen. Ett sådant synsätt börjar också få mera genomslag internationellt. Men det kommer att ta tid, eftersom begreppet är älskat inom psykiatrin.

Frågan om sambandet mellan konstnärskap, skapande och psykisk ohälsa är av många skäl viktig och fantasieggande. Jag har ibland fått förfrågningar från teatrar om att träffa ensemblen vid uppsättningen av en pjäs, där man velat diskutera psykologiska problem i texten. Det var den vägen som förde mig in på att läsa dramatik och litteratur med ett tydligare intresse för förhållandet mellan författares psykologiska utveckling och de själsliga konflikter som deras diktade personer gestaltar. Jag började studera författarskap där en psykisk ohälsa tidvis hade dominerat.

Tidigt hade Stig Dagermans djupnande livskris och hans självmord vid trettioett års ålder intresserat mig. Jag minns också att min mamma i november 1954 uttryckte oro för hur Erland skulle reagera då tidningarna var fulla av spekulationer om nyheten. På slutet av 1980-talet reste jag runt och intervjuade människor som känt Dagerman, bland andra hans båda hustrur, vänner och författarkolleger. Jag fick låna dagböcker, brev och litterära utkast som gav mig ovärderliga uppslag och skrev en artikel om hans tidiga modersförlust och sökande efter kompensationer i livet med dubbelhet, svek och improduktivitet. Funderingarna på hur jag skulle sätta in hans dilemma som människa och konstnär i ett större sammanhang föll på plats då jag började läsa om August Strindbergs så kallade infernopsykos.

Strindberg stod mitt hjärta nära sedan konvalescensen efter min gulsot trettio år tidigare. Nu ville jag studera vad som egentligen hände vid hans kris på 1890-talets mitt. Strindbergslitteraturen är enorm och det finns många och helt skilda åsikter om naturen och bakgrunden till hans psykiska problem. Förutom att läsa det mesta av hans verk sysslade jag under ett antal år med Strindbergsforskningen liksom med hans brev och vittnesbörder från samtida som känt honom. Under en skrivmånad på

Centre Culturel Suédois i Paris kunde jag följa de litterära spåren från hans perioder i Paris under vandringar på kyrkogårdar, i parker och längs kanaler. Mötena med andra forskare hörde till höjdpunkterna i arbetet. Jag uppfattade att både Strindberg och Dagerman hade en personlighetsproblematik med så kallade narcissistiska drag. Det innebar att de hade en stark inre spänning mellan grandiosa behov av framgång och uppskattning, samtidigt som de bar på ett självhat och självförakt då de inte kunde nå dit de ville. I Dagermans fall gick självhatet inåt och uttryckte sig i depressioner. Hos Strindberg var det mera utåtriktat och projicerades på personer i hans omgivning i form av en mer eller mindre uttalad förföljelsepsykos. Det var under senare delen av den konstnärliga och religiösa nyorientering som kallats infernokrisen. Olof Lagercrantz, som skrivit viktiga biografier om båda författarna, läste mitt manuskript. Han gav mig sitt oförbehållsamma stöd, trots att jag delvis hade andra uppfattningar om Dagermans och Strindbergs psykiska ohälsa. I Strindbergs fall argumenterade han mot den schizofrenidiagnos som många forskare hävdat. Jag kunde inte heller finna tecken på en sådan sjukdom. Att Lagercrantz inte kände till att det finns icke-schizofrena förföljelsepsykoser medförde att han bagatelliserade det psykiatriska inslaget i krisen.

Boken om Dagermans och Strindbergs livskriser kom ut 1992 under namnet *Skaparkriser*. Det var påfallande i debatten efter utgivningen hur stora svårigheter några Strindbergsforskare hade att acceptera att en person med ett sådant geni kunde vara underställd vanliga psykologiska lagar. Det var att förminska honom, tyckte de.

Under en följd av år närläste jag sedan Gustaf Frödings diktning och försökte följa hur hans smärtsamma levnadsöde förhöll sig till hans verk. Hans diktning är ju med rätta känd som vår skönaste kärlekslyrik, men jag slogs av hur mycket ambivalens och ibland förtvivlans hat mot kvinnan som man kan finna genom hela hans diktning. Det tidigare i stort okända faktum att Fröding varit bortlämnad till en amma under större delen av sitt första levnadsår, då modern vistades på hospital i Danmark för en svår depressiv psykos, gav för mig en ny relief åt denna diktning. *Gustaf Fröding och kärleken* utkom 2004.

Det är ständigt fascinerande att se hur en författares existentiella och personliga livsteman kommer åter i författarskapet. Vanligtvis inte på ett klassiskt självbiografiskt sätt utan mera liknande nattens drömmar. Liksom drömmarna uttrycker aspekter av våra liv utan att vara direkt översättbara, är en dikt, en novell, ett drama eller en roman som ett stycke olevt liv som författaren gestaltar i textens form. Förment självbiografiska skildringar är ofta kreativt förändrade; ett exempel är August Strindbergs *Inferno*. Samtidigt kan fiktionaliserade berättelser vara självbiografiska på ett mera fördolt eller omedvetet fantasiplan. Liksom drömmar kan ge möjligheter till förståelse av en människas inre värld och existentiella situation, kan konstnärens verk vara sådana uttryck. Människan har denna märkvärdiga förmåga, något som ingen neurobiologi i världen räcker till för att förklara eller tolka. Vi söker ständigt att gestalta och symbolisera det vi bär inom oss.

Konstnärligt skapande och psykoanalys har alltid stått i ett riskabelt kärleksförhållande. Psykoanalytikern kan övertolka och vill gärna läsa in en bekräftelse på sin egen teori. Hur ska man då veta om en tolkning är »sann« eller inte? Det finns ju inte *en* riktig tolkning där andra måste vara felaktiga. Varje dröm och varje diktat verk rymmer tolkningar på olika nivåer och med olika synsätt, som alla kan vara mera eller mindre giltiga. Det säkraste kriteriet på den goda tolkningen är att personen/läsaren får en känsla av evidens och kan komma vidare i sin förståelse.

Det har varit oupphörligt fängslande att skriva dessa böcker, och få fördjupa sig i källstudier. Att under en räcka av år leva nära en icke levande människas liv och verk kan undan för undan medföra en paradoxal personlig kontakt, som ibland liknar vänskap. Jag kan träffa dem i drömmen. Ibland har jag känt en lust att ringa upp och fråga om något som är oklart. Periodvis är diktarens gestalt mera främmande och gåtfull. Upplevelsen av närhet till den biografiska personen innebär givetvis inte någon garanti för att slutsatserna i boken är riktiga, det är den bild som har vuxit fram just för mig.

En dröm för framtiden som jag har, är att skriva om vad som händer med bildens strukturer för målande konstnärer om de går in i en långvarig psykos. Hills och Josephsons så kallade sjukdomskonst bedömdes en gång som lika sjuk och förvirrad som Frödings »sjukdomsdiktning«. Modernismens intresse för konsten som uttryck för en inre verklighet, gav de verken ett nytt berättigande där konstnären under en psykotisk sjukdom sprängt konstens konventionella estetiska gränser.

De förstagångspsykotiska

Den som utvecklar en psykos förlorar, ofta gradvis, verklighetskontakten och ser alltmera omvärlden som fientlig eller opålitlig, medan vanföreställningar förstärks och hallucinationer utvecklar sig. Då personen kommer till vård – ofta via polis eller genom anhörigas försorg – kan det ha gått lång tid och familjekontakten och »det sociala nätverket« har ibland tagit skada genom den sjukes obegripliga anklagelser och hot. Det här är oftast en ungdomssjukdom; de flesta insjuknar mellan tjugo och trettio års ålder.

Ett huvudintresse för den verksamhet som vi utvecklade i Nackaprojektet var att trösklarna för att få kvalificerad psykiatrisk hjälp skulle bli lägre. Därför ville vi satsa på att nå dem som råkat in i ett psykostillstånd för första gången. Forskningen och kunskapen om de psykotiska störningarna hade, som jag tidigare har skildrat, släpat efter. Då varje klinik fick ansvar för sina patienter inom ett begränsat upptagningsområde, började man också fråga sig vart alla nyinsjuknade psykospatienter tog vägen och varför så många levde kvar på torftiga sjukhusavdelningar eller vårdhem.

De nyinsjuknade kom ofta så sent till hjälp att de hade hunnit förstöra sina relationer till andra och pressat sina närstående alltför långt. Dessutom behövde de få ett mottagande som tog hänsyn till deras stora rädsla för att söka vård och där det psykologiska bemötandet skulle ses som lika viktigt som det medicinska. Sonja Levander hade utvecklat en problemorienterad samtalsmetod för psykosarbete, som byggde på en kombination av dynamiskt och kognitivt tänkande. Vi försökte finna bättre vårdmöjligheter för denna patientgrupp med inspiration från Luc Ciompis Soteriarörelse (*soteria* är grekiska och betyder 'räddning' eller 'hjälp'). Den går ut på att genom små vårdkollektiv för nyinsjuknade psykotiska patienter försöka upprätta en förtroendefull läkande kontakt med patienten med ett minimum av antipsykotisk medicinering. Teoretiskt vilade tänkandet på vikten att ta den psykotiskt sjuka personens höga stimuluskänslighet på allvar och att reducera de upplevelser av kränkning och fruktan som den traditionella vården oavsiktligt är fylld av.

Tack vare ett starkt lokalpolitiskt stöd kunde, som jag nämnt tidigare, Sonja och sjuksköterskan Majka Stenberg liksom Rolf Hedström starta en internatliknande verksamhet för nyinsjuknade, Soteria Nacka. Fastigheten hade tidigare varit ett pensionärshotell, men blev nu en småskalig och personligt ordnad oas för åtta inneliggande patienter liksom för utskrivna. Behandlingen byggde på en nära stödrelation mellan patienten, personalen och familjen. Det medicinska innehållet bestämdes efter noggrann prövning i varje enskilt fall, ofta med neuropsykologiska tester. En utvärdering efter fem år av läkarna Margareta Falk Hogstedt och Ingrid Lindgren, visade att verksamheten varit framgångsrik både vad gällde graden av återhämtning och av patienternas acceptans. Men resurserna hade då redan dragits ner och Soteria Nacka krymptes så att de ursprungliga målsättningarna inte längre kunde uppfyllas.

Jag hann själv aldrig arbeta inom Soteria, eftersom jag startat en ny verksamhet på Södermalm i Stockholm. Lokala sjukvårdspolitiker, bland andra Stig Åhs, Anita Tånneryd och Birgitta Rydberg, hade reagerat mot att den professur för dynamisk och social psykiatri som de initierat inte gått till det ändamål som den var avsedd för. Därför tillsköt de nya medel som innebar att en grupp nya medarbetare och jag kunde öppna ett öppenvårdsteam för förstagångsinsjuknade i psykos. Det var 1992. Vi visste att mellan 15 och 20 personer per år av Södermalms ungefär 100 000 invånare skulle insjukna för första gången i ett psykostillstånd. Teamet kompletterades med ett »krishem« för tre patienter i en vanlig bostadslägenhet. Det var således en något annorlunda modell än Soteriahemmet – framför allt var den billigare genom att det var färre anställda. Vi försökte nå patienterna – i deras hem eller på jourmottagningen – direkt efter att någon kontaktat oss. De som var alltför psykotiska för att bo hemma erbjöds att vistas en tid på krishemmet. Enstaka patienter med stor risk för att de skulle skada sig själva eller någon annan lades kortvarigt in på vårdintyg på kliniken. Annars kunde vi låta akut psykotiskt sjuka patienter vistas på krishemmet med stöd av dagpersonal och en jourtjänstgörande på natten. Patienter som flyttat hem fick titta in och dela en lunch för självkostnadspris. Vi märkte snart att det här var ett fungerande sätt att möta denna känsliga grupp patienter. De fick lättare förtroende för vården, vi försökte att inte omedelbart tvinga på dem medicinering och kränka deras sköra självkänsla. Om de inte ville ta emot mediciner försökte vi avvakta eller förhandla med dem så långt som möjligt.

På Karolinska Sjukhuset visade under slutet av 1980-talet Lars Farde och hans medarbetare i en serie internationellt mycket uppmärksammade PET-studier (Positron-Emission-Tomografi) av hjärnans omhändertagande av antipsykosmedel att de doser som man brukat ge patienterna var onödigt höga och att de många gånger besvärande bieffekterna var kopplade till överdosering. Man kunde ofta avvakta med behandlingen en eller två veckor, för att sedan stiga så försiktigt i doserna att biverkningarna inte överskuggade fördelarna. Det kändes befriande att den återhållsamma behandlingspolicy som vi tillämpat sedan länge fick en farmakologisk-medicinsk sanktionering. Det här var också något som klientrörelsen hävdat under årtionden.

Läkemedel var som vi såg det inte den enda behandlingen, utan de kompletterade eller möjliggjorde andra behandlingsformer som vi ville utveckla, exempelvis krisstöd inom familjegruppen och individuell psykoterapi då psykosen började klinga av. Att lägga in patienterna på krishemmet hade också i sig en märkbar antipsykotisk effekt för många – till skillnad från de oroliga vårdavdelningarna som snarast ökade deras psykotiska beteende.

Parallellt med det kliniska arbetet utvärderade vi verksamheten och fann en hög grad av tillfredsställelse med vården hos både patienterna och de anhöriga. Vi hade ingen kontrollgrupp att jämföra med, men det vi såg med våra egna ögon, och som vi kunde ställa i relation till våra tidigare erfarenheter, var tillräckligt för att övertyga oss om att vi var på rätt väg. Vi såg faktiskt inga negativa effekter av behandlingsmodellen. Tillsammans med Sonja Levander började jag därför planlägga en nationell multicenterstudie för en alternativ behandling av förstagångspsykoser.

Stockholm hade 1991 fått ansvaret för att hålla den tionde internationella konferensen inom ISPS (The International Society for the Psychological treatments of Schizophrenia and other psychoses). Konferenserna hålls vart tredje år och jag utsågs till president då turen kom till Sverige. Vi fick ekonomiskt stöd från bland annat landstinget och Socialdepartementet. Bistånd från farmakaindustrin hade vi inte förväntat oss – även om faktiskt Astra ställde upp. En huvudinriktning för mötet 1991 var integrationen av psykologiska och medicinska aspekter i psykosvården. Vi bildade en arbetsgrupp som planlade den vetenskapliga och sociala organisationen. Närmare sjuhundra deltagare från hela världen kom. Konferensen markerade en förändrad hållning inom ISPS med ett öppnande av broar mellan den psykologiska och biologiska psykiatrin. Just den veckan bjöd Stockholm på vattenfestival – jag tror att många deltagare uppfattade att det var för deras skull som ett ståtligt fyrverkeri brändes av utanför Operakällaren där vi höll festmiddagen.

Det visade sig att vi fått ett ekonomiskt överskott från stockholmskonferensen. Tack vare det kunde vi något år senare kalla till den första av flera planeringskonferenser för ett multicenterprojekt, där vi bjöd in representanter från alla de kliniker i Sverige som var intresserade av att ingå i en forskningsbaserad försöksverksamhet för förstagångspsykotiska patienter.

Vi var också inspirerade av den finska modell med så kallad behovsanpassad vård som professor Yrjö Alanen från Åbo och hans medarbetare hade utvecklat, där man försöker ge patienten och familjen den behandling som varje fas av sjukdomen kräver. I början kan det betyda mycket familjesamtal och kristerapi, senare kanske farmakologisk terapi i tillägg till pågående familjesamtal. Ibland är inläggning ett viktigt inslag.

Många visade intresse att delta. Nitton kliniker från Skellefteå i norr till Malmö i söder förband sig att genomföra projektet under de två år som patientinsamlingen skulle löpa och sedan ytterligare fem år för fortsatt behandling och uppföljning. Socialstyrelsen bidrog under de första två åren med medel från den pågående psykiatrireformen, så att varje klinik skulle kunna lösgöra en forskningspsykolog på deltid. Övriga kostnader stod klinikerna för själva. De uppgifter som de lokala databaserna samlade in sändes vidare till vår centrala databas i Stockholm. Nio av klinikerna kom från Stockholms läns landsting, som gav oss ekonomiskt stöd under hela projekttiden för att driva den centrala databasen. Man insåg att erfarenheterna från denna verksamhet skulle kunna innebära en viktig förändring för den framtida psykiatrin.

Den förändring av vården för nyinsjuknade i psykos som vi ville förverkliga baserade sig på våra praktiska och teoretiska erfarenheter sedan flera decennier. Ingen av de principer vi formulerade kunde i sig sägas vara särskilt »radikal« eller anstötlig för den traditionella psykiatrin. Det nya var att tillämpa dessa principer samtidigt. Det krävde en organisatorisk förändring.

Den första principen, att *inte behöva vänta* på att få hjälp liksom att kunna få hembesök om rädslan för att söka hjälp på sjukhuset är stor, borde vara en självklarhet. Det arbetssättet hade vi utvecklat redan i Nackaprojektet.

En annan princip som är viktig, inte minst för patienternas framtida förtroende, är det genomtänkta *psykologiska bemötandet* under hela vårdprocessen. Det första mötet ska innebära ett försök att skapa kontakt, där patienten så långt som möjligt får känna att det är på hans eller hennes villkor. Det är inte bara en diagnos som vi möter i den akuta psykosen utan en ofta skräckslagen människa. Det synsättet måste råda under hela vårdperioden. Det hindrar inte att tvångsbehandling i vissa lägen kan bli aktuell. En attityd av hoppfullhet om psykosen som ett uttryck för en krisreaktion med en »inbyggd« läkningstendens ska dominera, framför den vanliga pessimistiska synen på psykosen som ett kanske livslångt handikapp. Psykoterapi i mera specifik mening blir aktuell för vissa under ett senare skede. Den kan vara dynamisk eller kognitiv och ska vara inriktad mot att göra personen bättre i stånd att förstå och hantera sin psykotiska sårbarhet. Den metod som vi själva rekommenderade och utbildade i, var en »problemfokuserande terapi« som Sonja utarbetat. Psykoanalytiskt tolkande terapier rekommenderade vi inte.

Snarast möjlig *familjekontakt* var den tredje principen. En övervägande del av de förstagångspsykotiska patienterna bor tillsammans med sina ursprungsfamiljer. Eftersom sjukdomen innebär en kris för alla i familjen, inbjuds medlemmarna till ett första vårdmöte inom 24 timmar. På så sätt får man en bättre förståelse för vården och behandlarna kan få en kunskap om familjens styrkor och problem. Tillsammans med patienten kan man då rita en »familjekarta« för att se hur familjestrukturen ser ut och vilka större händelser eller sjukdomar som har varit av betydelse. Många gånger ser man hur patientens psykotiska beteende minskar under familjesamtalet, då man fokuserar på familjehistorien och faktiska generationsproblem. Familjer som har svårigheter att fungera på ett rimligt sätt erbjuds någon form av stöd eller terapeutisk kontakt.

Avgörande för att minska sjukdomens längd är inte bara att komma in tidigt i processen utan att också vara *lätt åtkomlig* vid det återfall som inträffar för tre fjärdedelar av alla med förstagångspsykos. Därför ska en teamorganisation byggas upp, som patienten eller familjen snabbt kan ta kontakt med, om det verkar som om ett återfall är på väg. Varje patient liksom de anhöriga ska ha fått kunskap om vilka symtom som kan föregå ett eventuellt återfall.

Principerna för *medicinering* är lika centrala. Vi vet att antipsykotiska mediciner har en ganska dålig lugnande effekt – de kan till och med öka ångestkänslor och rastlöshet. Därför rekommenderade vi att vara generös med lugnande och sömngivande mediciner under den första perioden och helst avvakta med antipsykotiska mediciner för att se hur nödvändiga de var och för att öka motivationen för de patienter som behövde dem. De låga doser som användes i normalfallet innebar att biverkningar blev ett mycket mindre problem än annars. Patienterna gav sällan ett drogat intryck. Injektionsbehandling är en sista utväg som sällan behöver tillämpas.

Inte minst viktig är principen om särskilda *små, stimuluslåga, personligt inredda krishem* för tre till sex patienter. Vi rekommenderade att de skulle ligga utanför sjukhusområdet i ett vanligt bostadsområde. Att inte blanda nyinsjuknade med »kroniska« patienter som var märkta av sin sjukdom och av vården är också en viktig markering. Till en början var min inställning att vistelsen på krishemmet skulle göras meningsfull genom hushållsarbete, gruppsamtal och olika träningsaktiviteter. Flera medarbetare fick mig att inse att det var viktigt för psykotiska personer under den korta tiden de behövde vistas hemifrån att få en så lite krävande miljö som möjligt. Det innebär att då de tillfrisknar upplever de vården som tråkig och flyttar hem för att fortsätta teamkontakten i öppenvård. De inbjöds att delta i handling och matlagning, men det fanns inga krav på det. Den här idén skiljer sig lite från Soteriatanken som bygger på avsevärt längre vårdtider och där den viktiga delen av behandlingen sker på »hemmet« och integrationen av den öppna och slutna vården är mera fullständig.

En sjunde princip om *tidig rehabilitering* lade vi till efter starten. En undergrupp av insjuknade har svårt att primärt återhämta sig på grund av sjukdomen eller beroende på sociala problem.

De har kanske ingen egen bostad eller är arbetslösa. Det är viktigt att tidigt identifiera vilka patienter som behöver särskilda stöd och kontakter med socialtjänsten, Försäkringskassan eller arbetsvården.

Vi har inte haft anledning att revidera dessa principer efter utvärderingen. Egentligen skulle de kunna gälla för all psykiatrisk vård. Trots deras självklara karaktär uppstod proteströrelser och försök att misskreditera projektet särskilt under den tidiga fasen. En grupp läkare i Sydsverige skrev artiklar i lokalpressen, där man varnade för att gå med i projektet. Vi ville psykoanalysera våra patienter, lägga skulden på mödrarna och inte använda mediciner, menade de. Man lyckades få detta landsting att vända projektet ryggen trots våra försök att motbevisa påståendena.

För att undersöka om de nya verksamheterna innebar någon skillnad för patienterna, genomförde vi en jämförelsestudie av samtliga patienter som fem år tidigare insjuknat i förstagångspsykos i några delar av Stockholm. Ursprungligen skulle Agnes Mesterton, som en tid gick in som forskningsläkare, träffa alla kontrollpatienterna för att intervjua dem om deras uppfattning av den vård som de fått och deras aktuella livskvalitet. Men drygt hälften vägrade kontakt. Det sade oss något om deras låga grad av förtroende för vården. Därför fick vi ändra taktik och göra en registerstudie på grundval av journaler och landstingets vårddata. Karolinska Institutets etiska kommitté, som skulle ge sitt tillstånd att genomföra studien, vägrade emellertid att godkänna den med enbart denna jämförelsegrupp som insjuknat fem år tidigare. Vi måste även ha en samtidig, prospektiv kontrollgrupp, där man inte kunde hänföra eventuella skillnader till effektivare farmaka, ändrad arbetsmarknadspolitik eller liknande. Kravet skulle senare visa sig berättigat, även om jag då tyckte att det uttryckte kitslighet. Mina erfarenheter gjorde mig övertygad om att skillnaderna mot sedvanlig vård skulle vara lätta att påvisa också utan en prospektiv kontrollgrupp. Det börjar dock bli ett krav att inga nya behandlingsmetoder ska införas utan att effektiviteten bevisats med prospektiva kontroller.

Det blev svårt att finna någon som ville ställa upp med en sådan jämförelsegrupp. Vi hade själva inte ekonomi att genomföra detta. Universitetsklinikerna i Stockholm var kallsinniga. Ulleråkerkliniken i Uppsala, där överläkaren Ing-Mari Wieselgren tjänstgjorde, visade dock intresse. Hon hade disputerat på motsvarande patientgrupp några år tidigare och hade ett starkt intresse för att utveckla vården ytterligare. Hon och hennes chef professor Frits-Axel Wiesel kunde tänka sig att med egna forskningsmedel följa upp sina nyinsjuknade patienter under tre år. Problemet var att vi då inte jämförde oss med en traditionell psykiatri utan med en klinik med modernt tänkande vad gäller lågdosmedicinering och en överläkare som stod för en engagerad och respektfull behandling.

Det brukar sägas att den som vill ha en god nattsömn inte ska driva ett multicenterprojekt. Det ligger mycket i det. Ett annat uttryck som vi kunde konstatera sanningen i är att en kedja inte är starkare än dess svagaste länk. Vårt arbete blev försenat av att några av de ingående klinikerna hade svårt att leverera sitt material i tid, att det förekom slarv vid undersökningarna och att datamaterialet inte var väl kontrollerat. Två gånger om året höll vi forskningskonferenser för alla inblandade då problem, metoder och preliminära resultat diskuterades. Efter en tid övertog sjuksköterskan Maria Mattsson ansvaret för den centrala databasen. Den var konstruerad efter konstens alla regler. Maria stod för den personliga kontakten med de nitton lokala databaserna. Hon hade på kort tid utvecklat kunskaper i databashantering och programmering och kontrollerade kvaliteten på inkommande data. Hon reste runt till de olika klinikerna för att stödja dem i arbetet. Idag är hon en av de doktorander som disputerar på materialet från Fallskärmsprojektet.

Ursprungligen ingick över tre hundra patienter, som undersöktes vid många tillfällen med både medicinska och psykosociala frågeställningar, och databasen har blivit stor. Knappt trettio procent av patienterna föll ifrån under det första året därför att de flyttat från sin ursprungsort eller för att de inte ville förekomma i ett forskningsregister, trots att det var anonymt. Två av klinikerna klarade inte av att ge data av den kvalitet som vi fordrade. Sjutton kliniker återstod därför med 175 patienter, som vi följde under fem år, parallellt med de båda kontrollgruppernas 132 patienter. Vi döpte oss till Fallskärmsprojektet för att symbolisera den goda återkomsten till jorden efter den psykotiska luftfärden.

Resultatbearbetningen har varit långdragen av de skäl som jag nämnt. Men den har också varit tekniskt besvärlig, framförallt vad gäller jämförelsen med kontrollgrupperna. Femårsresultaten är klara i manuskript först då jag skriver detta. Vi har kunnat visa stora skillnader i resultat jämfört med den ursprungliga jämförelsegruppen. Gentemot den prospektiva gruppen gick det inte att utläsa skillnader i antalet som har sjukdomssymtom efter tre år, men fallskärmsvården var billigare genom färre dagar i slutenvård och hade färre patienter som förtidspensionerades. Överhuvudtaget förefaller det som om flera i denna grupp blir återhämtade i den meningen att de lever i familj och har arbete, även om de fortfarande har en psykisk skörhet och kan få återfall. Kostnadsbesparingen är ett tungt vägande resultat, som måste prövas i framtida forskning. En stor vinst för patienterna ligger i att de ofta känt sig väl bemötta, att de inte särskilt ofta behövt komma in på oroliga sjukhusavdelningar, att de har fått lägre doser antipsykosmedel och haft lättare att söka hjälp vid återfall. Ett viktigt resultat var också att »bara« två patienter tagit sina liv vid femårsuppföljningen. Det är det internationellt sett lägsta tal jag sett.

Under 1990-talet spreds idén att patienternas hjärnfunktioner tog skada av en pågående psykos och att den medicinska behandlingen därför måste sättas in omgående. Våra resultat visade inte några tecken på att det stämde. Även medicinerna kunde ges »behovsanpassat«.

Om jag idag hade kunnat göra om undersökningen, skulle vi ha löst kontrollgruppsförfarandet genom att slumpa patienterna till kliniker där man tillämpade traditionellt respektive behovsanpassat omhändertagande, men det hade varit organisatoriskt svårt att genomföra utan stöd från universitetsklinikerna. Jag skulle också ha haft en samtränad utvärderingsgrupp som skötte testningar och skattningar från början.

Resultaten var dock övertygande positiva och har stärkts av flera liknande studier, som har publicerats internationellt. Det finns idag ett officiellt beslut i Sverige att skapa nätverk för att utveckla denna typ av vård.

Mot slutet av 1990-talet beslöt jag att sammanfatta mina erfarenheter om psykoser och psykosarbete. Jag hade träffat och i samtal och familjemöten följt många patienter allt ifrån deras insjuknande och genom många år framåt, och kunnat se hur vissa blev fullständigt friska och till och med upplevde psykosen som en nyttig vändpunkt för sina liv. Andra, och det var majoriteten, hade haft en lång kamp med sin sårbarhet och sig själva men så småningom kommit till ett fungerande liv. Det fanns också en grupp där inåtvändheten och ett psykotiskt tänkande dominerade och som krävde andras beskydd och stöd. Jag hade vid det laget fått ett ganska stort internationellt nätverk och var uppdaterad i både den psykosociala och biologiska psykosforskningen. Att fungera icke-psykotiskt och integrera alla stimuli från omvärlden med den inre världens bagage av erfarenheter är en ständig prestation av våra hjärnor som utmanas av isolering, påfrestningar och försämrade möjligheter att kontrollera vår verklighet. I boken ville jag skildra hur en tidig, ofta genetisk, sårbarhet vävs samman med livets svårigheter och hur skiftande en psykos utvecklas hos olika människor. Jag ville också visa hur man kan arbeta med hela registret av behandlingsmetoder och förmedla ett realistiskt hopp om möjligheten för patienterna att kunna få ett bättre liv, ofta med relativt enkla åtgärder. Några mirakelbehandlingar finns inte, men många människor har en förmåga till ett gott liv om de bara får yttre förutsättningar – och tid!

Det tog mig flera år att få fram ett preliminärt manus, och jag bad personer med olika teoretisk inriktning att läsa det kritiskt. Jag hade ingen förebild i mitt försök att integrera den humanistiskt-fenomenologiska och den biologiska forskningstraditionen och skrivprocessen kändes utmanande. Sedan vidtog det tålamodsprövande arbetet med flera omskrivningar liksom med att granska referenser och få fram tabellmaterial och bilder. Boken tillägnade jag Erland och i en epilog beskrev jag den kamp han hade fört. Han gillade att jag skrivit om honom. Men då han fått boken meddelade han att den råkat gå sönder en natt – så skedde ofta med böcker han fått. Nu var den i två delar. Det måste ha krävt en ansenlig energi. För något år sedan kom *Psykoser – ett integrerat perspektiv* i en engelsk översättning.

När jag gick jag i pension kunde jag ägna mig mera odelat åt forskning, åt att föreläsa, undervisa och skriva. Min kliniska verksamhet begränsar sig idag till att jag handleder på kliniker där man arbetar med förstagångspsykotiska patienter.

Erland efter sin »psykiska förkylning«

»Ögonbrynens häftiga vinkel och de sneda vecken i pannan under det skäckigt gröngråa håret. Monastralblått i öronen och vid näsan. Det brukar klia där. En cigarett tänds och släcks efter några bloss mot närmaste fasta föremål. Händerna skakar trots att han knappast medicinerar längre. Erland är den flitigaste människa jag känner. Han målar veckans alla dagar och ibland nätter. Snabbt, dukarna drivar sig på golvet. Det mesta är ofullgångna skisser. Men så, mitt i allt, något avslutat och genomfört. Erland är nöjd om andra uppskattar det, men själv verkar han ha samma förhållande till det ofärdiga som till det som andra tycker är 'färdigt'. Ofta målar han vidare på duken om den inte räddas.«

Det här är ett utdrag ur en text om Erland som jag skrev för drygt ett decennium sedan. Den ingick i en katalog för hans utställning på Konstakademien 1994. Sedan dess har den Parkinsonsjukdom som han redan då led av dominerat mera. Han arbetar nästan lika intensivt, men nu mest under de timmar då medicineringen verkar.

I det här kapitlet vill jag ge bilder av några stationer i Erlands senare liv. Hans konstnärliga utveckling och personliga situa-

Erland 1978. Foto Staffan Cullberg.

tion lämnar jag till andra sammanhang. Det är nu femtio år sedan han tvångsintogs på Beckomberga Sjukhus. Hur mycket av hans problem idag som är sjukdomen och vad som är en behandlingsskada går inte att säga. Trots alla övergrepp, alla yttre kränkningar och all skräck då sjukdomens fasor bemäktigade sig honom, har han ännu idag en personlig integritet och värdighet som den som seende möter honom inte kan undgå att drabbas av.

En del har blivit lättare under senare år. Minnena från sjukhusåren har bleknat – i början väckte de honom i skräck om nätterna. Samtidigt har han påtagliga och ökande problem i sin vardag, men nu mer på grund av sina gångsvårigheter. Han är beroende av den kommunala hemhjälp som kommer till honom, städar, ger mat och mediciner. Men tack vare dagens sociallagstiftning som säger att även funktionshindrade ska ha rätt att »leva som andra« är skillnaden himmelsvid jämfört med hur situationen var för femtio år sedan.

Jag har svårt att erinra mig Erlands alla »boenden«. Hans utskrivning till en lantbrukarfamilj i Nora hade det goda med sig att han kom ifrån sjukhuset. Värdfamiljens försök att få honom att arbeta i skogen väckte hans förtrytelse och fick snart ges upp. Själv ville han komma till Stockholm och måla. Att Erland skulle bo ensam kändes för oss anhöriga skrämmande och som ett omöjligt företag, eftersom han fortfarande hade en ganska förvirrad verklighetsbild efter sjukhusåren och inte kunde reda sig helt på egen hand. Den konflikt som uppstod mellan Erland och lantbrukarparet trappades upp. Efter några månader flydde han hem till biskopsgården där han kunde måla. Vreden över att ha fått arbeta i skogen ligger fortfarande kvar i honom och han är tidvis övertygad om att hans Parkinsonsbesvär orsakades av tiden i Nora. Ingen har heller senare lyckats få ut Erland på skogspromenad. Under decennierna efteråt har han då och då nattetid ringt upp sitt forna värdfolk i vrede över att ha fått utföra kroppsarbete.

Vi kontaktade olika sjukhem, som vanligen drevs av före detta psykiatripersonal. Där bodde »färdigvårdade« patienter. Det var, och är ofta fortfarande, små minimentalsjukhus med dagen indelad mellan »terapin«, det vill säga olika slags rätt meningslösa hobbysysslor, måltider och medicinering. Det goda är att rummen vanligtvis är enskilda, med möjlighet till privata möbler. En timanställd psykiater eller distriktsläkare ordinerar. Patienternas medicinering är vanligen hög vid utskrivningen från sjukhuset och sällan görs försök att sänka den på sjukhemmet. Man är rädd för återfall eller annan stökighet. Därför går »gästerna« ofta omkring som tröga vålnader, allt tjockare av medicineringen och bristande fysisk träning. Många äldre är stigmatiserade med muskelryckningar, tandlöshet och hackigt tal. Sjukhemmen är en uttalad kronikermiljö med hopplöshetens gråhet svävande över verksamheten.

De här miljöerna gick inte ihop med Erland. Han vägrade att gå in i en patientroll men fick var fjortonde dag stadiga depåsprutor med antipsykotisk medicinering, trots sina protester. Att måla med oljefärger, och kanske sprida dem omkring sig i dessa propra miljöer, var också otänkbart. Jag har känt en stigande respekt för Erland som framhärdade i sitt trots mot att acceptera patientrollen som en andra klassens människa, och mot att sjunka in i den anpassning som hans medvårdade uppvisade. Trycket var onekligen starkt.

Erland hade under slutet av 1950- och början av 1960-talet flera relativt uppmärksammade utställningar i Stockholm. Att han behövde en arbetsplats stod klart, men kraven på hur den skulle kunna förenas med stöd kändes samtidigt oöverstigliga. En räddande ängel i det här läget blev den pensionerade vävlärarinnan Ingeborg Brozén, som Mamma fick kontakt med. Hon bodde ensam i en villa i Vadstena och hade sett en utställning av Erland i Stockholm som gjorde henne engagerad i hans öde. Fröken Brozén – Erland kallade henne alltid så – erbjöd sig att ha honom inackorderad och låta honom måla på sitt rum. Ingeborg hade djup respekt för Erlands måleri och för hans person. Det blev på många sätt en moralisk rehabilitering för honom att få vara lite kung hos henne. I Vadstena hade han under åren som följde flera framgångsrika utställningar – han kallades »Vadstenakonstnären« i lokalpressen. Jag tror att Ingeborg kände det meningsfullt att stödja Erland, även om det tidvis kostade henne mycket möda och störd nattsömn. På dagarna fick hon tvätta bort färgfläckar som spritt sig utanför rummet. På natten kunde han gå upp till henne och rasande förklara att han vägrade att finna sig i att hon förstörde hans konst. Men ibland på eftermiddagarna drack de te och Ingeborg berömde honom för dagens måleri på sitt östgötamål: »Idag har allt Erland gjort en tiotusenkronorsmålning!« Då härskade friden ett tag till. Ingeborg vävde med stor skicklighet upp kopior av flera av Erlands tavlor. Men hon drabbades efter några år av cancer och blev inlagd på sjukhus. Erland inackorderades på olika andra platser fram till dess ett nytt, mera långvarigt boendealternativ erbjöd sig. Men då hade Ingeborg avlidit.

Staffan och jag frågade Erland om han ville följa med på hennes begravning. Erland var djupt ambivalent och kastade fram och tillbaka i sitt beslut. Slutligen bestämdes att vi skulle åka tåg på förmiddagen till begravningen i Vadstena kyrka. Mörk kostym inhandlades och Erland låg över natt hos vår moster Gullan på Polhemsgatan i Stockholm. Då Staffan och jag skulle hämta honom på morgonen hade han ännu inte klätt på sig och vägrade att följa med. Vi fick resa till Centralstationen och söka upp våra tågplatser utan Erland. Då vi dystra till mods hade satt oss i vår kupé och tåget börjat rulla ut från perrongen fick vi plötsligt se något som vi först inte trodde var verkligt. Det var Erland som gick förbi i korridoren utanför kupén. Han upptäckte oss samtidigt, och hejade med den min av blyghet kombinerad med förtjusning som väcker en så stark kärlek. Han hade överrocken på och vi gladde oss över att han kommit. Jo, han hade beställt en taxi direkt efter vi hade åkt iväg, kommit ombord just som tåget gick och tursamt nog just på vår vagn – vi hade ju biljetterna. I kupén fanns flera andra resenärer, men Erland hade en plats bokad. Då han satte sig upptäckte vi till vår bestörtning att hans pyjamasbyxor stack fram under rocken. I stället för skor hade han ett par tofflor. Det var på förvåren och ännu vinterväder. Vi försökte hindra honom att ta av sig rocken för att inte oroa medresenärerna för mycket – det som syntes under rocken kunde med lite god vilja gälla för galanta långbyxor. Situationen höll faktiskt till Motala där vi steg av, beställde taxi till närmaste herrekipering och klädde upp honom med ett ställ sorgkläder och vit skjorta. Så tog vi lokalbussen till Vadstena och kom till begravningen precis som den började.

Ingeborg var älskad och många följde henne till graven. Vi satte oss längst bak i kyrkan. Erland kunde på så sätt utan att störa för mycket gå ut och in i kyrkan allt efter den känsla som övervägde hos honom: hans protest mot att Ingeborg var död och hans önskan att vara med då hon jordfästes.

Backakvarn var ett nyöppnat behandlingshem utanför Enköping. Det drevs av makarna Kinnbo som förenade modern kunskap om psykiatri med stort människointresse. Bengt var mentalskötare och May arbetsterapeut med konstnärlig bakgrund. Jag reste dit med Erland för en intervju. May, som hade en lång, rågblond fläta, frågade vad Erland själv önskade med sin vistelse. Den enda önskan han uttryckte var att kunna måla. Det visade sig att det fanns en avsides, väl hållen barack som han skulle kunna ha som ateljé. Under samtalet ställde sig Erland allt närmare May och gav henne plötsligt en kram. May retirerade något men blev inte förargad. Efteråt sa hon till mig att det var väl bra att Erland sträckte sig efter en människa, då fanns det något att bygga på. Jag hade aldrig tidigare hört ett sådant uttalande om Erlands plötsliga kärleksbetygelser och fick ett starkt intryck av att det här var hans chans. I denna lantliga miljö fick han sedan bo och arbeta under en rad år. Det var ingalunda en problemfri tid och krävde stor tolerans från personalen, liksom från Erland som aldrig förstått varför han inte skulle ha samma friheter som vi andra. Men han kunde fortsätta att måla och hade flera större utställningar. Han var nu en erkänd konstnär och fick allt oftare besök av personer som bytte en tusenlapp mot en tavla.

Erland, som kommit upp i femtioåren, kunde i längden inte stanna på Backakvarn som fick en tydligare inriktning på yngre patienter. Han hade också långsamt blivit så pass återställd att tanken att han skulle bo för sig själv inte kändes lika främmande. Steget över från behandlingshem till eget boende tog han mot mitten av 1980-talet.

Erland hade rätt till personlig assistent via kommunen, men det var svårt att hitta någon person med de rätta kvalifikationerna. Vi sökte intensivt efter någon som regelbundet kunde hjälpa honom, inte minst bland konstnärer som behövde en extrainkomst. Några prövade på, men försöken blev oftast kortlivade. En ung kvinna som han träffat på en fest förlovade han sig med. De levde tillsammans under flera år och gjorde flera längre resor. Hon fick så småningom anställning som personlig assistent på halvtid. Deras behov blev dock alltmera oförenliga och hon flyttade ifrån Erland.

Numera har Erland daglig hjälp av den kommunala hemtjänsten. Många gånger har jag fått träffa personalgruppen för att berätta om Erlands person. Det inträffar oväntade händelser och man måste beväpna sig med en viss okänslighet för borgerliga värderingar.

Erland kan inte leva längre tid än någon vecka i sin lägenhet utan att den helt beckar igen av disk, matrester, urklämda färgtuber, penslar, fimpar, tidningar och oljefärgade kläder. Han accepterar att få det någorlunda städat omkring sig – att det kunde vara något han själv skulle göra finns, efter många ambitiösa försök, knappast längre i vår fantasi. Det handlar inte om lättja eller bortskämdhet utan om faktisk oförmåga att planera framåt i tiden. Ändå har han börjat hålla reda på sin portnyckel och han njuter av att ha nya, rena, gärna färggranna kläder från secondhandbutiker på sig. Med stor självklarhet bär han upp också guldlamé och rosa. Men då han målar kan han inte tänka på att byta till arbetskläder.

Om hemtjänsten vill städa på förmiddagen, kan Erland känna sig störd i sin arbetsro och visa städpersonen på dörren. Liksom andra konstnärer behöver han stillhet under sin arbetstid, som ibland olyckligtvis sammanfaller med personalens. Vi har försökt stödja honom att i stället betrakta hjälpen med tacksamhet. Men att se sig som hjälptagare skulle för Erland innebära att anamma alla andras bild av honom och det vill eller kan han inte. Trots många års ansträngningar har det inte varit möjligt att hjälpa honom att tänka mera på hur han ordnar det omkring sig.

Erland har haft olika hyresrätter i radhus i Sollentuna. Några grannar har försökt få honom vräkt då de blivit oroade eller reagerat över att han målat utanpå sin dörr. Andra har stöttat honom. Värden, Sollentunahem, som har en av hans stora målningar i sitt styrelserum, har tagit emot många klagomål under perioder då han mått sämre. Jag hade gett mitt telefonnummer till Sollentunahem och kunde resa dit och lugna grannarna med att berätta lite om Erland och ge dem möjligheter att ringa mig igen. De har sällan återkommit. Eftersom han är en känd person har han småningom fått en viss status i området; småpojkar ropade förr: »Heja Picasso!«, då han kom ut. Det gillade Erland.

Johan Wallin har varit en central person i Erlands liv sedan mitten av åttiotalet. Han har ansvarat för utställningar och försäljning via sitt lilla galleri Kavalletten. Johan är läkare och docent i dermatologi men övergav sin akademiska karriär för att ägna sig åt konst. Han har tagit sig an Erland under såväl uppgång som nedgång och tack vare honom avtog den hänsynslösa kommers som börjat sprida sig omkring hans konst.

Konstnärsnämnden tilldelade Erland ett arbetsstipendium på 50 000 kronor i början av 1990-talet. Pengarna skickade man som ett utbetalningskort till honom. Staffan såg avin och erbjöd sig, med visst eftertryck, att hjälpa med att sätta in summan på banken, så att Erland kunde använda den till en studieresa utomlands. Det var emellertid för mycket för Erland som för första gången i sitt liv fått stipendium. Vredgad ville han sköta sina egna affärer. Han tog bussen till banken i Sollentuna, något som han brukat göra flera gånger i veckan för att via förvaltaren hämta ut pengar. Troligen var det en ny kassör, i vilket fall fick han ut summan i tusenlappar. Då han hade en konsumpåse med lite matvaror med sig, la han pengarna överst i den och satte sig på bussen hem till Norrviken. Där steg han av, men upptäckte snart att han glömt påsen på bussen, som hade hunnit försvinna. Det hade också den som tagit hand om påsen. Erland grämde sig en del men utan att ta större lärdom. Men stipendiet hade behövts – hans inkomster översteg sällan levnadsomkostnaderna och utgifterna för material och ateljé.

Det fanns ett A-lag vid Sollentuna centrum som Erland på grund av sin målarfärgade klädsel ibland blev inräknad i. Christer Pettersson, känd från Palmeutredningen, var centralgestalten. För Erland kändes det lite kittlande att, i likhet med dessa kamrater, kunna gå rakt genom tunnelbanespärren utan att betala. Eftersom Christer var hygglig mot dem som han räknade som sina bröder, klappade han vid ett tillfälle om Erland, som just gjort ett besök på systembolaget. Flaskan som stack upp ur innerfickan plockade Christer behändigt upp, tog sig efter förfrågan en rejäl klunk och lät den glida ner i sin egen rockficka. Erland som uppskattade att resa med en sådan kändis protesterade inte och berättade efteråt ganska nöjd om händelsen.

Erlands utsatthet har tidvis varit stor. Flera gånger har han utsatts för råa överfall och rån i sitt hem som skrämt honom. Polisen har dock lyckats identifiera gärningsmännen och -kvinnorna. Då han varit ensam en period har han haft svårt att säga nej om någon velat ha en tavla i utbyte mot ett restaurangbesök. Men även där har han börjat se sitt värde och är inte lika lättlockad.

Erland kan själv säga att han har eller har haft en sjukdom, och han tar ordet schizofreni i sin mun, inte minst eftersom han har Hill och Josephson som beundrade föregångsmän. Till intervjuande journalister har han kunnat nämna om sin »psykiska förkylning«. Eftersom det är en eufemism, kikar han under lugg och ler lite maliciöst. Erland lever sedan alla år i en värld där orsak och verkan inte är fullt användbara kategorier. Men hans förmåga att komma ihåg att låsa efter sig då han går ut, att använda mikrovågsugnen och andra nödvändigheter fungerar avsevärt bättre idag.

Erland fick till en början en eller två gånger i månaden neuroleptika i depåinjektioner av distriktssköterskan. Dosen var hög, om än normal efter den tidens mått. Biverkningar med darrningar och myrkrypningar störde hans nattsömn, särskilt veckan efter injektionen, och han hade ofta en slöja av trötthet över ögonen. Men han målade trots det, och han hade lärt sig att det inte lönade sig att vägra att ta emot injektionen. Jag kunde inte få hans ansvariga läkare att sänka dosen då de var rädda för

Erland år 2005. Foto Staffan Cullberg.

återfall. Eftersom jag började få bred erfarenhet av psykosbehandling i mitt kliniska arbete, gjorde jag något som man normalt ska undvika och tog från mitten av 1980-talet över behandlingsansvaret vad gäller psykosmedicineringen. Dosen sänkte jag gradvis till en bråkdel av den tidigare och distriktssköterskan, som gav injektionerna, accepterade förändringen. Idag får han alla mediciner, det vill säga huvudsakligen antiparkinsontabletter, i en dosett. Hemtjänstpersonal besöker honom fyra gånger om dagen och ger honom medicinen.

För Erland är det ingen påtaglig skillnad om jag eller någon annan står för ordinationerna. Jag var den som »låst in honom« på Beckomberga första gången och han förknippar mig ibland med det lidande som psykiatrin orsakat honom. Då jag ringer till honom och han har väntat någon intressant vän eller möjlig köpare och hör att det är jag, konstaterar han ofta med ett besviket: »Jaså, är det du.« Samtidigt finns under allt detta en fungerande djup kontakt och trygghet hos Erland i förvissningen att jag och Staffan står bakom honom. Men vi är och kommer att förbli hans yngre bröder.

»Tikkun Ha Olam« – att laga världen

Jag vill avsluta den här boken med att återvända till den trosvärld som jag växte upp i. Det var där mina föräldrar ofta enades i en stillhet, även om den såg så olika ut för dem. Det var också under gudstjänsten jag långleddes, tillrättavisades vid mina skrattattacker, såg allsköns baksidor av prästämbetet och egentligen aldrig riktigt begrep vad det hela handlade om.

Frågan om Guds existens har följt mig under i stort sett hela mitt liv. De senaste tjugo åren kanske dagligen. Som en ständig inre dialog, som ett argumenterande eller ett prövande. Finns Gud? Korta tider har jag varit ganska övertygad om att det är så. Längre tider har jag befunnit mig på tvivlets sida. Efter den handfasta själavården hos père André under tiden i Paris kunde jag »slänga bråten« ett antal år i en svalkande likgiltighet. Men så var jag där igen.

Det handlar för mig inte om någon smärtans kamp att nå sanning. Mera är det ett vardagsarbete med att läsa av världen. Utan att vålla mig större möda är frågorna en självklar del av min existens. Ungefär som att vandra eller läsa böcker. Då mina barn var små, eller under perioder av mycket arbete, kom de andliga frågorna i skymundan. När jag skulle börja min andra analys, berättade jag för min analytiker att jag inte kunde förstå varför vissa bibelord och ritualer i kyrkan väckte så starka känslor i mig. Bibelordet »Kom till mig, ni alla som arbetar och är betungade, så skall jag ge er ro«, pressade regelbundet fram tårar ur mina ögon. Inte för att jag själv kände mig särskilt betungad. Snarare handlade det om en absurd lyckokänsla över att i kyrkan kort få bejaka behovet av att vara hållen, omsluten, genomträngd av Gud. Min analytiker sa att det här ska vi arbeta med. Men jag tog aldrig mera upp det i min analys och hon frågade inte heller efter det. Det var enklare att tala om andra behov än andliga.

Under fyrtio år efter konfirmationsläsningen på landet gick jag aldrig till nattvarden. Det kändes som en bekännelsehandling som jag inte behövde eller ens var berättigad till. Jag »trodde« ju inte, även om jag längtade efter att få underställa mig något som var större än mitt personliga jag.

Först då jag var i sextioårsåldern släppte jag på den stränga hållningen. Jag blev klar över att nattvarden var en måltid dit jag ständigt hade en invitation. Som vid andra enkla måltider var den utan andra krav på den inbjudne än att följa ritualet. Jag fick tänka vad jag ville om värden för måltiden och jag behövde inte skriva under på några trossatser. Generositeten i erbjudandet kändes påtaglig och jag accepterade mitt behov. Sedan dess går jag i mässan så regelbundet jag kan. Trosbekännelsen försöker jag transponera till en inomvärldslig gudstro. Det är inte så omöjligt som man kan tänka sig – särskilt som min gudsbild allt mindre kommit att handla om Gud som allsmäktig. Är jag utomlands söker jag gärna upp en anglikansk kyrka, där känner jag mig mest hemma.

Jag dras till mässan därför att den betyder en kontinuitet bakåt för mig till mina föräldrar och generationerna före dem. Jag upplever deras närhet och blir själv en länk i en försvinnande lång kedja av människor. Jag är infogad i ett sammanhang som är större än jag själv. Samtidigt innebär nattvarden en påminnelse om mitt eget privilegierade liv i förhållande till större delen av mänskligheten. Den blir en symbolhandling för att inåt manifestera samhörighet och solidaritet med Skapelsen - och se mina tillkortakommanden, det som kallas synd på det gamla språket. Ritualets »ett bröd och en mänsklighet«, är ett annat av de ord som varit laddade med känsla för mig. Det innebär en formulering som är mera precis än någon politisk slogan. Konkret betyder naturligtvis praktiskt handlande mer än mässans symboliska gemenskap, men den ger mig en närhet till ett centrum i tillvaron, som jag inte kan finna på annat sätt. Inkorporerandet av bröd och vin - kött och blod - slår rakt igenom all sofistikation. För mig ger de primitiva rötterna en ytterligare legitimitet åt mässans rit. Jag förstår, när jag skriver detta, hur min barndoms tvångsmässiga behov att fnissa vid högtidligheter hängde samman med de lika obegripliga tårarna vid kyrkobesöken som vuxen. Idag har jag lättare att se och bejaka mitt behov av det heliga.

Samtidigt har jag fått allt svårare att förhålla mig till tron på en personlig Gud »utanför« mig själv. Jag har helt enkelt aldrig känt av närvaron av någon Annan, trots att jag under långa tider sökt den. Det händer fortfarande att jag i drömmen möter mina föräldrar, att de lever och är friska, att vi samtalar på vuxen nivå. Men de finns ju inte utanför mig, »i verkligheten«. Intellektuellt sett måste jag på samma sätt avstå från att räkna med att Gud lever som en fristående kärleksfull personlighet - trots att jag bär föreställningen om »honom« inom mig. Det har tagit mig nästan hela mitt liv att komma dit.

Att vara ateist uttrycker ett förnekande av en alltför enkel antropomorf gudom. Som om det skulle handla om att tro på en gud som har känslor som en förälder och som hjälper oss när vi ber till honom på rätt sätt! Att det skulle förhålla sig så, är en för mig absurd tanke som också förutsätter att vi bortser från allt som vi vet om världens oerhörda orättvisor och slumpvisa fördelning av lidande och glädje. Allt flera teologer och kristna tänkare menar också att kyrkans hävdvunna lärosatser inte är förenliga med den moderna kosmologin och världsbilden. Den medeltida, med jord, himmel och helvete, måste idag betraktas som en metafor för det existentiella skeende som vi möter i den fysiska värld vi lever och dör i. Vad som då med en modern teologisk syn blir kvar av den personliga Guden, har jag emellertid svårt att föreställa mig. Men jag vet ju inte vad som är det sista ordet för mig i frågan.

Den Gud som kyrkan talar om är bortrest för mig. Paradoxalt ger mig mässan ändå en kontakt med den bortreste, som jag inte kan eller vill avstå från. Då jag var ung läste jag en bok av George Bernanos som heter *Prästmans dagbok*. Där stod meningen »Gud behöver människorna«. Det är ungefär vad jag kommer ihåg från boken, som handlar om en landsortsprästs vedermödor. Men orden har legat kvar i mig. Alltmera uppfattar jag frågan om Guds existens som en skenfråga. Jag vet att jag själv existerar, liksom de en gång existerat som levat före mig, och jag vet att det inte är betydelselöst hur jag lever mitt liv. Handlade det enbart om ett intellektuellt ställningstagande, skulle jag förvägra mig nattvarden. Men det finns också en existentiell erfarenhet som jag måste ge plats. Jag tror den nödvändigheten var vad Pappa ville förmedla med Geijerparadoxen »intet du, intet jag« och som han transponerade till »utan Gud, inget du«.

Små, ibland nästan omärkliga steg – det har jag lärt mig att utveckling handlar om. Vare sig det gäller att komma tillbaka efter ett psykiskt sammanbrott eller att komma ur mönster som präglats av inkompetens, bitterhet eller barndomens rädsla. Vi har en stark, inbyggd förmåga till växt och läkning inom oss, precis som vid fysiska skador. Den läkningen kan understödjas eller hindras av olika faktorer och inflytanden. En del psykiatrer har en låg tro på människors utveckling och läkning från svåra psykiska sjukdomstillstånd. De minns bara de patienter som ofta återkommer och som utsätts för en alltmera stigmatiserande behandling. Synen på inre växt och utveckling ses av dem som en ovetenskaplig föreställning. Och ändå är psykiaterns kanske viktigaste funktion att hysa »ett vikarierande hopp«.

Den som har kort till horisonten ser inte hur de små stegen leder mot läkning och mot utveckling. Därför har vi svårt att hysa hopp i tider av kris och förtvivlan. Men med ett längre perspektiv, och då vi släpper drömmen om Den Stora Förändringen, ser vi att livet ständigt strävar mot att komma igen, mot en »läkning«, efter ett psykiskt trauma eller en vital förlust. Den tydliga förändringen – eller kanske försoningen – märker vi efter kanske sju år. Verkar den komma plötsligt har den varit förberedd under ytan. Efter kanske sju år brukar människor släppa taget om sina starkaste erfarenheter av kärlek, sorg eller hat om de inte vårdat och fyllt på sin kärlek, sin sorg eller sitt hat under tiden. Och efter trettio år har en ny generation intagit vår tidigare plats och vi har själva kommit till en annan och ny utsiktspunkt.

Det jag kommit att tro på, och nu är jag där igen, är att vi ständigt skapar Gud, med det goda vi gör tillsammans i vardagens liv. Men oftast utan att veta om det. Av min vän Cordelia Edvardson har jag fått ett judiskt uttryck som jag satt upp på min anslagstavla: »Tikkum Ha Olam«. Det betyder ungefär »att laga världen«. Det kan tyckas som ett inte särskilt tacksamt företag, men i längden kanske det enda relevanta som livsmål. Att som en småbrukare lappa och laga så att livet kan gå vidare. Att ta hand om sitt barn eller sin katt eller att lyssna på en medmänniska. Kanske betyder det uttrycket samma sak som att »Gud behöver människorna«?

Efterord

Erlands sjukdom och liv är ett av bokens teman. Men det var inte, som många trott, på grund av honom jag blev psykiater. Det hade jag förmodligen blivit ändå. Däremot har han gett mig unika erfarenheter.

Flera har läst och gett ovärderliga kommentarer till olika versioner av manuskriptet. Ett tack till min hustru Inger, min bror Staffan och min vän Christoffer Rahm, psykiater under utbildning. Tack Kerstin Kjellin, min förlagsredaktör sedan flera böcker, som stått ut med alla omskrivningar. Erland har också läst, eller snarare kikat in i, manuskriptet från sidan, med bladen minimalt öppnade. Inte desto mindre fångade han de väsentliga punkter där jag undrade om skildringen gick hans integritet för när. Det var smärtsamt för honom att återuppleva Beckombergaåren och han ville inte tala om det vidare. Men han tyckte att jag kunde ha skrivit mera om hans måleri. Jag sa att den boken får någon annan skriva.

Stockholm i januari 2007
Johan Cullberg